福建文化海外传播丛书

福建省中华文化学院 编

客家文化在海外

陈弦章 ◎ 著

海峡出版发行集团

海峡文艺出版社

图书在版编目(CIP)数据

客家文化在海外/陈弦章著. —福州:海峡文艺
出版社,2024.12
（福建文化海外传播丛书）
ISBN 978-7-5550-3842-9

Ⅰ.K281.1

中国国家版本馆 CIP 数据核字第 20247CR117 号

客家文化在海外

陈弦章　著

出 版 人	林　滨	
责任编辑	余明建	
出版发行	海峡文艺出版社	
经　　销	福建新华发行（集团）有限责任公司	
社　　址	福州市东水路 76 号 14 层	
发 行 部	0591—87536797	
印　　刷	福州约瑟弗文化发展有限公司	
厂　　址	福州市仓山区浦上工业区 B 区 47 号楼二层	
开　　本	720 毫米×1010 毫米　1/16	
字　　数	226 千字	
印　　张	18.75	
版　　次	2024 年 12 月第 1 版	
印　　次	2024 年 12 月第 1 次印刷	
书　　号	ISBN 978-7-5550-3842-9	
定　　价	68.00 元	

如发现印装质量问题,请寄承印厂调换

总序

林金水

　　不同的文化都是在一定的地域环境基础上形成和发展起来的。福建以其独特的地理位置、自然环境，孕育、滋生、演化出福建文化特有的浓郁、鲜明的大山文化与海洋文化相融交织的地方特色。

　　福建素有"东南山国""海滨邹鲁"之称，负山傍海。其地势西北高，东南低。西北大山，武夷、杉岭诸山脉，位于闽赣边界，北接浙江仙霞岭，南通广东九连山。中部大山，"闽中屋脊"——鹫峰山、戴云山、博平岭三座山脉，呈东北—西南走向，切割福建南北，是内陆山区和沿海地区的划分线，绵延于政和、屏南、建瓯、古田、延平等地。文化本来就是在流动中吸纳百川，进步、发展、提升。然福建山海形胜，"山脉绵亘，道里崎岖，鸟道盘纤，羊肠迫隘，陆行百里，动需旬日"。春秋以前，福建北上通道与中原几乎隔绝，致使福建成为"化外之地"，文化长期处于"昙石"化、土著化的固化状态。

　　一个时代的历史确定了一个时代的文化。朝代每每更迭，福建文化活泼的元素因此一次又一次被激活。福建历代王朝统治者，对福建政治、经济、军事的管理、改革、开发，促进了福建文化的活跃、升级、发展。而满足福建文化交流、沟通、传播，又取决于陆路交通的开辟。秦代，福建并入秦朝，闽中郡设立。秦军入闽，取道"余干之水"，由江西信江，越武夷山脉，抵闽江上游一带，又沿闽江顺流而下，直达闽中郡的东冶（今福州）。闽北各地反秦起义，也取道"余干之水"北上，抵鄱阳。这是福建最早与中原各地来往的通道。汉初武帝时期，福州是当时海上交通的中心，由闽江口出港，南交交趾七郡，东接北方诸港。魏晋以降，孙吴入闽，设建安郡。晋末"衣冠南渡，八姓入闽"。福建至江西、浙江、广东三省陆路开通，中原汉族移民入闽，中原文化南传。北方汉人由闽北入闽，主要有三个通道：一由浙江江山诸山，经霞浦枫岭关入闽，分居浦城、崇安（今武夷山市）、建阳、建瓯等县的"福州官路"；一由江西鄱阳、铅山至崇安西北分水关入闽，分居崇安、建阳、建瓯等县，沿闽江水路到延平的"福州官路"；一由江西临川、黎川，经光泽西杉关入闽，分居光泽、邵武等县，循水路到延平会合"福州官路"。西路向东通道，由江西瑞金经汀州、清流，乘船下九龙滩，经顺昌会于延平，或避九龙滩，走将乐，经顺昌会于延平；向东南通道，由汀州陆路，经上杭、永定羊肠鸟道至漳州。东路，福宁、福州二府通道，由浙东沿海温州入闽，经福宁（今霞浦）、宁德、罗源、连江至福州。福建北、西、东环山通道都会合福州。大山陆路交通的开辟，将福建三分之二的区域连成一片，其余府县由福州南下，与莆田、泉州、漳州相连。福建陆路四方开通，形成福建与国内各地相互沟通，相互交流的联络网，对福建文化的发展、提升起着非常重要的作用。闽西北邵武、建宁、延平三府成了福建与外省交通的要冲，是大量北方汉民入闽的首居之地，以汉民族为主的福建主流社会开始建立。大山的力量，带来了中原儒家文化在福建的生根、发芽、发展、壮大，成了福建社会的主流文化。那是大山的文化。大山地灵人杰，孕育出一批福建文化代表性的大人物杨亿、柳永、朱熹、袁枢、真德秀、宋慈等。

宋元时期，陆路开通，大山文化与儒家文化相融一体日臻成熟。然闽道行阻尚未改变，而水路交通的重要性日益突显出来。除福州外，泉州、漳州二府地属晋江和九龙江流域，自然条件十分优越，既有泉州平原、漳州平原，又面向大海，对外海上交通便利。唐中叶，就已同东亚、东南亚，以及印度等国往来，福建对外贸易呈现"市井十洲人""船到城添外国人"的景象。宋元福建海外贸易空前繁荣，"海上丝绸之路"进一步开通，以泉州为起点和终点的交通航线六条：一、泉州至占城；二、泉州至三佛齐等地；三、泉州经马六甲海峡至印度、波斯湾；四、泉州经南三佛齐入波斯湾，沿阿拉伯海岸航行至亚丁湾及东非；五、泉州至菲律宾古国麻逸、三屿等地；六、泉州至高丽、日本。阿拉伯、波斯、印度、高丽等不同国家、不同民族、不同信仰的侨民纷至沓来，入居泉州。泉州成为福建对外文化交流的中心、"海上丝绸之路"的起点。另，明代漳州月港、清代厦门港是我国对外贸易重要的港口。海外各地不同文化在此交汇融合，盈溢着闽南文化浓厚的海洋色彩，标志着福建文化由内陆山区大山文化，由东北至西南向东南沿海地区转移，形成了大山文化与海洋文化相交织的、具有地方特色鲜明、内容丰富多彩的福建文化。其显著特征就是开放性、多元性、吸纳性，为福建文化传播走向世界，提供了非常有利的条件。

2024 年 10 月 15 日至 16 日，习近平总书记来闽考察时强调，要在提升文化影响力、展示福建新形象上久久为功。推进文化建设是新时代统战工作的实践要求。在当前风云变化、复杂多变的国际形势下，向世界阐释推介福建优秀文化，展示八闽文化的个性特征与品格，是我们义不容辞的责任。

本丛书是一套研究福建文化对外传播历史通俗性、学术性的著作。它主要面向海外港澳台同胞和海外侨胞，国内民族、宗教界等人士及世界各国人民。编者从全面系统、丰富多彩的福建文化中，筛选能体现福建文化本质特征的"闽都文化""朱子文化""闽南文化""客家文化""妈祖文化"五个专题，分别加以论述。

闽都文化 闽都福州，别称三山。国家历史文化名城，福建文化对外交流的重要窗口。现为海峡两岸融合发展、交流合作重要承载地。福州文化主体是侯官文化。侯官"历宋元明皆无更革，及万历八年（1580）废怀安县，以其地并入侯官，而侯官所辖之境益大焉"。侯官优越的地理优势，领明末清初福州中西方文化交流风气之先，形成了海纳百川、开放多元、文明灿烂的福州文化。西方对福州最早的认知，起于明末大学士叶向高在其故居芙蓉园与"西来孔子"意大利人艾儒略之间展开的一场东西方面对面的对话——三山论学，它在西方广为流传。之前，艾儒略在西门外福州书院（共学书院）作"天命之谓性，率性之谓道"演讲，将朱子理学思想传入西方。近代，1865年美国传教士卢公明《中国人的社会生活》一书，真实记录福州人的社会生活，图文并茂将福州文化的方方面面传入西方。当下，生活在海外的福州移民华侨，是福州文化对外传播的主角，从参与商贸交往、宗教传播、工艺交流、留学交往、思想文艺传播，乃至福州饮食，打造福州文化与世界各国文化相互沟通、交流、借鉴的平台。

朱子文化 它是福建文化的精髓，集濂学、洛学、关学、闽学之大成，是中国人的思想智慧。它从大山汇融到中原，从福建走向海洋，是福建特色地域文化成熟的重要标志。朱子文化阐释儒学义理，整顿伦理道，提倡通经致用，议政理事，经邦治国，使儒学重新回归到中国传统思想文化的主体地位。明末，它以儒家文化的思想，首次与入华耶稣会士利玛窦传播的天主之学展开儒耶之争。此后，耶稣会士以朱子理学——中国人的智慧传入西方。迄今，传遍世界各国，如法国、德国、英国、瑞典、俄国、加拿大、美国。东方，朱子文化从朝鲜、而日本、而越南、而新加坡、而泰国。朱子文化对外传播，越来越多元化、多样化，倍受海外侨民的欢迎。

本丛书与国内其他地域文化对外传播及福建对外交流史诸书相比最大不同的是，其主要内容，突出两岸文化的相通与交融，尤其《闽南文化在海外》《客家文化在海外》《妈祖文化在海外》等三部书。它们以具体、详细的资料，阐明台湾地域文化形成、发展，与发祥自福建的闽南文化、客家文化、妈祖文化影响是息息相关的。福建是台湾文化的根。郑成功治台时期将大陆主体文化系统全面地带进台湾。无论是生产技术、商业贸易等物质文化，还是政治制度、宗教信仰、文学艺术、教育科举、风俗习惯、方言俚谚、音乐戏曲、建筑雕刻、绘画美术、民间信仰等人文文化，大部分都是由闽南人、客家人的文化向台湾地区传播和延伸的。闽南文化和客家文化是台湾文化主体的源流。

闽南文化 闽南与台湾一水之隔，闽南人移居台湾并成为主体居民，将闽南文化带到台湾，使其在台湾传承与融合，深刻地影响着台湾文化的形成与发展。闽南文化的主要特征：崇祖重乡的生活理念、敢拼会赢的精神气质、重义求利的价值取向、山海交融的行为模式。台湾同胞说闽南话的人最多，约占全台人口总数的 80% 以上。台湾闽南话的语音系统和福建本土闽南话几乎没有差别。闽南文化作为中华优秀文化的重要组成部分，其中所涵盖的"敢拼会赢""和谐共生""山海交融"等理念与实践，是其在新时代新发展的不竭动能。在闽南话对外传播中，发挥闽南华侨华人的功能，激发闽南文化的活力，有助于更好地推动构建人类命运共同体。

客家文化 汀州、漳州二郡是纯客家人的地区。客家文化是由北至闽赣粤迁移、流动的中原文化。它与闽南文化、台湾客家文化形成三角相互交错、相互影响、相互借鉴的客家文化的主要特征。明末客家人是所有大陆人中最早移居台湾的先驱。项南指出，"客家精神的内涵是很丰富的，其核心在于团结和奋进"，"客家文化继承和发扬了中华文化的精华，长期迁移史又养成了兼收并蓄取其长、开拓进取不保守的民风，使客家民系具有强大的凝聚力和生命力"。客家文化范围极广，形式多样，有客家方言、服饰与饮食、客家民居、乡神崇拜、客家民俗、山歌船灯戏、宗教社会、客家民性、耕读传家、客家思想观念等。福建客家文化在台湾得到继承与变迁，诚如谢重光所言："从民系特有的性格，到岁时习俗、神明信仰、宗教心态，到流行和偏好的文艺形式，以及作为民系文化载体的方言等等，在台湾客家人中都得到全面的继承。"两岸客家文化的交融，在客家文化海外交流中走在了一起。

妈祖文化 以信仰作为福建文化对外传播的系列之一，妈祖文化充分体现了福建文化多元共存、共同发展的特性，是信仰文化与物质文化的融合体。它有具体可见的妈祖宫庙，从信仰中见建筑，从建筑中见信仰。福建文化的对外传播，在闽南文化、客家文化建筑中，又增添了妈祖文化建筑。台湾妈祖庙建筑亦深受闽南妈祖庙建筑风格影响。《妈祖文化在海外》以实物凸显了妈祖文化的真谛，以历史事实见证它在亚洲、美洲、大洋洲、欧洲、非洲世界五大洲传播，殊为难得。妈祖文化同样由福建移民的迁移而传进台湾。妈祖庙最早在明中叶由俞大猷在澎湖创建。台湾妈祖宫庙供奉的妈祖，均从湄洲分灵而来。不同祖籍的移民，供奉的神像不尽相同。湄洲岛一带妈祖庙分香入台，称为"湄洲妈"，泉州人的妈祖庙称为"温陵妈"，同安人的妈祖庙称为"银同妈"，妈祖佑两岸，银同是归乡。一定时间内，这些宫庙都要回福建本庙进香。当下，也有台湾宫庙分灵大陆各省和香港。两岸宫庙缔结的《结盟书》，有漳州银同天后宫与彰化南瑶宫的《结盟书》："缔结友好宫庙，永缔万世神盟"；湄洲祖庙与嘉义新港奉天宫的《结盟书》："为发扬妈祖信仰济世护航神圣懿德，发展乡邦宗教文化事业，增进胞谊亲情，敬修厥德，利用厚生，永结至亲，实赖神麻。"闽台妈祖文化是中华文化特殊而重要的一部分。妈祖文化的世界传播就是中国传统文化的世界传播。它与一带一路促进世界交通的连结是一样的，加强了世界各国文化与中国传统文化联系。两岸妈祖文化联袂对外传播，成为连接中外文化、沟通不同信仰、促进世界民心相通的纽带，融汇着世界多元的文化元素。2009 年妈祖文化入联合国世界非遗名录。

福建文化从大山，走向海洋、走向世界，向世界各国人民传递的是：团结与奋进，发展与进步，友好与合作，信仰与沟通，文明与交流，安全与保佑。

福建以对文化自信与世界各国一道，为构建人类命运共同体做出了贡献。是为序。

2024 年 12 月于金桥花园

（林金水，福建师大社会历史学院教授、博导，福建文史研究馆馆员。曾任省政协第八届、第九届委员、第十届常委。）

序

郭　丹

　　客家是中华民族中汉族的一个优秀民系，客家民系具有四个特征，即：有脉络清楚的客家先民，有特定的地域条件，在特殊的历史年代，有独特的客家文化。

　　客家民系由于自身历史的原因，形成了爱国爱乡、崇文重教、和合团结、开拓进取的客家精神，以及慎终追远、敬宗睦族、耕读传家、践行忠孝、坚毅果敢、吃苦耐劳、艰苦奋斗等优秀品质，这些都是优秀中华传统文化和民族精神的体现。

　　客家文化有一个标志性的建筑，那就是客家土楼。在福建闽西客家的祖居地，有众多的土楼建筑。土楼是客家文化的象征。土楼的建筑洋溢着朴实、粗犷、厚实、雄伟壮观的阳刚之气。这是客家精神的重要特点。一座土楼，就是一座山，一座坚固巍然不动的山。厚重的土墙，象征着客家人在艰苦的迁徙历程中所铸成的坚强，环绕密闭型的造型，象征着客家人历尽磨难后的紧密团结，质朴无华的墙体，象征着客家人的俭朴、质直和坚韧刻苦。

　　早在 1995 年，福建教育出版社就出版《客家文化丛书》共 10 种，比较全面系统地介绍了客家源流以及客家的信仰、礼俗、民居、宗族、方言、服饰、艺能、名人、饮食等各领域的历史与现状。可惜其中未有专谈客家文化在海外的专著。而移居海外的客家人保持祖地的衣冠制度，传承耕读文化，宣扬儒家忠孝思想，延续迁出地的民俗习惯，同时受移居地文化的影响，形成了独特的海外客家文化。

诚如弦章所说："在文化自信的理念下，将中国先进文化推向世界，有利于丰富世界文化；反过来又有利于吸收、借鉴他人文化，取长补短，提高中华文化竞争力，增强中华民族的综合实力，促进世界文化的繁荣与发展。" 把中华传统文化中的重要组成部分客家文化介绍给世界、推向世界，又吸收世界文化使之与客家文化相融合，无疑地将提升客家文化的创造性继承和创新性发展。

　　弦章致力于客家文化研究多年，有多部著作问世。这次所撰《客家文化在海外》，全书共五个部分十二章。虽是论述客家文化在海外，但是对客家源流、客家文化的特性也都有详细的论述，使读者可知客家文化海外流传渊源有自。对于客家文化海外流传的历史脉络，也都条分缕析，甚为清晰。对于客家文化的海外流传，本书涵盖了客家方言、民俗与生活方式、宗教与信仰、教育与文学艺术等，甚为广阔。此外，对于客家文化当今海外流传的状况，作者也有详细的展示，可以看出客家文化在海外的影响。作者对于客家文化特质的把握是深邃和全面的，对于客家文化海外流传的状况十分清楚，因此能全面地展示客家文化海外流传的状况。

　　作者是客家文化研究的专家，在客家研究方面有丰硕的成果。本书是弦章客家研究的又一力作。如果说弦章过去的客家研究主要还是致力于本土的视野，那这部书则把视野放眼于世界和海外。全书资料翔实，材料丰富，文风雅致，是一部探索客家文化世界流传与世界化的优秀著作。

　　（郭丹，福建师范大学文学院二级教授，福建理工大学特聘教授，中国古代文学专业博士生导师，中国古代文学、文献学专业硕士生导师。）

目　录

壹 客家文化源流和特性 / 1

第一章　客家文化源流 / 3

第二章　客家文化特性 / 15

贰 客家文化海外交流的路径和历史沿革 / 29

第三章　客家文化海外交流的路径 / 30

第四章　客家文化海外交流历史沿革 / 43

叁 客家文化海外交流 / 83

第五章　客家方言 / 85

第六章　客家民俗与生活方式 / 95

第七章　客家民间信仰与宗教 / 113

第八章　客家教育与文学艺术 / 152

肆 客家文化海外交流平台和活动 / 173

第九章　客家会馆与社团 / 174

第十章　客家文化研究与交流平台 / 200

伍 新时代客家文化海外交流与客家人物 / 231

第十一章　新时代客家文化海外交流 / 232

第十二章　海外华人华侨名人录 / 246

参考文献 / 280

后记 / 283

壹

客家文化源流和特性

海内外客家人参加河南洛阳客家祖源地纪念馆开馆仪式

客家民系是中华汉民族的一个优秀分支。闽粤赣边是客家祖地，是客家文化诞生、发展、传播的原乡故土。客家人传承了中原农耕文明的精华，并在闽粤赣边发扬光大，形成了独特的客家文化。

客家文化是中华优秀传统文化的重要组成部分。客家文化不仅是客家民众的精神之源，也为中华民族留下了丰富的文化遗产。这其中既包括农业生产遗迹、古宅民居等物质文化遗产，也包括传统民间习俗、传统民间文艺、传统民间体育游艺和传统民间技艺等非物质文化遗产。

福建闽西是客家民系诞生的核心区，是块福地宝地，历史上孕育了客家民系，客家人在此休养生息壮大后又不断向外播迁，走向全世界，也将富有特色的客家文化传播到全世界。

第一章 客家文化源流

客家——一个响亮的名字!

客家——一个漂泊迁徙的代名词!

客家——一个越来越强大的中华民族的族群!

客家——一个在汉语言中唯一不用区域来命名的方言群体!

客家——一个在全球华人中唯一缔结了共同寻根组织的华夏民系!

于是人们说:只要有太阳的地方就有中国人,只要有中国人的地方就有客家人!

一、客家人称谓来历

为什么叫"客家人"?"客家"称谓历来有争议,学界主要有以下说法。

1. "土客相对说"

最早提出此观点的应是著名客家学人徐旭曾,他在其《丰湖杂记》中称:"所居既定,各就其地,各治其事,披荆斩棘,筑室垦田,种之植之,耕之获之,兴利除害,休养生息,曾几何时,随成一种风气矣。粤之土人,称该地之人为客;该地之人,也自称为客人。终元之世,客人未有出而作官者,非忠义之后,其孰能之!"这说明"客家"是他称,也是自称。

关于"客家"称谓的来历和意义,著名语言学家广西客家人王力先生在其《汉语音韵学》中认为,"客家是'客'或'外人'的意思,因此,客家就是外来的人。"这里的"客家"是相对于"主"(土著或先来之汉族)而言的一种对称,"客家"的

"客"，即外来人之意。"客而家焉"，作客他乡，并以之为家，即谓"客家"。

2. "客户说"

有些学者从史料记载入手，从宋朝时户籍有"主""客"之分角度入手，认为移民入籍者皆编入"客籍"，"客籍人"遂自称"客家人"。最早提出此说法者大概是清末梅州人温仲和了。著名客家研究学者罗香林先生亦持此观点，并在其《客家研究导论》中加以解释，认为"客家"是"客而家焉"的意思，提出"先住为主，后到为客"的观点。

3. "夏家说""河洛说"

这是由梅县话"夏家"与"客家"同音（Hakka）而声训出来的观点。陈炎亚在《思考与探索——对有关客家研究问题的几点不同看法》①一文中称："从许多史实说明，客家祖先是发祥于我国中土的华夏民族。由于客家人有强烈的祖先崇拜观念，不忘自己的祖先是'夏家人'，有理由认为就是'客家人'这种称谓的由来。"对此，不少专家从客家方言角度提出反对意见。

4. "自称说"

为什么在众多移民中唯客家不以地方自称？笔者以为起源于南宋末元之初移民粤东北的汀赣客家人，应该是自称，后逐渐传回本地。原因不是有些专家所提出的"闽南人先迁潮汕是为主，汀赣人后迁梅州是为客"的说法，而是汀赣移民在与自称闽南人的潮汕人及自称粤人的广府人打交道时，需要一种说法，在不好自称"汀人""赣人"的情况下，以"客家人"自称。在学者及好事者推动下，此称谓渐渐推广并成为习惯。就如现在客家人的壮大一样，许多县区客家民系并不知"客家人"之称谓，只是近年根据其祖先族

———————————

① 载《客家风俗》1989 年第 1 期。

谱、迁徙路线及语言习俗特征认同客家人，找到自己的族称。

这不由得让人想起汉族、汉人之称谓。先秦时印度及西北民族称中原人为"秦人"，汉魏后，边疆民族又称中原人为汉朝人。在北魏末年，鲜卑化了的汉人高氏统治集团为抬高自己而称中原汉人为"一钱汉""汉狗"，但这并非起源，"汉人""汉语"之称，在南北朝已通用。东晋南北朝时，当少数民族政权与中原共享中国称号，于是"汉人"从"中国"原有作为族称的含义中分离出来。由此可看出族称的形成是迟于族系形成很长一段时间的。同属汉族的南方各民系的称谓就更迟才形成了。所以笔者以为不能以客家称谓的出现作为客家民系形成的标志。①

二、客家研究的概念

因在过去的研究中，一些西方学者把客家人称为一种民族；在国内一些人也侮称客家不是汉族，是南方的野蛮民族，直到现在，还有一些台湾学者称客家为客家民族。故许多学者都在为客家正名，提出了一些术语。"民系"一词是最典型的。

1.民系

"民系"概念最早由客家研究的奠基人罗香林先生提出，即指某一民族下的支系，如汉族内部就包括很多个支系。仅福建而言，就有客家民系、闽南民系等；而广东省，除客家民系外，还有广府民系和潮汕民系。"民系"概念此后一直为学术界所沿用。"民系"是"民族"的分支，它与"民族"一样，是个文化概念，是社会科学和行为科学研究的对象。故而，区别不同民系的因素，就以文化为主了。但在客家研究中，学术界对"客家民系"的界

① 陈弦章：《论客家民系人文特征的形成》，《龙岩师专学报》，2001年第4期，第45页。

定存在着"血统论"和"文化论"两种不同的观点，常会因此产生混乱。著名学者费孝通先生提出"中华民族是多元一体格局"的论断。[①]汉民族是其一元，而汉民族的格局中，又有吴越系、湘赣系、广府系、福佬（闽南）系、客家系等多元民系，客家民系又是多元中的一元。现在普遍认为，客家民系由南迁汉人与当地畲族、瑶族等土著融合而成，具有区别于汉族其他民系的独特的方言、风俗习惯和人文特性的一个汉族分支民系，是当今世界上分布范围最广、影响最为深远的民系之一。

2. 客家先民、客家人和客家后裔

（1）客家先民

这是罗香林先生提出的概念，主要是指于客家民系形成之前南迁并落籍于客家地区的汉人和当地土著，而其子孙后代在客家民系形成后已被同化而与客家人融于一体的那一部分人。客家先民与客家人的区分以客家民系形成之前后为界。但客家民系形成的时间还有争议，故两者的界定还是不很明确。

（2）客家人

许多客家研究者从不同的角度给"客家人"下定义，以求名正而言顺。

在客家的一些学术会议上，对客家人的界定是：凡具有客家血统、客家文化素质和客家认同意识三项要素中任何两项的人，都是客家人。"客家血统"是指祖宗是客家人；"客家文化素质"最主要的是能操客家方言，保留着客家的民俗习惯等人文特征；"客家认同意识"即承认自己是客家人。

（3）客家后裔

指客家民系形成后由客家地区播迁至非客家民系聚居地并被

---

① 费孝通：《中华民族的多元一体格局》，《北京大学学报》，1989年第4期。

当地人所同化的那一部分人。或说是客家的后代，具有客家血统，由于某种原因，却无客家人文特征和客家认同意识的人。这是最具争议的一部分人，有些学者认为是客家人，而有些学者认为不属于客家人。这个观点上，我们可以参考国际上其他民族的一些认定标准。

三、客家人形成的时间

对客家人寻根溯源后，学者们根据掌握的史料提出了客家形成时期的集中观点：五代形成说、唐末形成说、宋代形成说、唐末至宋末形成说、南宋形成说、元代形成说、明代形成说、清代形成说。比较有代表性的有：

1. 五代形成说

关于客家民系形成于五代宋初的观点，最早是由客家学研究的奠基人罗香林先生提出来的。其《客家研究导论》在论述客家先人的南迁时说："客家先民的移民运动，在五代或宋初是一种极其显著的事象。'客家'一名亦必起于是。"[1]

2. 唐末形成说

本人根据史料曾提出唐末形成说：客家民系形成的区域在广府与湘赣民系间的粤北、赣南、湘南、桂东北、闽西这广大地区。秦汉强制移民集团是其基础，形成客家妇女精神、二次葬习俗等独特人文特征。尤其客家妇女的优良传统是其"先婢后妻"的身份使然，后来虽历经人口重建现象，依然保留下来，为后面融入客家民系之人所接受。魏晋南北朝因战乱南迁的士族自由移民集团加盟后粗具规模，形成重宗祠、敬祖先、讲郡望之特征。唐朝基本形成客家民系，唐末五代战乱使客家民系向东西向播迁。宋代高文化素质

---

[1] 罗香林：《客家研究导论》，希山书藏社，1933 年版，第 18 页。

移民的融入，使客家民系在尚农耕基础上重文，形成耕读之风，拉开了东西面的距离。宋末元初赣汀移民梅州，渐渐形成"客家人"称谓，并为大多数人所接受。其后从梅州大量向海内外移民。[1]

3. 宋代形成说

著名学者罗美珍认为："（客家先民）到达闽、粤、赣山区以后，由于地理环境和自然条件的限制，不易受到外来的影响，加上强烈的宗族观念和保守思想，使他们增强了对外来影响的抵抗。在当地，他们征服了土著以后，一方面逐渐同化了土著居民，另一方面也吸收了土著的语言和文化。在这种特定的条件下，到宋形成了一个庞大的社会群体和社会区域。语言也就在这时发展为与中原汉语有一定差别的独立系统。宋人周去非的《岭外代答》、陈一新的《瞻学田碑》和王世懋的《闽部疏》都谈到虔南韶居民的语言近于汉音而与南方其他汉族的语言不同。"[2] 她从语言的角度分析确定客家形成于宋代说。

4. 南宋形成说

著名学者吴松弟在《客家南宋源流说》一文中，对客家家谱重新进行了分析，在研究南宋时期汀赣二州的北方移民的基础上，运用语言学和遗传学的研究成果，提出南宋时期南迁的北方移民对客家的形成产生决定性影响，因而大约在宋末开始形成客家民系。[3]

5. 元代形成说

比较有代表性的是徐旭曾的《丰湖杂记》中的阐述："当时元

---

[1] 陈弦章：《客家民系形成及范围界定新论》，《龙岩师专学报》，2001 年第 1 期，第 59 页。

[2] 罗美珍：《从语言视觉看客家民系的形成及其文化风貌》，《国际客家学研讨会论文集》，1994 年。

[3] 吴松弟：《客家南宋源流说》，《复旦学报》（社科版），1995 年第 5 期，第 108 — 113 页。

兵残暴，所过成墟。粤之土人，亦争向海滨各县逃避，其粤、闽、赣、湘边境，毗连千数里之地，常不数十里无人烟者，于是遂相率迁居该地焉。西起大庾，东至闽汀，纵横蜿蜒，山之南、山之北皆属之。即今之福建汀州各属，江西之南安、赣州、宁都各属，广东之南雄、韶州、连州、惠州、嘉应各属，及潮州之大埔、丰顺，广州之龙门各属是也。"

四、客家人的六次大迁徙

客家根在中原。客家人是避战祸而从中原"衣冠南渡"的。

何谓中原？

据《辞海》《辞源》等，广义的中原或指黄河中下游地区，包括河南省、陕西省、山西省东南部、河北省南部、山东省西南部、安徽省北部、江苏省西北部等大片区域。当与外族对应时，中原又泛指华夏文化地区。

中原，本意为"天下至中的原野"，是中华文明的发祥地，是华夏民族的摇篮，被视为天下中心。中原也被称作"中土""中夏"。

客家不是一次性形成，而是由几次大移民层积并与当地土著融合而成的民系，形成民系后又继续迁徙，所以，许多专家论述的客家迁移说，往往包括从中原到客家形成地闽粤赣地区，又从客家祖地往海内外迁徙的次数。

1. 罗香林五次大迁移说

罗香林所著《客家源流考》一书，论证客家人是汉民族的一支民系，南迁分为五个时期：

第一次为西晋"五胡乱华"；

第二次为唐末黄巢事变；

第三次为宋朝受金人入侵；

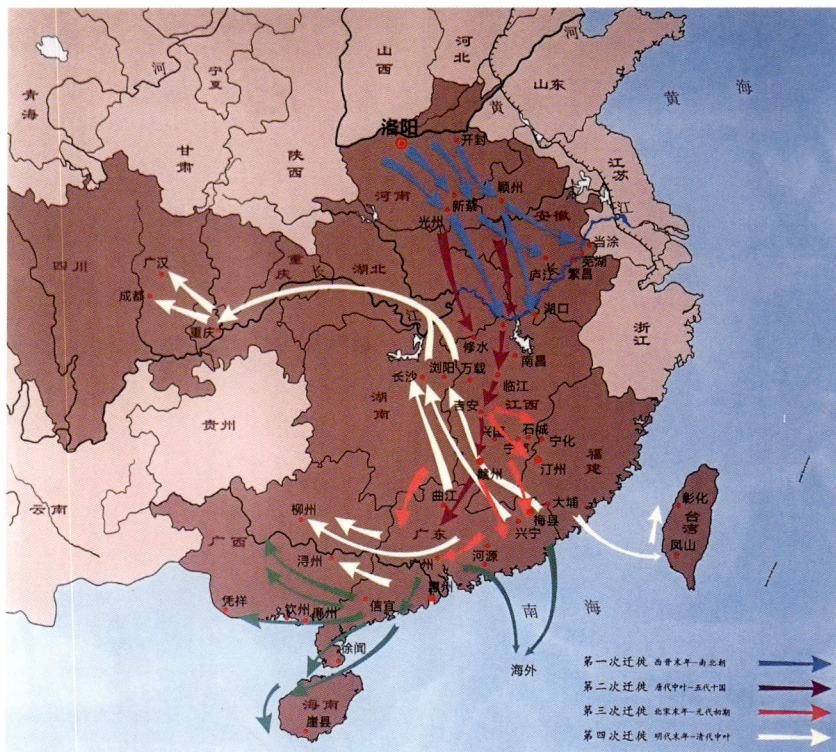

客家迁徙图

第四次为明末满人入侵；

第五次为清同治年间受广东西路事件和太平天国事件影响。

2. 六次大迁移说

台湾范绮教授认为客家人来源有三：第一批来自秦朝；第二批为东晋南渡；第三批则为南宋南迁。特别提出秦始皇灭六国统一中国后，曾派遣大军驻守广东北部大庾岭，防止南蛮入侵，秦传二世亡国后，那些军队不愿北返继续留在当地，成为客人。可见，罗香林所说五次，再加上范绮指出秦朝一次，应算六次为宜。李松庵先生所写《客家人的几次南迁初探》一文①，就汉民族六次南迁形成客家民系的历史，作了简明概述，可看成是客家源流论的综合。

第一次南迁是在秦始皇时代；

第二次南迁是在东晋"五胡乱华"时期；

第三次南迁是在唐末黄巢起义时期；

第四次南迁是宋南渡及宋末时期；

第五次南迁是在明末清初时期；

第六次南迁是 19 世纪中叶太平天国时期。

除以上六次大规模的南迁外，中原汉人也有因旱灾水患逃荒而南迁者，另有历代官宦贬谪、经商、游学而定居闽粤赣边地区的。

五、客家形成的区域

俗语说："一方水土养一方人"，这道出了地理环境对社会文化的影响。历史和文化的发展不能脱离人类在时空上所处的特定自然条件，人类的一切活动都是在特定的地理环境中进行，并与之发生交互关系。人类或因战乱，或因其他原因，经常迁徙。这些移民对定居地的自然地理选择，首先是考虑有利于垦殖安居。客家从前给人的印象是"逢山必有客，无客不作山"。故《大英百科全书》给了客家人一个"中国山地人"的封号。关于客家民系形成区域有好几种说法：闽赣边说、闽粤赣说、赣南说、闽西说等。

目前比较普遍的说法是闽粤赣边客家形成说。

闽粤赣边区之所以成为客家民系形成的"大本营"，是在特定的历史环境条件下，移民对定居地的自然地理选择。闽粤赣三省交界处，地貌形态繁复多样，山峦重叠，河流密布，山水之间点缀

---

① 载《岭南文史》1983 年第 1 期。

世界客属公祭客家母亲河汀江

着大大小小的山间盆地。逶迤东来的南岭山脉支脉——五岭山脉、九连山脉、大杉岭山脉——绵亘于湘粤、闽赣之交；武夷山脉蜿蜒于闽西的西北边缘，处处是崇山峻岭，沟壑盆地。闽西境内还有东北—西南走向的玳瑁山、彩眉山和近乎南北走向的松毛岭山脉；上杭横着博平岭；连城屹立虎芒岭。粤东境内，北有项山山脉，中横阴那山脉，南列凤凰山脉和释迦山脉。广东连县西北有萌渚岭；南雄县北耸立着"岭南第一关"——梅岭（大庾岭），这是从秦始皇时就开辟的一条南北大通道；赣南东部为萧帝岭。南岭山脉和武夷山脉挡住了南下冷空气的侵袭，同时也挡住了冷兵器时代战车战马的凌厉攻势，使这一带地区暂时有一种世外桃源之感，是特殊人群理想的避难场所。这一带，河流交错，雨量充沛，野生动植物众多，地理形势进退得宜，是维持基本生存的好地方。由于其中的山地被切割成一块块的小盆地，便于有血缘关系的同姓一村一族进行聚居和耕作，形成了相对稳定的社会文化结构，形成了客家人特殊的生存模式。

《汀州府志》记载："唐开元二十一年（733），福州长史唐循忠于潮州北、虔州东、福州西检责得避役百姓三千余户，奏置州。"唐开元二十四年（736）开福抚二州置汀州，当时汀州人口主要是从外地避难来到汀江流域的，达 3000 多户（1 万多人）。

赣闽粤边是客家祖籍地，是客家民系形成、发展、播迁的地方。闽西古汀州区域又是客家祖地的核心。

六、客家民系的大体分布及人口

1. 中国客家地区分布

现在，学者习惯将客家人聚居区分成纯客家县和非纯客家县，但至今尚无明确的衡量标准，比如纯客家县，客家人口应占总人口的多少，非纯客家县，应有多少客家人口或占总人口比例多少方能认定为非纯客家县。

国内客家人主要分布在江西、福建、广东、广西、四川、重庆、贵州、湖南、陕西、河南、海南、台湾、香港、澳门等地。

2. 世界客家人的大致分布

最早报告客家人口总数的是英国传教士肯贝尔和美国现代文化地理权威韩廷敦，肯贝尔在其 1912 年发表的《客家源流与迁移》中认为"能操客语的人口，已达一千五百万"；而韩廷敦则在其《种族的品性》中谓："客家的人口，总数在一千万以上。"对这两位英美人士的说法，罗香林认为，其实这都是极其主观的估计，他们根本没把客家居住地先弄清楚，范围也没确定，所以所得的结论，也就极难置信了。因此，对客家人口进行科学的估计，首先必须先了解客家人的基本住地，然后再根据基本住地估算客家人口。这项工作是由罗香林先生最早从事的。他根据各地志书及谱牒，以及个人亲自向客家人士访问所得的消息，并与其他零星记载进行资料排比，初步列出了纯客县和非纯客县（包含在上面所列资料中），然后根据1922年《中国年书》所载中国各省人口调查报告和当年2月广东省政府所公布广东各县人口报告，以及陈达博士《中国之移民》关于台湾客家人口数的描述，得出20世纪20年代客家总人口数为16548074人。（当时海外侨胞持双重国籍，不另统计海外客家人口），占当时中国人口436094953人的百分之三点七九，占当时世界总人口的百分之零点九四（几达百分之一）。根据同样的方法，罗香林先生在其1950年发表的《客家源流考》一书中，估计客家总人口（包括海外侨胞）"约为二千五百二十余万人"。

到目前为止，关于世界客家人总人口有1亿左右、1.2亿等不同数据的说法。

3. 客家人之分布及人口数量产生变化的原因

客家人口数量产生变化、出现差异的原因，笔者以为要特别注意两点：

一是过去不敢承认的，现在敢承认了。这一状况主要表现在台湾一带。台湾客家长期受到压制，故不敢公开承认自己是客家人。现在可以理直气壮承认为客家人了。

二是过去不知道归属，现在知道了，并承认为客家人的。这是最普遍的，无论是大陆或是港澳台，还是海外华人华侨，在20世纪80年代后掀起的客家寻根热潮中，他们根据自己的习俗或语言或迁徙的渊源，确认了他们的客家民系的身份。如大量的四川人，从过去只是知道自己讲的是"土广东话"，到现在明确是客家话，就是典型的例证。这部分人据以前公布的数字是100万人（上述第一种说法），而按目前统计公布的数据，四川全省客家人总数达 400 多万，其中成都有 60 多万，成都东郊的洛带镇有"西部客家第一镇"之称。还有就是江西一带被专家称为"老客"的这部分客家人，也是后来才承认自己是客家人的。

再如，2019 年以来，闽西客家联谊会组织人员寻访回迁浙西南、赣北、湘南一带"汀州客"，收获颇大，承认为客家人的民众越来越多，单就浙江南部寻根为福建"汀州客家"的人数便达百万之众。

全球客家人总人口有 1 亿左右、1.2 亿等不同数据，目前学界较为认可的是 1 亿左右。但各有根据，孰是孰非，尚难确定。

第二章　客家文化特性

中国人最早将野生水稻进行人工种植，中国成为农业大国。

在数千年的农业传统社会里，我们的祖先用他们的勤劳和智慧创造了灿烂的农耕文明，形成了南稻北粟的农耕文明格局。

客家人传承了中原农耕文明的精华，并在闽粤赣边发扬光大。

在夏季长、冬季短，光照充足，雨水丰盈集中的低纬度亚热带季风气候区里，南迁汉人携带而来的中原文化在闽粤赣的山地环境中与土著、百越文化多次交融，形成了汉民族新的民系文化——"客家文化"：先进的农具、美丽的梯田、特色的民居、科学的水利设施，还有那独特的客家方言。这是客家人适应环境而创造出来的社会文明成果。

闽粤赣是块宝地，历史上孕育了客家民系，客家人在此休养生息壮大后又不断向外播迁，走向全世界。闽粤赣是块福地，近现代革命力量在此发展壮大，从这里走向胜利，是共和国的摇篮。如今，闽粤赣是养生福地，生态资源丰富，有着文旅康养的众多资源。

客家文化不仅是客家民众的精神之源，也为中华民族留下了丰富的文化遗产。这其中既包括农业生产遗迹、古宅民居、宗祠寺庙、桥亭楼阁等物质文化遗产，也包括传统民间习俗、传统民间文艺、传统民间体育游艺、传统民间技艺，饮食、医药、木雕、石刻、剪纸等非物质文化遗产。

一、客家文化特征

客家文化源远流长，它的根在中原，保存着唐宋风格的中原文化特征。中原是中华民族传统文化的摇篮，是客家先民的故乡。中原文化的先进性、正统性和包容性是中华民族凝聚力的源泉。多种文化熔铸而成的中原文化，以其强势的特征得以延续和辐射，这是优胜劣汰的自然选择的结果，更是民族文化得以不断发展的根基和动因。

中华优秀传统文化是中华民族的精神命脉。农耕文明是中华优秀传统文化的重要组成部分，农耕文明决定了中华文化的特征。

早在春秋战国时期，中华民族的两大摇篮——黄河流域与长江流域——农耕文明就已经相当发达，稻作文化和粟麦文化已达到世界农耕文明的巅峰，与之相适应的民居建筑业、手工制造业已经相当发达。客家先民把先进的农耕文化带进闽粤赣边区，为这片封闭的地区带来了活力，让原有的文化发生质的变化。

聚族而居、精耕细作的农耕文明孕育了自给自足的生活方式、文化传统、农政思想、乡村管理制度，等等。

来自中原，与当地土著、少数民族不断交流融合而形成的客

土楼金秋田野（陈和阶摄）

家文化具有共同的地域、经济、语言、信仰特征。

1. 客家共同的生活地域

闽粤赣独特的地理环境孕育了客家文化。

现在被通称为客家祖地的赣闽粤边区，由于南北走向的武夷山脉和东西走向的南岭山脉的天然阻隔，自然地理环境有一定的差异，形成既有联系又相对独立的行政管理长期互不相属的赣南、闽西、粤东三个片区。

客家人在这块相对封闭的闽粤赣交界的山地生活了千年，在与历史、自然的互动中创造了山地经济形态和客家文化。赣南、闽西、粤东三片区山水相连，唇齿相依，经过历代客家人的辛勤开发，原先林深菁密、猛兽横行、瘴气袭人的蛮荒之地，已经成为山清水秀、茶稻飘香、安全稳定的人间仙境。

2. 客家共同的经济基础

赣州开发最早。汀州自唐代设置州郡，是福建设州郡较早之地。宋代开始，闽粤赣这片土地得到了较好的开发。在江淮和赣南地区掌握了娴熟稻作农耕技术的外来汉族移民带着修渠筑路、垦荒造田、水稻耕作等先进技术，向周边拓展。客家人筚路蓝缕，以启山林，修陂筑圳，引水灌溉，发展农业，其中不少是民众自筹资金建筑的水利工程，如长汀的张家陂，定光陂，宁化的吴陂、上杭的梁陂等。作物栽培也有新成就，成功引种畲禾，提高水稻产量质量。

清代以来，闽西客家烟草业崛起，条丝烟成为外销的大宗商品，永定、上杭是著名的条丝烟生产基地，尤以永定最为著名，近代销往全国，远及南洋。木材、毛竹、土纸、烟叶、兰草、矿产等，是客家人山地经济的主要产品。

3. 客家共同的民间信仰

由于不同宗教混杂，宗教仪式同生活习俗活动混杂，宗教文化与非宗教文化混杂，客家民间信仰形成了泛神泛灵崇拜。客家民间信仰的特点就是泛神泛灵、随意随性、包容混杂，形成了包含天地崇拜、自然物崇拜、祖先崇拜、圣贤崇拜、鬼神崇拜、巫术信仰、生活禁忌等大杂烩的民间信仰体系。

4. 客家的共同方言

方言是民系形成的重要标志。客家方言是客家文化的标志和象征之一，是客家文化的根。"它的最明显的特征，就是古朴雅致，保存着大量的古中原音韵、词语和语法，有着浓厚的中原古语风味。"①

客家方言脱胎于中原古汉语，是汉民族共同语的一个分支，是客家民系在其形成与发展过程中，在特定的地理环境下，以中原古汉语为底层基础并吸收了当地土著的语言成分独自发展演变而逐渐形成的。客家人称客家话为"祖宗声""阿姆话"，要求后代必须学习，尤其是在家里必须说客家话。

5. 客家崇文重教的风气

客家人以耕读传家，有着浓厚的崇文重教风气。州有州学，每个县也先后建立颇具规模的县学。书院是具有讲学、祭祀等功能的文化机构，是衡量一个地方文教是否发达的重要标志。赣州、汀州、梅州书院林立。如南宋汀州就建有卧龙书院。民间也建有不少书院，如连城有仰止亭、丘氏书院等。闽学鼻祖杨时的学生罗从彦曾在连城讲学，传播理学。汀州也培养出本地理学士人杨方等。官方还建立理学先生公祠，祭祀程颢、程颐、朱熹、张载以及当地的理学家。理学的传播推动客家文教、宗族社会的发展，使敬宗睦族、崇文重教成为闽西客家文化的两大主要特征。

6. 客家的宗族文化

宋代理学初兴，明代王阳明在客地推行心学。在程朱理学、

---

① 林嘉书：《土楼与中国传统文化》，上海人民出版社，1995 年，第 6 页。

客家农村谷仓

陆王心学的双重推动下，明代客家宗族组织不断成熟，特别是明中叶之后，"家家建追远之庙，户户置时祭之资"，客家地区出现了众多祠堂。祠堂文化成为客家地区最亮的一个特色。

客家宗族文化包含祠堂、祖墓、祭祀、族谱、家训、族田等文化要素。

7. 客家的迁徙传播

长期以来，人们为避战乱而开垦闽粤赣边地区。客家先民自唐宋以来在闽粤赣交界这片土地上与当地土著、少数民族经过长期不断的交流融合而形成了具有共同地域、经济、语言、信仰、文化的新汉族民系文化——客家文化。经过数百年的繁衍生息，闽粤赣边尤其是闽西汀州、粤东北梅州出现了人多地少的局面，部分客家人开始向外地迁徙。清初客家人或倒迁赣西北、湘南、浙西南，或随"湖广填四川"移民四川。另外，客家人也有向广东、广西移民的。

闽西、粤东北客家海外大移民始于明代。康熙年间，永定有胡、李、曾、游、马等诸姓下南洋。1775 年，在马来西亚的闽粤赣客家人就创立"广东暨汀州会馆"，可见闽西客家人侨居外国者为数不少。太平天国运动、土客械斗等，也使部分客家人选择了海外移民。鸦片战争后，闽西、粤东客家人沿汀江，过韩江，抵汕头，远渡重洋，到达世界各地。客家人移民地比较集中于东南亚，美国、古巴、南非、荷兰、英国、法国等一百多个国家和地区也有客家人聚居地，大量的华人华侨都是客家人。

二、客家民居

一方水土养一方人，一方之人创造一方文化。一方人的"衣食住行"等民俗文化之中，"衣行"文化比较快地会随时代的发展而变化，而"食住"却能较持久地保存一个地方的文化特色，显示一个地方的文化意蕴，尤其是作为实体的民居建筑，更是一个地方悠久特色文化的凝聚体。民居文化是一个地域核心文化的表现形式之一，客家土楼民居文化正是客家民系文化最具特色的代表。

神奇的客家土楼，是客家先民在漫长的迁徙、艰辛的创业、流动的生活过程中传承和发扬中国传统文化的杰出产物，是世世代代客家先民智慧的结晶，是客家文化的象征，是遍布世界各地的客家人心中共同的图腾，是漂流、奔波于海内外的客家人的精神港湾。客家民居是客家文化的标志性文化符号、文化品牌。

1. 客家民居建筑的文化意蕴

（1）客家土楼民居构建的文化理念

土楼是客家民居的标志性建筑，是客家历史文化的一个载体，集中反映了客家文化的重要特征。客家建筑土木结合、外闭内

永定土楼

敞、聚族而居三大特征是汉文化的集中体现。土楼的世俗空间充分显示了客家人的生存智慧和建筑艺术，是人与自然和谐、人与人和谐的典范之作。

（2）客家土楼民居居住的人文理念

人是社会关系的总和。聚族而居的倾向在中国各地民居中都有反映，但在闽粤赣客家建筑中特别显著。聚族而居和集体意识对于客家民系的生存和发展具有特别重要的意义。以家族为单位建成的土楼，规模大的可居住数百人甚至上千人，里面的生活设施、祭祀处所、议事场地、学习场所一应俱全，每座土楼如同一个小社会。这种聚族而居的生活模式，处处体现了客家人团结协作的精神。他们在重视个人发展、个人利益的同时，更注重集体的利益。

2.福建土楼是客家人的世界文化名片

2008年7月6日，福建土楼在加拿大魁北克城举行的第

挂有海外后裔牌匾的上杭县稔田镇李氏大宗祠大厅

三十二届世界遗产大会上，被正式列入《世界遗产名录》。福建土楼产生于宋元，成熟于明末、清代和民国时期。其独一无二性受到国际世界遗产专家的赞叹。

三、客家宗祠谱牒

客家人特别崇宗敬祖，每个村落修建了大量宗祠以供人们祭祀祖先，编修了大量的谱牒以供后代寻根。闽西上杭现建有客家最大族谱馆，供海内外客家人寻根溯源。

1. 谱牒的最直接作用是据以寻根问祖

每个姓氏，每个家族都有自己的祖先，故寻根问祖、报本思源、敬奉祖先、缅怀祖德乃人类之天性。

客家民系是个不断迁徙的民系，有人称之为"移动的民系"。虽说此论有些偏颇，但也说出了客家民系的一个公认的特

性，那就是迁移的次数多，地域广，跨度大。同时，客家人又是一个最重视寻根的民系。这已被现代大量的寻根事象所证实，尤其是港澳台及海外客家华人华侨的寻根热潮可以说是举世无双。

2. 族谱家谱成为祭祀之指南

客家人都有十分浓厚的祖先崇拜情结，不仅每个宗族每年春秋二季要举行隆重的集体祭祀，而且每个房族、家庭随时可以祭拜自己的祖先。这就是所谓的"春祭祠，秋祭墓"，也有的是"春秋二次祭墓"。由于家族繁衍、人口增长以及迁徙等因素，人们越来越觉得对祖先的追溯祭祀繁杂艰难。大多时候，族谱家谱成为祭祀之指南。

3. 谱牒补充正史的史实

谱牒在我国源远流长，在历史的长河中，已经形成有独特内涵、浸润着民族情愫的谱牒文化，它对民族的心理素质、价值取向、行为模式都发生着潜移默化的影响。

4.谱牒是客家教化子孙之宝藏

家谱族谱属于传统文化的范畴，是中国五千年文明的见证。其实，修家谱由来已久，早在周朝就有，但多为官修，直到宋代，民修家谱才普遍繁盛。家谱族谱中有一个很重要的部分是家法族规。其中许多内容是有关崇尚正义、爱国守法、崇文重教、敬祖睦宗等方面的，这可以称得上是谱牒文化的精髓。它能够规范人伦，导人向善，是对社会法律和制度的一种重要补充。[1]

客家人把谱牒带向全世界，成为文化传播的重要材料。

四、客家精神

千百年来，不断迁徙的客家人筚路蓝缕，艰辛垦拓，无论所迁徙的环境如何险恶，始终坚持把祖先的语言和文化传承下去。长期下来，锻炼出坚韧的毅力与硬颈精神，在恶劣的自然环境中生存繁衍，乃至开枝散叶遍布海内外。

客家人刻苦耐劳、坚毅深沉、不屈不挠、无所畏惧的优良品质，最早为外国学者与传教士所关注。人们开始概括客家人的特性与精神。

1.外国人士眼中的客家人

英国传教士坚根倍尔，在中国传教数十年，曾获"中国通"之誉。他在汕头英国人召集之宗教会议中，有如下一段之演讲词："客家人比城里人勇敢，富有独立力行的气概，渴爱自由。满州人入主中国，客家人降服最迟，其后且曾屡次起兵反抗，第一次乃距

---

[1] 陈弦章：《浅论谱牒之文化意义》，《龙岩学院学报》，2011年第1期，第12—17页。

永定坎市镇青坑廖氏宗祠内满墙的新生子孙起名贴

今稍久之太平天国革命，第二次是这世纪中新近的事，即辛亥革命是也。"

英国人巴素博士，为研究南洋汉族渊源掌故之权威学者，著有《马来亚华侨史》。该书第五章《马来各邦华侨》中，亦有数段关于客家开辟各矿之记载，其评语云："客家侨民，素来被认为是具有急进与独立见解声誉的民族。"

美国人韩廷敦，是现代人文地理学权威教授，历年主持《美国地理学会杂志》刊物，并曾特约客家问题专家罗香林教授撰写客家文章多篇，著有《自然淘汰与中华民族性》一书，其中有一段评语为："有数约百万以上的客家人，因从事贸易而居留于南洋群岛及欧美各国，客家的名称，英文是'HAKKA'，在人类学上已有相当重要的地位。客家人的重要特性，就是能够刻苦耐劳和团结，惟其如此，故在工作上常占优势。因为他们能团结，故能以少数外地人的身份，在当地生存和繁衍。客家人很注重武技，每一个市镇都有练武习艺的团体。他们所以要注重武艺，原因很简单，就是为了自卫，因为客家转徙万里，沿途难免受到抢夺。"

英国学者爱德尔说："客家民族是牛乳中的奶酪。客家人刚柔相济，有一种不侮弱小、不畏强暴的特性。"日本竹越三郎说："台湾客家人最为开化，最顽强，最富民族意识，是不易统治的民族，他们的团结力尤为惊人。"

英国侵略中国的时间最久，研究中国的时间也最长，研究也最深入，对中国的了解当然也最深刻。英国人爱德尔著《客家人种志略》《客家历史纲要》两书综合评语云："客家人是刚柔相济，既刚毅又仁爱的民族，而客家妇女，更是中国最优秀的劳动妇女的典型。客家民族是牛乳上的奶酪，这光辉，至少有百分之七十是应该属于客家妇女的。"

英国人史录国，为世界著名人种学家，著有《中国东部和广东的人种》，其书中之评语云："客家地区教育最为发达，客人有刻苦勤劳种种优点……中国最卫生、勤劳和进化的民族，就是客家人。"①

2. 客家人自我总结

客家文化是山地文化、移民文化、儒家文化等互动融合的产物。客家人传承并弘扬中华优秀传统文化，形成爱国爱乡、崇文重教、和合团结、开拓进取的客家精神，以及慎终追远、敬宗睦族、耕读传家、践行忠孝、坚毅果敢、吃苦耐劳等优秀品质，这些都是

---

① 江彦震：《硬颈精神》，2016年，第10—12页。

中华优秀传统文化和民族精神的体现。海内外众多客家研究者、知名人士都根据自己的理解，总结了许多关于"客家精神"的观点。闽西客家学者曾组织讨论，意见不一。有 16 字的，有 20 字的，有 24 字的，有 32 字的，散见各处，未作归纳。

祖籍永定下洋的名人胡文虎先生曾在《香港崇正总会 30 周年纪念特刊》上撰文把客家精神概括为"刻苦耐劳之精神，刚强弘毅之精神，勤劳创业之精神，团结奋斗之精神"。

林开钦先生对客家人的精神特质进行了高度概括，突出体现出客家民系最本质的理念。"开拓进取、艰苦奋斗、崇文重教、爱国爱乡"十六个字，简洁明了，核心突出。[1]

客家人有着浓厚的家国情怀，爱国爱乡情怀表现突出。如倡导"我手写吾口"的诗人、外交家黄遵宪，勇敢抗击日本海军进攻的丰顺客家人丁日昌，抗日保台的民族英雄蕉岭客家人丘逢甲。

客家的爱乡观念，还体现在留居海外的客家人身上。如海外客属华侨积极支持抗战。著名客籍华侨领袖胡文虎利用客属总会开展抗日救亡活动，制定计划，推动各地成立客家公会。各地客属公会的筹建经费由胡文虎慷慨捐赠。胡文虎发起并创立南洋客属总会救济难民会，亲任会长，倾囊捐助祖国抗战大业，且利用他创办的报纸积极宣传抗战，激发广大侨胞的抗日救国热情。胡文虎成为华侨的一面旗帜。

---

[1] 林开钦：《客家通史》，福建人民出版社，2018 年，第 274 页。

贰

客家文化海外交流的路径和历史沿革

——

第三章 客家文化海外交流的路径

　　闽粤赣边处在崇山峻岭之中，远离海滨，但还是有陆路、水路与外界交流。勤劳勇敢的客家人不但深耕山区，也时常走出山区，奔向海洋讨生活，交流文化。从目前掌握的材料看，客家文化的对外传播途径是多样化的、多渠道的。

一、长江出海口

　　长江历来是对外交流的黄金水道。尤其是明朝将首都设于南京，其重要性更为凸显。客家先民南迁，长江许多支流成为他们进入赣闽粤客家形成区域的通道，尤其是赣江流域。

　　长江自古是中华民族对外交流的重要航道。

　　明代重大的航海事件"郑和下西洋"，其船队就是从南京龙江港（今南京下关）、刘家港（今江苏太仓）出发，出长江口往南行走。郑和七下"西洋"出发时间都在下半年，从南京出发，在江苏太仓刘家港集结，沿海南下，在福建长乐太平港停泊，等候偏北季风的到来，然后开始漫长的西南之行。

二、闽江出海口

　　闽江是中国福建省最大河流，发源于福建、江西交界的建宁县均口镇，建溪、富屯溪、沙溪三大主要支流在南平市附近汇合后称闽江。

　　这三条支流两岸的平坦地带，便于耕作和生活，也成为南迁的中原汉人建基立业的必选之地。

　　沙溪是闽江的主流。汇入沙溪的一支文川河，发源于现龙岩市连城县李屋大地村的马坑山，流经文亨、莲峰、揭乐后过境清流县从连城北团镇汇入沙溪支流。

闽江上游的三大支流之一富屯溪，在顺昌段汇入一条支流，这条支流被称为金溪。将乐便处于金溪的中游，沿金溪或其支流溯水而上，可到达泰宁、建宁、明溪并可进入宁化。同沙溪流域一样，金溪流域也是客家先民进入闽西的通道之一。《客家祖地石壁丛书·化客家姓氏源流》①就收有余、徐、杨、杜、连、汪、邹、张、范等姓氏从金溪流域的将乐、泰宁、建宁迁居宁化、长汀、清流等地的谱牒资料。

沙溪流域和金溪流域陆续设置了归化（今明溪县）、清流、永安、建宁、泰宁等县，其中现属三明市的宁化、清流、明溪三县都是古代客家祖地汀州府的属县，文化渊源很深。客家先民由闽江上游的支流溯水而上，进入闽赣交界的客家聚居区。

这些通道在和平时期就是客家人向外经商贸易、读书考试的通道，是客家文化向外传播的路径。宋代以前，按政府规定，汀州、赣南等地的食盐主要是福盐。福盐的运输线路是将福州地区所产之盐，通过闽江一直运输到支流沙溪的永安小陶码头。货物上岸后，由挑夫陆路送至长汀，或至清流，再运至宁化，然后转运赣南。赣南、汀州所产草纸、各类特产则沿着此路运往福州，然后出海到其他地方。有史载，闽西连城人李非鲁任连兴纸行总管，李传广、李传熙、吴嘉谋等人将连城收购的土纸经福州马尾港出海，再经香港九龙仓运往越南西贡等地。

明朝郑和、王景弘下西洋，闽江口是重要的出港地。

福建盛产茶叶、蓝靛、甘蔗等，常出口海外。蓝靛，"福

---

① 余兆廷编：《客家祖地石壁丛书·化客家姓氏源流》，中国华侨出版社，2001 年。

王景弘

航海家王景弘雕像

州而南，蓝甲天下"[1]，"靛出山谷——利布四方，谓之福建青"[2]。据现代追溯，浙南、闽北、闽东一带的菁民主要来自汀州，他们是明末清初"三藩之乱"后，由于当地人口锐减，田园荒芜，被地方政府招徕而来，后聚族而来的。《龙游县志》记载："经明末清初之乱，继以耿精忠之乱，旧族丧亡不少，而迁来者福建长汀人占十之七八。"[3]包括闽东一带皆如此，种菁、生产蓝靛

① 王世懋：《闽部疏》，丛书集成初编本。
② 王应山：《闽大纪》卷 11，福建省图书馆藏抄本。
③ 民国《龙游县志》，《氏族志》。

郑和、王景弘塑像

几乎都是迁到此地的"汀州客"所为。而主持蓝靛生产的寮主，是"汀之久居各邑山中，颇有资本，披寮蓬以待菁民之至，给所艺之种，俾为锄殖而征其租者也"。[①] 仅就浙南，据学者估计，至乾隆四十一年（1776），浙南山区的汀州客家人及其后裔大约有 23 万人，[②]"福建青"享誉海内外。

闽江是闽人也是客家人的重要出海通道。

三、九龙江出海口与泉州港出海口

龙岩市西北紧靠赣南，西南与粤东接壤，东南毗邻漳泉（闽南）。长汀、武平西面的武夷山脉南段，将闽西与江西赣南隔离，其中多处隘口成为闽西与赣南的交流通道。东面的博平岭，将永定

---

① 熊人霖：《南荣集文选》卷 12《防菁议上》。据日本内阁文库藏崇祯十六年（1643）刊本影印，台湾"中央研究院"傅斯年图书馆藏。
② 曹树基：《清代前期浙江山区的客家移民》，《客家学研究》第 4 辑，《历史教学问题》，1992 年增刊，第 9 页。

与闽南的平和、南靖等县隔开。南面的永定、上杭、武平与粤东接壤，通过汀江航道、山路与粤东交流。北接三明，有溪流、陆地与之交流。

1. 九龙江水系

九龙江，亦名漳州河，是福建省仅次于闽江的第二大河流，最早名"柳营江"，因六朝以来"戍闽者屯兵于龙溪，阻江为界，插柳为营"，故名。九龙江干流流经新罗、漳平、南靖等13县，是历史上龙岩州最大的出海航运通道。闽西山区的货物经此输出沿海及海外，沿海的特产和海外货物也经此通道运达闽西龙岩州、汀州，甚至转运赣州。这是闽西人走向沿海、东南亚，走向海上丝绸之路的一条重要通道。

民众可以从新罗雁石乘船沿着九龙江直达漳州、石码出海。这条出海往洋的水路繁荣了龙岩州，也成为汀州府连城、上杭等地通往东南沿海的通道，成为商贸繁荣的水路。

2. 漳州月港

从嘉靖《漳平县志》的记载中，我们发现了新史料：

按《漳南道志》云：漳平之建垂六十年，而户口当上邑。亦可谓众矣！然以东南溪河由月港溯回来者曰有番货，则历华口诸隘，以达于建、延，率皆奸人要射滋为乱耳。[1]

"月港"，即漳州月港，其时隶属漳州府龙溪县。"番货"，即"通番"之"货"，来自东南亚。"华口诸隘"，华口隘其时隶属漳州府漳平县居仁里华寮社华口乡（今福建省漳平市芦芝镇圆潭行政村华口营自然村）。此"东南溪河"，指九龙溪，即福建第二大河九龙江，具体指北溪流域。"建"指福建建宁府，

---

① 〔明〕朱召修：嘉靖《漳平县志》卷9《武备》，《天一阁明代方志选刊续编》第38册，上海书店出版社，1990年影印本，第1145页。

"延"指福建延平府。从漳州食盐"用海船载至海澄地方歇泊埠头转用小船搬往西、北二溪漳平、龙岩等处发卖",结合"运盐由水口往延、建、邵三府及所属县转鬻焉",可知月港到漳平与龙岩二县,延平、建宁、邵武三府实则食盐运输线路。①

可见明朝时,"番货"已销往延平、建宁、邵武三府客家社会。月港运输"番货"至各地,返回月港时,从成本考虑也应满载而归,延平、建宁、邵武三府客家民系的名优土特产由此运往月港,贩运东南亚。

客家民系虽然生活在内陆地区,但是他们并不甘心被视为内陆居民,他们不断往外开拓,勇闯天下,故在海洋社会到处有客家精英在活动。

据《明孝宗实录》记载:"弘治十年九月辛丑,暹罗国所遣通事泰罗,自陈为福建清流县人,因渡海飘风流寓暹罗,今使回便道,乞展墓,依期归国,许之。"②

"泰罗",即"奈罗"。其在弘治十年(1497)九月初三日以暹罗(今泰国)所遣通事向明孝宗申请返乡祭祖,获得许可,得以衣锦还乡。这是首位见载《明实录》获得皇帝准许返乡祭祖的外国使臣,对其此行过程的考述意义重大,由此可以进一步考证其身世以及其在东南亚与其他客家华侨华人的互动情况。

3. 泉州港

泉州在宋元时期不仅是中国最重要的对外贸易港和东方第一大港,而且是世界上最著名的海外贸易港,是各地贸易的集散地。

泉州港以"刺桐"的别名著称,与当时埃及的亚历山大港并

---

① 刘涛:《大航海时代三明客家与东南亚客家互动新探》,《地域文化研究》,2020年第2期,第66页。
② 《明孝宗实录》卷129,台北:历史语言研究所校勘,1962年,第2277页。

称世界上最大的两个商港，马可·波罗曾这样赞誉泉州港："假如有一只载胡椒的船到亚历山大港或到奉基督教诸国之别地者，比例起来，必有一百只船到这刺桐（泉州）港。"

方志记载："王景弘雇泉州船……从苏州刘家港入海。"福建人制造的福船，福建人应最熟悉它的性能，故有"欲用福船，须雇福建人驾驶"的说法。郑和七下西洋，与其同列正使的王景弘是福建漳平人，副使侯显是福建晋江人，他们都是郑和航海史中功勋卓著之人。王景弘是闽西漳平人，明时漳平归属漳州府，属闽南语系。与漳平接邻的永安、沙县、连城、清流等为客家聚居区，他们也会沿着陆路、水路前往泉州港，然后漂洋过海到外面谋生活。

这也是一条客家人海外文化交流的重要通道。

四、汀江、梅江汇韩江出海口

韩江出海口，是客家文化对外传播的最大通道。汀州以及赣州靠近汀州的客家人、龙岩州人通过汀江进入韩江到潮汕出海；梅州、汀州武平县以及靠近梅州的赣南客家人通过梅江进入韩江到潮汕出海。

1. 汀江水系

汀江是闽西最大河流，干流长度达 328 公里。《读史方舆纪要》记"汀江"之名的来历说："天下之水皆东流，唯汀独南，南丁位也，以水合丁故曰汀江，州亦取此。"汀江因流向从北向南，按八卦方位，称为"丁水"，后"丁"加"水"成"汀"，形成"汀江"得名。汀江发源于武夷山南段东南一侧的宁化县治平乡境内木马山北坡，汀江贯穿闽西，向南流经宁化、长汀、武平、上杭、永定 5 区县，在永定区原峰市镇出境进入广东省，流至广东省大埔县三河坝，与梅江、梅潭河一起汇成韩江，并继续南流至潮汕入海。

汀江及其支流共同构成水量充沛、溪河密布的水系网络，对发展客家农业、运输业等经济生产，促进与赣南、粤东的经济文化交流发挥着重要作用，汀江流域是客家人的世居地，汀江被海内外客家人尊称为"客家母亲河"。

汀江内河航运的开发和发展，使得汀州、潮州之间舟楫往来、人员互动日益频繁。汀江连接潮州出海口，到长汀水岸经过长汀与江西瑞金一段陆路后又与赣江支流交接，形成一条交通要道，故而形成了"上河三千，下河八百"的繁荣景象。

"潮盐入汀"，在汀江航运史上具有划时代的意义，揭开了闽粤水运的新篇章。"潮盐入汀"使闽西山区融入"海上丝绸之路"。古代的广东潮汕海运发达，是"海上丝绸之路"的主要港口之一，是"海上丝绸之路"的重要节点，北通福建、台湾、浙江甚至更远之地，南达广州及东南亚各国。它是南北货运的集散地，又是潮汕贸易"海上互市"的转运枢纽。

2. 梅江水系

梅江是梅州境内最大的水系。梅州及部分汀州、赣州客家人沿梅江下韩江出海，汇入海上丝绸之路。

（1）梅县松口港

梅州市是我国汉族客家民系最大的聚居中心，是客家人走向世界的中转站，是我国著名的"华侨之乡"之一。

梅州地区的客家人走向海外，大多走梅江、韩江，从潮汕出口。自宋代梅江、韩江航道开通，梅江上游形成了梅县松口港，甚至成为广东内河第二大港。松口镇地处梅州梅县东北部的梅江下游，地理位置优越、水陆交通方便，旧时梅县周边的人出洋谋生都从松口坐船经汕头出国，松口码头最多时每天有300多条来往船只停泊、有6000多位旅客进出，曾是客家先民越洋出海的"始发地"。公元1279年，宋军与元军在崖山决战，宋军兵败，梅县松口人卓谋幸免于难，召集幸存者，漂洋过海抵达婆罗洲（今印尼加里曼丹岛），后定居当地并置家立业，成为海外客家第一人。

（2）大埔茶阳港

大埔县历史悠久。茶阳镇，隶属广东省梅州市大埔县，地处大埔县境北部，东北邻界福建省永定区。大埔茶阳码头是汀江的最后一个码头，也是汀江航道最大的港口。

汀州客家人和龙岩州福佬人过番出洋向海外发展渐成风气，不少人从大埔码头出发，有些人甚至在南洋各埠成为"开埠"先驱。如永定人张理、马福春，于清乾隆十年（1745）与大埔人丘兆进等数十人从大埔茶阳汀江码头出发，至汕头后登上南渡的乌眼鸡帆船，漂过七洲洋（客家人称南海为"七洲洋"），漂入马六甲海峡，登上尚未开发的槟榔屿。张理、丘兆进和马福春义结金兰，带领移民开发垦殖、捕鱼烧炭、张理还办学训蒙。他们三人相继辞世后，已成功创业的当地华人将他们安葬在海珠屿，并尊奉为"大伯公"，立庙祭祀。他们比1786年登陆槟榔屿并将槟榔屿占为殖民地的英国殖民主义者莱特早到槟城41年，至今他们仍是华人心目中的开埠功臣，海珠屿大伯公庙香火依然旺盛。①

历史上，纯客家县的大埔属于潮州，梅州、汀州客家人与大埔茶阳码头的客家人语言相通，情感相连，联络方便。大埔茶阳码头成为客家人尤其是永定客家人出洋的首选码头。例如，"康熙十七年（1678），下洋镇思贤村吴集庆从广东汕头偷渡到马来亚"。②思贤村地处闽粤交界，距离大埔茶阳码头仅30里，在该码头乘小船直下潮汕，十分方便。所以，思贤村与邻村东洋、翁坑美、觉坑等几个小村子与中川一样，大抵自明末清初起就掀起了一

---

① 张佑周主编：《龙岩华侨史》，华南理工大学出版社，2020年，第5页。
② 方履筏修，巫宜福纂：道光《永定县志》卷16，《风俗志》。

汀江上的龙湖（邱苗苗摄）

波又一波的往洋热潮。据思贤村《吴氏族谱》载，差不多与吴集庆同时，该村仕达公派下前往南洋的还有：第八世毓殿公，"往交趾殁"；第八世毓慎公，"往外国故"；第八世瑞讬公，"往宋卡"。①

3. 潮汕港口

潮州府是明清时期广东省下辖的一个府。据资料显示，较早前往中南半岛的是潮汕人，然后是大埔、丰顺籍客家人，然后是嘉应州、汀州客家人。大埔、丰顺等纯客家县历史上曾地属潮州。

---

① 张佑周主编：《龙岩华侨史》，华南理工大学出版社，2020年，第60页。

潮州汕头是客家人出海最重要的通道，是客家文化海外传播最重要的中转站。梅江水系、汀江水系及通过短途陆路后进入这两个水系的赣州、龙岩州民众，都到潮汕走向海外。

尤其是汀江水道疏浚后，交通更为便利，闽西祖地客家人避难、做生意、遭意外、投亲友、当流寇甚至被拐卖者，都从这里走向世界。不仅出海往南洋、中南半岛等地，东渡台湾也是这条通道。

如早在明成化年间（1465—1487），长期来往于汀江、韩江贩运汀州木材、土纸和潮州食盐、海产而获利颇丰的汀州商人谢文彬，就因试图到更远的广州等地贩运而被大风吹往远海，飘入暹罗（泰国）。到达暹罗后，他没有茫然无措，消极沉沦，而是积极地学暹语、着暹衣，主动融入当地社会，表现出客家人逆境生存的出色能力。后来，他受到暹王重用，官至岳坤（ockan，暹国四等官衔），还作为暹国使者回到明京向大明宪宗皇帝朝贡，并以外使身份获得朝贡贸易的诸多利益。①

再如，清嘉庆、道光年间，永定湖坑的李峰唐和一些身强力壮的乡亲，一起渡台谋生。一次，在往来台湾的途中，航船遇上了骇人的风暴，把他们吹到了一座荒岛上……由于当时发生了一系列惊心动魄的事故，他们基本上失去了时间的概念，只依稀记得从上岛到离岛的这段时间里，一共看到月圆了二十七次……他们后来凭借一只木船逃生。他们在大海上与波浪奋力搏击着，飘到了安南（越南）地带。②

---

① 张佑周主编：《龙岩华侨史》，华南理工大学出版社，2020年，第76页。
② 胡剑文、胡向群：《永定的"鲁滨逊"》，《新加坡永定会馆七十周年纪念特刊》（1918—1988），第157页。

五、广州出海口

广州历史上是我国重要对外贸易港口。广州港地处珠江入海口和珠江三角洲地区中心地带，濒临南海，东江、西江、北江在此汇流入海。秦汉时期，广州古港是中国对外贸易的港口。唐宋时期，"广州通海夷道"是远洋航线。清朝，广州成为中国对外通商口岸和对外贸易的港口。二千多年来广州外贸城市地位一直保持至今，而且不断地向前发展。

据史料记载，早在战国时代，广州已开始与邻国有贸易往来。据日本书刊记载："楚国品物由交趾岭南（两广）蜀各地所输入。"

广东对外交流的繁荣，应得益于秦始皇派五十万大军经略岭南，开通驿道。笔者曾提出"中华生命中轴线"的概念——"西安—长沙—虔州（赣州）—番禺（广州）"，这是由秦始皇打通的，是中华民族大开发的中线。闽粤赣边客家民系形成的区域就在这条"中华生命中轴线"的南方中心区及两边区域。如客家祖地汀州，有宁化、长汀、武平三个隘口与中轴线相通，是中轴线的三个重要支线。在海洋时代之前，人类以陆路交通为主。历史上的许多事件都是从中轴线向两边扩展的：如王审知入闽、文天祥入闽、红军入闽等等，汀州为必经之地。所以，汀州府虽地处闽西，但由于处于闽粤赣交通隘口上，在历史上还是有一定影响力的。"南通交、广，西接赣水，南接潮海，后枕卧龙，凭山负海，在闽山之穷处，介于虔、梅之间。"①

---

① 〔宋〕祝穆撰：《方舆胜览》，中华书局，2003年，第229页。

六、广西云南等出境口岸

客家人勇闯天下，无论水路、陆路都留下他们前行的足迹。

除上述客家文化海外交流通道外，也有闽粤赣客家人从广东、广西、云南、四川向外出海的记载。以汀州四堡雕版印刷品经营的事例看，涉足甚广。例如，邹尚忠家族"设肆于灵，又添于南宁，又于潮于汀于横，开张书肆无处，以一身经略其间，各皆就绪，大获赀财。于灵邑，建祠制产"。邹子仁家族诸书坊印刷书籍达百余种，销往广东、广西、云南、浙江和越南等地。马源锡家族，有记载，老字号林兰堂出版的各种书籍50多种，一度曾雇请江西浒湾雕印工达40余人，印刷书籍销往江南各省及东南亚诸国。①

客家人从上述通道向外播迁，梅州、惠州、汀州及龙岩州成为著名侨乡。20世纪80年代前，移居海外的华侨主要分布在马来西亚、新加坡、印度尼西亚、泰国、缅甸等东南亚国家，大多从事垦殖、采矿、商贸、房地产和文化传媒等行业。

此后，移居国外的新一代华侨主要集中在澳大利亚、新西兰和美国、加拿大等发达国家。新一代华侨和华侨新生代主要从事科技、教育、文化等领域，如从事新闻传媒和慈善事业的胡仙博士、从事高科技"膜"技术应用与开发的蓝伟光、从事教育的林忠强、从事贸易的陈大江、从事旅游业的曾良材、从事木材经营的江庆德、热心桑梓教育事业的江兆文先生等。广大华侨不仅为居住国经济和社会发展做出积极贡献，而且热爱祖国，热爱桑梓，纷纷投资兴办实业，捐赠公益事业，为祖国和家乡经济社会发展做出重要贡献。

---

① 谢江飞：《四堡遗珍》，厦门大学出版社，2014年，第261—271页。

第四章 客家文化海外交流历史沿革

中国历史上发生过的人口迁移不胜枚举，迁移的人口数以千万计。各个历史时期中国人口向其他国家的迁移主要通过海路，个别通过陆路，我们统称海外移民。海外移民带来了文化的海外传播。

一、中国历史早期的海外文化传播

有专家认为，中国人口向海外迁移的历史，可以追溯至战国时期，南方百越族人渡洋出海；有人认为，至少可以追溯到秦始皇时徐福率童男童女数千人东渡。但直到隋代，在海外的中国移民仍然很少。唐代以后，中国与其他国家的联系日益密切，陆上丝绸之路与海上丝绸之路的繁荣，不仅使许多外国商人往来甚至定居于中国，而且也使中国人有了在外定居的机会。根据李长傅先生早年的研究，唐代已有中国商人定居阿拉伯，唐末也有闽粤沿海的人们流寓至苏门答腊从事农耕。[1]

总的来说，可以将中国的海外移民分为四个阶段：第一阶段是公元七世纪以前；第二阶段是唐、宋、元时期；第三阶段是明、清时期（1840 年以前）；第四阶段是鸦片战争以后的近现代海外移民。[2]

1. 唐代文化海外交流

公元 7 至 9 世纪的隋唐时期，特别是唐朝盛世，对外交往的海陆两路空前繁荣。唐代是我国中古时期最强盛的朝代，疆域辽阔，

---

[1] 李长傅：《中国殖民史》，商务印书馆，1939 年。
[2] 陆芸：《海上丝绸之路与移民——兼论中国历代政府对中外移民的管理》，《学术探索》，2016 年第 6 期，第 86 页。

超越秦汉，除重开汉代西域（中亚）陆道之外，又加强海上交通和贸易，声威远播，迄今外国人每称我国人民为"唐人"，而华侨亦称祖国为"唐山"。在美洲等地华人集居的地区，仍称为"唐人街"。

2. 宋代文化海外交流

宋代是民族融合和经济持续发展的时期、传统海洋意识发生改变的时期、海外贸易繁盛的时期。

宋代重视海外贸易，文化交流更加频繁。为加强管理，专设市舶司。宋代是市舶司制度形成的重要时期，曾先后在广州、杭州、明州、泉州、温州、密州、秀州（华亭和通惠两地）、江阴军等地设市舶司或市舶务，其中最重要的即为广州市舶司。①

宋太祖开宝四年（971）攻克广州后，即在广州设立了宋代全国第一处市舶司。宋元时期，福建地区商品经济和对外贸易繁荣。宋代是南洋地区贸易兴盛的转折时期。

宋代对外贸易的繁荣，促进了中国与外国人的相互往来。泉州自唐代始已有定居海外的华侨，宋元时，泉州华侨的足迹更遍布东南亚、南亚各地，渐有"住蕃虽十年不归"②。宋末，蒙古铁骑南下，抗元民族英雄文天祥在赣州起兵"勤王"，兵败后退至粤东，潮、梅、惠等州成了宋廷抗元的最后阵地。

从历史记载可以推知，在南宋末年之后，粤东如梅县、丰顺、平远、大埔等地区就有客家人"过番"的历史。③

闽西客家人中，以永定的客家人移居海外的较多，成就也较大；上杭县次之，其他县又次之。据民间传说，今永定区仙师芦下

---

① 吴宏岐、朱丽：《宋代广州市舶司的地方运作》，《南都学坛》，2022年第2期，第20页。

② 《萍州可谈》。

③ 陈定开：《客家文化研究与梅州名人故居》，《梅州文史》第十七辑，广东省梅州市委员会和文史资料委员会编，2005年，第165页。

坝卢氏的祖先于宋末元初迁居海外，如果传闻可靠，则这是闽西客家人移殖东南亚的最早史例。[①]据祖籍永定的美籍华人卢石拱先生的寻亲信件所云，其先祖是"于宋末元初从上杭县溪南里芦竹坝十家街迁居海外的，十家街有座麻公庙"。永定侨史研究专家胡大新先生认为，"宋末元初永定尚属上杭县，永定置县后，溪南里辖仙师、峰市、金砂、丰稔等地，芦竹坝即现在的仙师芦下坝，十家街则可能是峰市老街，'麻公庙'可能是'马公庙'。芦下坝十家街的卢氏也许是最早迁居海外的永定人"。[②]

3. 元代文化海外交流

元代在我国历史上也是一个存续时间比较短的王朝，其立国仅仅九十七年，可是它在海外贸易和对外文化交流方面，却开创了比汉唐时期更为繁荣的中外文化交流的极盛时代。尤其是其航运事业方面取得了旷古未有的成就，国内外交通已是"舟车毕通"，"适千里者，如在户庭；之万里者，如出邻家"。

由于元代重视海外贸易，海船制造技术也是大大提升。在东南沿海的各大港口城市都有造船业，由国库拨款打造海船。元朝的对外贸易港口主要分布在东南沿海，包括泉州、上海、澉浦、温州、广州、杭州、庆元、明州、台州、钦州等，其中泉州、广州、庆元三处较为重要，而尤以泉州港贸易最盛。

有确切史料可据的闽西汀州最早到东南亚的人则是李文庆，他于元世祖至元间随高兴征爪哇建立了军功。[③]但他不是迁居海外，旋即

---

① 谢重光：《福建客家》，广西师范大学出版社，2005年，第173页。

② 胡大新：《开拓进取的土楼客家人》，收录张佑周主编：《客家祖地·闽台客家》，中国言实出版社，2015年，第25页。

③ 康熙《连城县志》卷7《人物志·武功》。

回国了。元代出征爪哇的士兵中有些人留在了勾栏山（格兰岛）。①

二、明代时期客家文化海外交流

1. 明代的海禁政策

明朝建立之初，政权不稳定。为了巩固新生政权，朱元璋开始实行海禁，并逐渐严厉。

尽管这样，闽粤沿海居民移往海外还时有发生。② 明太祖多次下令"片板不许下海"，但东南沿海尤其是闽江、九龙江、韩江（包括梅江、汀江）流域的福、兴、泉、漳、潮等地的人民犯禁出海的走私贸易船只仍然很多，甚至出现了"片板不许下海，艨艟巨舰反蔽江而来；寸货不许入番，子女玉帛恒满载而去"的现象。③ 东南沿海人民对于出洋过番还是趋之若鹜，南洋各地于是有大量华人聚居，并娶番妇生子。据老人传言，福建侨乡永定下洋的许多家族，就有"番婆"血统，一些肤色较黑者，常被人称之为"黑鬼"。④

2. 明代的朝贡政策

中国朝贡制度历史悠久，延续了一千多年时间。朝贡制度起源于汉，转变于唐宋，鼎盛于明，衰败于清。朝贡制度既是中国古代朝廷处理民族关系的一种特殊模式，也是历代王朝的一种外交关系体制。在封建社会中，外国派往中国进行外交事务的使节通常称为"贡使"，而"贡使"在递交和接受两国外交文书的同时，还会献给中国皇帝一些奇珍异宝和当地土特产，史称"进贡"。中国皇

---

① 汪大渊：《岛夷志略校释》，苏继庼校释，中华书局，1981 年，第 100、213、248 页。
② 《明史》卷 225《爪哇传》。
③ 《虔台倭纂·倭原》。
④ 张佑周主编：《龙岩华侨史》，华南理工大学出版社，2020 年，第 39 页。

帝也会根据所进贡的物品价值和两国关系的发展需要，回赠贡使相当数量的中国产品作为礼品，史称"恩赐"。这种国与国之间以固定形式进行的外交礼节，赋予了一定的礼品交换内容，便形成了具有中国特色的"朝贡"制度。[①]

朱元璋非常羡慕元朝的国际地位，也希望明朝继续保持上国地位和国际威望。在无法用武力逼使周边小国向明朝进贡的情况下，只好通过经济手段让"万国"自觉入明朝贡了。所以，明朝的外交活动非常频繁，先后30次派出使臣到东亚、东南亚各国举行特别册封典礼，并多次向海外各国宣谕，表达明朝积极的外交态度，大力鼓励、招徕海外诸国来明朝贡。

在朝贡政策下，许多朝贡国家派出的使者不少是华人。据专家考证，明代海外国家以华人充任朝贡使者的国家，包括日本、琉球、暹罗、爪哇、高丽、占城、苏门答剌、满剌加和榜葛剌等，其中暹罗、爪哇、占城、苏门答剌、满剌加和榜葛剌等国是郑和下西洋访问的对象，其华人使者入明朝贡情况如下：

国别	时间	姓名	职务	资料来源
暹罗	洪武五年（1372）	李清兴	通事	《明太祖实录》卷71，"洪武五年正月壬戌"条
	洪武六年（1373）	陈举应	副使	《明太祖实录》卷86，"洪武六年二月乙丑"条
	洪武十四年（1381）	陈子仁	正使	《明太祖实录》卷135，"洪武十四年"条
	永乐三年（1405）	曾寿贤	正使	《明太宗实录》卷44，"永乐三年七月"条
	永乐八年（1410）	曾寿贤	正使	《明太宗实录》卷111，"永乐八年十二月戊戌"条

---

① 蔡天新、黄花：《明代的朝贡制度特征与海上贸易发展》，《大连海事大学学报》（社会科学版），2016年第1期，第69—75页。

国别	时间	姓名	职务	资料来源
暹罗	宣德元年（1426）	陈宝提	正使	《明宣宗实录》卷23，"宣德元年十二月戊辰"条
	宣德二年（1427）	黄子顺	贡使	《明宣宗实录》卷28，"宣德二年五月乙巳"条
	成化十三年（1477）	谢文彬	副使	《殊域周咨录》卷8，《暹罗传》
	弘治十年（1497）	奈罗轨商	通事	《明孝宗实录》卷129，"弘治十年九月辛丑"条
爪哇	永乐二年（1404）	于都春	正使	《明太宗实录》卷34，"永乐二年九月己酉"条
	永乐三年（1405）	陈惟达	使臣	《明太宗实录》卷46，"永乐三年九月乙卯"条
	永乐四年（1406）	陈惟达	使臣	《明太宗实录》卷50，"永乐四年正月癸卯"条
	永乐四年（1406）	马礼占	使臣	《明太宗实录》卷50，"永乐四年正月癸卯"条
	洪熙元年（1425）	黄扶信	使臣	《明仁宗实录》卷9，"洪熙元年四月壬寅"条
	宣德元年（1426）	郭信	正使	《明宣宗实录》卷22，"宣德元年十一月壬寅"条
	宣德三年（1428）	张显文	正使	《明宣宗实录》卷35，"宣德三年正月甲寅"条
	宣德四年（1429）	李添养	副使	《明宣宗实录》卷56，"宣德四年七月丁巳"条
	宣德四年（1429）	龚以善	正使	《明宣宗实录》卷57，"宣德四年八月辛巳"条
	宣德四年（1429）	郭信	正使	《明宣宗实录》卷58，"宣德四年九月癸亥"条
	宣德四年（1429）	龚用才	正使	《明宣宗实录》卷59，"宣德四年十一月甲辰"条
	正统元年（1436）	马用良高乃生洪茂仔	使臣	《明英宗实录》卷19，"正统元年闰六月"条

国别	时间	姓名	职务	资料来源
爪哇	正统二年（1437）	张显文	正使	《明英宗实录》卷32，"正统二年七月"条
	正统三年（1438）	马用良	正使	《明英宗实录》卷43，"正统三年六月戊午"条
	正统三年（1438）	良殷南文旦	通事	《明英宗实录》卷43，"正统三年六月戊午"条
	正统五年（1440）	曾奇（途中遇难）	使臣	《明英宗实录》卷70，"正统五年八月己卯"条
	正统七年（1442）	马用良	正使	《明英宗实录》卷99，"正统七年十二月己丑"条
	正统八年（1443）	李添福	正使	《明英宗实录》卷106，"正统八年七月戊戌"条
	正统十一年（1446）	马用良	正使	《明英宗实录》卷141，"正统十一年五月己巳"条
	正统十二年（1447）	马用良	正使	《明英宗实录》卷157，"正统十二年八月癸亥"条
	正统十二年（1447）	陈将智李斌	正使通事	《明英宗实录》卷148，"正统十二年戊申"条
	景泰四年（1453）	林旋	通事	《明英宗实录》卷229，"景泰四年五月辛未"条
	景泰五年（1454）	曾瑞养龚麻	使臣	《明英宗实录》卷244，"景泰五年八月壬辰"条
	天顺四年（1460）	郭信	使臣	《明英宗实录》卷318，"天顺四年八月辛亥"条
	成化元年（1465）	梁文宣	正使	《明宪宗实录》卷19，"成化元年七月戊申"条
苏门答剌	宣德元年（1426）	冯哈撒	通事	《明宣宗实录》卷19，"宣德元年七月辛丑"条
	正统元年（1436）	宗允（途中遇害）	使臣	《明英宗实录》卷141，"正统十一年五月己巳"条
	正统十一年（1446）	霭淹	使臣	《明英宗实录》卷141，"正统十一年五月己巳"条

客家文化在海外

国别	时间	姓名	职务	资料来源
占城	正统八年（1443）	罗荣	通事	《明英宗实录》卷103，"正统八年四月己丑"条
	景泰四年（1453）	陈真	通事	《明英宗实录》卷232，"景泰四年八月乙未"条
	成化五年（1469）	周公保	通事	《明宪宗实录》卷73，"成化五年十一月丁未"条
	成化十四年（1478）	罗四	使臣	《明宪宗实录》卷180，"成化十四年七月乙丑"条
	成化二十年（1484）	梅者亮	通事	《明宪宗实录》卷255，"成化二十年八月己未"条
	弘治元年（1488）	梅晏化	通事	《明孝宗实录》卷13，"弘治元年四月丁未"条
满刺加	正德三年（1508）	萧明举彭万春	通事	《明武宗实录》卷45，"正德三年十二月庚午"条
榜葛刺	正统三年（1438）	陈德清	通事	《明英宗实录》卷47，"正统三年十月丁卯"条
	正统四年（1439）	宋允	左副使	《明英宗实录》卷54，"正统四年四月甲辰"条

从上表①可以看出，早在洪武五年（1372），暹罗就派出华人李清兴任通事到华朝贡。这些华人大多是从宋元到明朝初年迁居东南亚的，且多为广东、福建之人。已考证表中，作为明成化十三年（1477）暹罗入明朝贡使团副使的谢文彬为汀州人，他是经商贩盐出海飘至暹罗定居的。另一个作为明弘治十年（1497）暹罗入明朝贡使团通事的奈罗为汀州清流县人，也是漂流出海的。他们都是汀州客家人。

因移居南洋的大多为闽广之人，不少是客家人。上表中的朝

① 表格数字来源张佑周主编：《龙岩华侨史》，华南理工大学出版社，2020年，第40页。陈尚胜：《"夷官"与"逃民"：明朝对海外国家华人使节的反应》，载华侨协会总会《海外华族研究论集》，2002年。

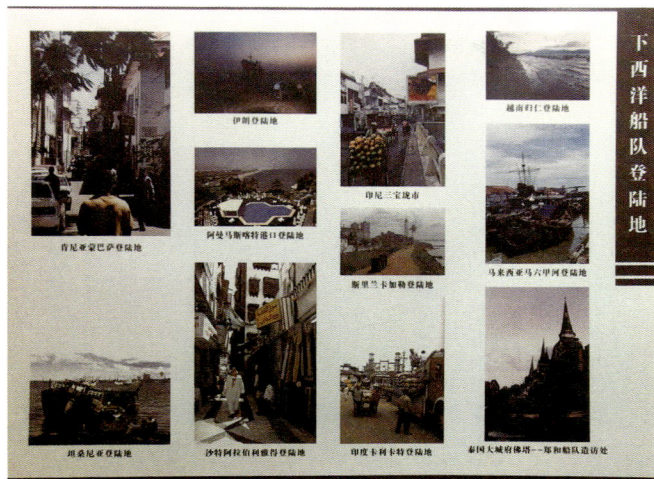

下西洋
舰队登陆地

贡之人还有哪些是客家人，值得考证。

3. 郑和、王景弘下西洋的贡献

郑和、王景弘下西洋恢复和发展了中国与亚非国家间的友好关系，促进了中外经济、文化、科学技术的交流，开辟了中国到达红海及东非沿岸的航道，打开了人们的眼界，促进了世界航运业的发展，促进华侨移入南洋，并为开发南洋做出贡献，具有深远的历史意义。

（1）王景弘

据史料记载，王景弘，福建龙岩漳平市赤水镇香寮村许家山村人，是中国历史上伟大的航海家、外交家、军事家。

在开拓"海上丝绸之路"方面，郑和、王景弘可与汉代出使西域打通"陆上丝绸之路"的张骞、班超媲美，但史书记载甚少。

郑和与王景弘下西洋，每到一地，总是致力于增进与各地的交流，展示中华历史和文化，在当地留下许多佳话。在文莱的首都斯里巴加湾市，有一条"王总兵路"，据说这是郑和第二次下西洋

海外三宝遗迹

时王景弘到达的地方。这条路就是当地政府为纪念王景弘对文莱的贡献而命名的。

郑和在第七次航海途中不幸逝于古里，由王景弘率领船队回国。《明史》载："九年，王弟哈利之汉来朝，卒于京。帝悯之，赠鸿胪少卿，赐诰。有司治丧葬，置守冢户。时景弘再使其国，王遣弟哈尼者罕随入朝。明年至。言王老不能治事。请传位于子，乃封其子阿卜赛亦的为国王，自是贡使渐稀。"[1] 王景弘在明宣德九年（1434），又下西洋，人称八下西洋。

南中国海有以王景弘名字命名的"景弘岛"，相传王景弘卒

———————————
[1] 《明史》卷325，《外国传·苏门答剌》。

于南洋爪哇后葬于三宝洞边……王景弘在海外特别是东南亚"海上丝绸之路"沿线国家影响深远，东南亚一带迄今仍流传着许多"景弘故事"。

（2）下西洋伟大贡献

一是促进对外交流密切与华人华侨的联系；

二是促进船舶技术与航海技术的发展；

三是经贸上带动了中国与海外的贸易；

四是将众多植物引种国内，对中国社会产生了深刻影响；

五是传播中国文化与民间信仰；

六是"恩威并施、王霸杂用"树立了明威。

轰轰烈烈的郑和下西洋促进了明朝与其他亚非国家的经济和文化交流，但最终的结局却是逐渐走向了低潮，以至于后期的航海活动基本绝迹了，扼杀了我国航海事业的发展。究其主要原因，在于封建统治者对海禁政策的贯穿始终。

4.客家人迁居海外与文化传播

纵观明代历史，海禁是明朝海外政策很重要的一个方面，但是远不是海外政策的全部。大明朝实行朝贡制度，与海外的交流不时进行，故有许多中国人来往海外。前往海外的人主要有二类，一类是违反禁令的走私人员，一类是奉旨而行的人员。这二类人中有部分人员定居在海外。特别是第一类人，因其具备更为丰富的经贸知识和相关技能，更能得到当地统治阶级的信任和重用，享有较高的声望，甚至出任当地政府官员，参与国家和地方事务的管理。如"明代汀州人谢文彬贩盐下海，到达暹罗，位至坤岳，犹天朝学士也"①，后来还作为暹罗的朝贡使者前来明京，附带进行贸易往来。明中叶林道乾率武装海商集团南逃北大年，北大年国王将女儿

① 《明史·暹罗传》。

郑和、王景弘
所铸铜钟

嫁给他，并"划其所属之地若干，使道乾率众居之"①。

　　客家人居住山区，对海外的开拓经营远逊于闽南人和广府人。因汀江、梅江、闽江、九龙江等水路的打通，尤其是自元代后期客家向沿海发展，"滨海客家"越来越多，客家文化也逐渐加进海洋文化的元素。自明中叶起，客家人向海外发展的冒险进取意识越来越强烈。16世纪后，一方面，客家居住的山区因受战乱影响小，人口膨胀，人地矛盾尖锐，需要向外转移或输出人口。明朝后期至清康熙年间，是我国人口增长较快的一个时期。"从明崇

① 温雄飞：《南洋华侨通史》，东方印书馆，1929年，第235页。

祯至清朝康熙的 92 年中，人口繁衍最快。"[1] 另一方面，东南亚国家气候宜人，适合种植，西方列强进驻后，亟需吸收劳动力发展其殖民经济。于是，广府人、闽南人、客家人开始了向东南亚的拓殖过程。

有确凿史料可据而又是在真正意义上最早向海外拓殖的福建客家人，当推汀州谢文彬。《明史》在记载成化间中国与暹罗的交往时，述及成化十七年（1481）之前，有"汀州人谢文彬，以贩盐下海，飘入其国。仕至坤岳，犹天朝学士也。后充使来朝，贸易禁物。事觉，下吏"。这位谢文彬"以贩盐下海"，是个敢于冲破官府榷盐和禁海政策，富有开拓精神的人，他在暹罗国做到相当于中国学士地位的"坤岳"官职，又充当暹罗国派至中国的贡使，可见富于文学和外交才能，充使期间竟然又"贸易禁物"，其重商和冒险家的气质已发展到相当的高度，堪称福建客家从重农走向重商，从耕读传家走向海洋拓殖的先驱。[2]

据陈学霖考述，谢文彬曾在成化十二年（1476）自暹罗出发前往明朝，途经广东。[3] 按谢文彬其时作为暹罗使者，自然可以通过广东出使明朝。

与谢文彬同属汀州府的 20 年后成为暹罗使者的奈罗，也即前面提到的首位见载于《明实录》获得皇帝准许返乡祭祖的外国使臣"泰罗"，也是一例。奈罗所云"飘海"与谢文彬所云"贩盐下海，为大风飘入暹罗"之语，如出一辙。奈罗在弘治十年（1497）九月初三日以暹罗（今泰国）所遣通事向明孝宗申请返乡祭祖，获得许可，得以衣锦还乡。奈罗向弘治皇帝报知其来自福建清流县，

① 永定颍川陈氏族谱编纂委员会编：《颍川陈氏族谱》，1998 年，第 924 页。
② 谢重光：《福建客家》，广西师范大学出版社，2005 年，第 174 页。
③ 陈学霖：《"华人夷官"：明代外蕃华籍贡使考述》，《中国文化研究所学报》，2012 年第 54 期。

弘治皇帝遂安排分守漳南道、汀州府知府、清流县知县负责此行地方接待，可见奈罗"自言"确有实据。然而，清流县旧志对此均未有记载。

奈罗展墓之行，对清流、汀州、漳南道及其相关的客家民系产生了积极的影响，激发了更多的客家子弟走向世界，沿着其足迹对外交流。

1917年，熊理在《爪哇华侨教育概况》记载，在雅加达（过去的巴达维亚城）"有传十七、八者，以一世三十年计之，则有五百余年"。换言之，至少距今五百六七十年前，就有华人在印尼居住了。最早到印尼居住的华人来自福建的漳州府和泉州府，据说是郑和部下的后裔。稍后到的是来自广东广州府和嘉应州府的华人，他们多是因航海和被"卖猪仔"而来的。至19世纪末，才陆续有来自广西、湖北、湖南、山东等省的华人，但人数也不多。①

客家人播迁南洋，可以追溯到南宋末年梅县松口人卓谋等10余名士兵逃难到婆罗洲（今西加里曼丹）定居，以及永定卢氏宋末出洋定居。大规模播迁则始于清代，特别是鸦片战争以后。客家人在南洋，以印尼为多。据第26届世界客属恳亲大会会刊主编饶淦中先生统计，"现今，在印度尼西亚共和国二亿四千多万人口中，华人约有二千多万，客家人有八百多万，是中国大陆以外华人及客家人最多的国家"。②

三、清代时期客家文化海外交流

从总体上看，清代移居海外的华人是最多的。主要是三个时

---

① 钟学祥，钟焱发：《印尼华侨社会情况》，《梅县文史资料》第七辑，广东省梅县委员会文史资料委员会编，1985年，第42页。
② 饶淦中：《世界客属第26届恳亲大会国籍客家文化学术研讨会论文集》，香港日月星出版社，2013年，第5页。

期：明末清初、清中期开禁、鸦片战争爆发到民国初年。

这三个时期的移民主要有三类，一是反清复明、走私以及逃难之人，二是开禁后自由贸易、拓荒谋生和打工之人，三是被诱拐或劫掠出国之人。

1. 明末清初的客家移民

1659 年，南明的永历皇帝在云南抗清大败，从腾越退逃缅北，投奔缅王，据说随行臣民有 1448 人。另外还有约九百南明臣民由岷王世子及总兵潘世荣、内监江国泰等率领，分道陆行入缅，准备在缅都会合。① 其他还有逃至广南（越南）等地的。

清代，自 1656 年（顺治十三年）起到 1685 年（康熙二十四年）执行了闭关锁国的政策，这与为了切断郑成功海上抗清力量与内地的联系有关。不过，郑氏政权以海外贸易据通洋之利，是其与清朝军事对抗数十年的本钱。即使在海禁迁界时期，台湾郑氏政权仍然与大陆沿海地区，尤其是福建沿海，保持密切的商贸联系。而东南沿海人民谋海为生，通洋是其生计所系，并非朝廷的法令所能彻底禁止的。②

郑成功及其继承者以反清复明为旗号，声势浩大，响应者不可胜数。闽粤众多客家人追随郑氏集团，汀州人刘国轩即是一个。另据民国新修《大埔县志》记载：明崇祯十三年（1640），郑成功举义旗抗清，镇将江龙，偏将罗宏（均大埔人）等率领义军几千人，随郑成功到台湾，以后不少人辗转到南洋各地。③

根据马来西亚学者王琛发考证，当时郑成功正把厦门改名

① 徐鼒：《小腆纪年》（卷 19），台北：台湾大通书局，1987 年。
② 谢美华：《清代前期中国海外移民的主要类型》，《八桂侨刊》，2010 年第 3 期，第 13—18 页。
③ 泰国客家总会庆祝 80 周年会庆特刊《泰国客家人》，泰国客属总会出版，2007 年再版，第 302 页。

"思明"，一边带领部队在华南作战，一边分出礼、义、仁、智、信五房，以武装船队联系各地华人海商聚落于开发区经营南海商贸。这时候，郑成功尚未进军收复台湾，所以，荷兰海牙国立档案馆《热兰遮城日志》中"1655 年 2 月 27 日至 11 月 9 日"档，还记载着 3 月 9 日得到消息，说郑成功有二十四艘贸易船从台湾出发，七艘开到巴达维亚，两艘去东京，十艘去暹罗，一艘去马尼拉，还有一艘会到安南的广南，也即会安所在省份。而同一份档案记载着 8 月 17 日消息，是当时有八艘国姓爷商船顺着季候风从巴达维亚回航，还有其他商船从暹罗等地归程。从巴达维亚出发的回程船会多出一艘，这可能是从别处前来集结，也可能原本自前一年已驻在巴达维亚当地"压冬"。

当时荷兰在南中国海的北方占据着台湾海峡以东，南面则以巴达维亚控制南中国海以南，联系着马六甲海峡的马六甲，还有苏门答腊等属地。由此可知荷属巴达维亚在南洋的政经地位。而郑成功船队本来与这座繁荣港口都市来往频密，除派出官船以外，恐怕尚未包括郑部刘国轩等人亦军亦商的"公司"船，以及其他领着"国姓爷"旗号的私人商船。依据前述大背景，整个 17 世纪，荷殖是以巴达维亚为中心，企图主导现在印尼、马来西亚、新加坡等处海域。而同时期的郑成功部队，又是通过这些地区的商贸往来维持军事实力，和这些地带的华人，显然紧密互动。[1] 文中提到的刘国轩是汀州府长汀县人，为郑成功大将。他负责的亦军亦商的"公司"船，以及私人商船里有大量的汀州客家人。

明末清初往洋者大多为反清复明的义士。"明末清初，许多闽粤一带的客家人有不少是以反清复明为宗旨的洪门（即天地会）

---

① 王琛发：《入闽开漳圣王佑南邦：清代以来南洋各国开漳圣王信俗》，马来西亚道理书院出版，2020 年，第 27 页。

的信徒。当时，中国社会动荡不安，许多人选择远渡重洋，到婆罗洲以开采金矿为业。"①以永定客家为例，明末清初，金丰里地区的许多客家人参加古竹苏逢林和大埔江龙等人领导的几支抗清义军，失败后或者随苏逢林东渡台湾投奔明郑（成功）集团，或者沿汀江、韩江南逃，渡南海逃往南洋。虽然清廷为了清剿义军以及堵截郑氏集团与闽粤地区人民的联系而颁布了严格的禁海令，但金丰里地区乃至永定、龙岩等地人民偷渡出海者仍络绎不绝。例如，"康熙十七年（1678），下洋镇思贤村吴集庆从广东汕头偷渡到马来亚"。

还有人认为，永定人胡靖、张理、马福春等人是反清复明义士的代表。张理、马福春，乾隆十年（1745）与大埔人丘兆进一道，率数十人乘帆船南渡，随风漂入马六甲海峡，登上无人海岛槟榔屿。于是，张、丘、马率众在蛮荒之地开发垦殖、捕鱼为生。张开馆"训蒙"，丘开炉打铁，马则烧炭。三人还义结金兰，逝后被葬海珠屿，被奉为"海珠屿大伯公"，由惠州、嘉应、大埔、永定、增城"五属"世代奉祀。

槟城海珠屿大伯公庙左侧山脚边，还有三座坟茔，墓碑上分别镌刻如下文字："开山地主张公之墓""大埔清兆进丘公之墓""永定马福春府君之墓，嘉庆十四年春立。"

此三墓碑仅马福春墓碑刻有立碑时间，碑文文字表明，丘兆进公为大埔人，马福春公为永定人，张公则既未署籍贯，也未记名讳，而以"开山地主"称之。这一对于张公有意无意的避讳给后人留下至今仍未了结的争论。②

2. 清中期海禁开放的客家移民

1683 年，清军攻占台湾。次年，朝廷开放海禁。从福建客家

---

① 胡以按：《中川史志》，厦门大学出版社，1988 年，第 8 页。
② 张佑周主编：《龙岩华侨史》，华南理工大学出版社，2020 年，第 60—61 页。

民系角度看，从清初起，汀江流域的转口贸易有了较大的发展，在以潮汕为中心市场的基础上，又积极拓展东南亚市场，永定县商人的活动范围遍及中国各省，还出入南洋各地，"商之远贩吴、楚、滇、蜀，不乏寄旅；金丰、丰田、太平之民，渡海入诸番，如游门庭"。① 永定县的条丝烟即有"南到新加坡，北到张家口"之说。顺应这一发展趋势，康熙至乾隆间，闽西客家人到东南亚谋生的渐多，过番的家族，永定主要有胡氏、曾氏、李氏、游氏、吴氏、马氏，连城主要有邹氏。据《中川史志》，中川胡姓最早下南洋者始于 18 世纪 20 年代，到 19 世纪中叶而大盛。据 20 世纪 80 年代末的统计，中川村在国内仅有 472 户，2545 人，而移殖海外的华侨华人达 15000 人，比故乡人口多了近六倍。② 永定区湖坑镇的李氏宗族，18 世纪出洋的人达 126 人之多，主要前往暹罗和吧城。

福建客家侨乡大县永定，因明显的区位优势、地理优势，是清代移民最多的客家县之一，有许多清代移民海外的记录。"据史考，早年因中国局势动荡不安，本邑人为了改善生活，离乡背井，远涉重洋，迁徙到东南亚，散居马来西亚、沙捞越、新加坡、霹雳、槟榔屿各地，以永定邑人为最，其次是上杭、连城、长汀，其他县份鲜少。"③

如 18 世纪末、19 世纪初，永定下洋中川南金堂胡氏第 12 世胡正平、胡常仙兄弟到马来西亚的马六甲。④

如永定高陂镇富岭王氏也有不少族人南渡谋生，有的多次往返，有的在当地成家立业：第 16 世瞻露公、富善公兄弟，"卒吧

① 道光《永定县志》卷 16《风俗志》。
② 胡以按：《中川史志》，厦门大学出版社，1988 年。
③ 戴邵芬撰录：《汀州会馆简史》，北马永定同乡会：《北马永定同乡会成立六十周年纪念特刊》，2007 年，第 75 页。
④ 永定区《永定胡氏族谱（四）》。

侨乡永定湖坑"作大福"福场

国"；第 16 世香臣公，"卒于吧国"；第 16 世化臣公，"亦卒
于吧国"；第 16 世绩臣公，复往吧国而卒……男一官养，吧国所
生，携回籍；第 16 世国来公，"卒吧城"；第 16 世崇章公，"吧
国溺海"；第 16 世益来公，"娶吧国女，无传"；第 16 世仰瞻
公，"配吧国林氏"；第 17 世赐麟，"卒于吧国"；第 17 世华
官，"卒于吧国"；第 16 世爵来公，"往六坤番卒"；第 17 世戊
养公，"居六坤"；第 17 世周麟公，"卒（清康熙）五十五年丙
申六月，葬六坤"。[①]

　　永定下洋胡氏 13 世胡武撰前往南洋，"十三世祖胡武撰在槟

① 王灿炽、廖永茂、王贵垣制作：《民国版富岭王氏族谱》，未刊本，2009 年，
第 382 页。

61

榔屿，是棣番次子……生六子俱往印度尼西亚"。①

永定岐岭丰村陈氏第 16 世念宗公子女，"迁泰国定居"，第 17 世旺登、禄登公，"迁居缅甸"。②

永定下洋古洋村陈洪魁（？—1840），赴马来西亚半岛槟榔屿以打铁为生，有积蓄，置店屋，无嗣。皇清徐登仕郎，捐出马来西亚槟城打铁街七号一幢屋宇作"永大会馆"，并立碑永久纪念。③

永定高头江氏第 17 世碧崑公，"去暹故"。高头江氏第 19 世奕梅公，"往暹故"。高头江氏第 20 世奕舍公二子应亮，"往暹罗"。20 世奕梅独子鼎亮，"配李氏，往暹故"。④

客家人对于东南亚开发的突出贡献，集中体现在东南亚不少地方是由客家人"开埠"，即把一些人烟稀少或荒无人烟的地方开发成港口、城镇乃至大城市。客家人在东南亚开埠成功的著名范例，18 世纪有罗芳伯开发了印尼坤甸，张理、丘兆进、马福春开发了马来亚的槟榔屿；19 世纪有叶亚来开发了马来亚的吉隆坡，郑嗣文、胡子春、姚德胜开发了马来亚霹雳，丘燮亭开发了印尼巴达维亚，谢枢泗开发了泰国合艾；等等。其中马福春和胡子春都是永定人。

马福春本是一个烧炭工，于乾隆十年（1745）"前往尚未开发的马来亚槟榔屿，成为槟榔屿的第一批华侨。到乾隆末年英国殖民者开发槟榔屿时，那里已成了闽西、粤东客籍华侨的聚居地。马福春作为槟榔屿华埠的开山祖之一，被当地华侨尊为'伯公'，建

---

① 胡以按：《中川史志》，厦门大学出版社，1988 年，第 7 页。
② 福建省永定县古洋陈氏编纂委员会编：江州义门福建省汀州庄永定县《古洋陈氏族谱》，2015 年，第 488—499 页。
③ 福建省永定县古洋陈氏编纂委员会编：江州义门福建省汀州庄永定县《古洋陈氏族谱》，2015 年，第 571 页。
④ 永定高头《江氏族谱》（手抄本，年代不详），永定退休干部苏志强收藏。

'大伯公庙',世代祭祀"。福建客家人对于马来亚、沙捞越开发的贡献也是巨大的。据《中川史志》记载,18世纪,永定县下洋中川村的胡兆学、胡映学兄弟就移民到沙捞越了。客家人在东南亚主要从事胡椒、果树种植和采矿等业,霹雳州的开埠功臣之一永定人胡子春,就是一个开采锡矿的大矿主。此外,客家人从事打铁、建筑、行医、教书,经营药材和小百货的也很多,涌现了"百货巨子"吴德志、巴达维亚"百万富翁"游霖孙等成功人士。①

张弼士,原籍广东潮州府大埔县黄堂乡车轮坪村人,客家人。由于家道贫寒,张弼士于1858年,孑身出洋到印尼的巴达维亚谋生。初时在一家华人米店当小伙计,做事勤奋机灵,为人忠厚诚实,深获米店邻居一纸行温姓店主的信任和赏识,温姓店主将他选为东床快婿,并资助他开设米店。岳父身故之后。张弼士继承其家产,张弼士勤习当地语言,关注商务及社会状况,努力结交荷兰殖民当局,与他们建立良好关系。不久,他即获准承包殖民政府的酒税、鸦片、烟税、典当税等。张弼士从中获利倍增,日益富裕。1895年至1910年间,张氏将商业王国拓展到中国。1893年5月24日,张弼士受新加坡总领事官黄遵宪推荐为槟榔屿副领事官,并于1894年至1898年担任驻新加坡代理总领事。

客家华侨华人开发南洋成就斐然。19世纪初,广东梅县客家人、航海家谢清高途经槟城时,亲眼看到了槟城的繁华:"新埠,海中岛屿也。在沙喇我西北大海中。一山独峙,周围百余里。土番甚稀,本巫来由种类,英吉利招集商贾。遂渐富庶,衣食房屋俱极华丽,出入悉用马车。闽粤人到此种胡椒者万余人。每岁酿酒、贩鸦片及开赌场者,榷税十余万。"②

---

① 谢重光:《福建客家》,广西师范大学出版社,2005年,第174—175页。
② 邝国祥:《槟城客属人士概况》,槟城客属公会:《槟榔屿客属公会四十周年纪念刊》,1979年10月,第726页。

经商到西洋的记录也是很多的。如古汀州四堡的雕版印刷，事业越做越大，将四堡印书"发贩半天下"，甚至远销东南亚。于是，四堡书商远涉重洋者也为数不少。据邹日升先生文章《中国四大雕版印刷业基地之一四堡》①介绍，他曾经"觅得原长汀四堡雾阁（1953 年 2 月划归连城县）的《范阳邹氏族谱》部分刻本，从这些残缺不全的族谱中，发现散记着该乡在清代康熙中期（1700 年前后）至乾隆初期（1750 年前后）就有一批出国到南洋新加坡、印度尼西亚、缅甸、泰国、欧洲各地经商的华侨。如邹世忠（1674—1746）'附一叶，飘飘然竟入巴国'；邹世略（1680—1748）'曾一航渡海……入暹、巴诸岛屿'；邹逊臣（1680—1765）'屡航海，观尽银浪金波，曾三击咖吧'。……"

清代客家人海外移民的一个显著特点是出现了"公司"。例如 1777 年罗芳伯在婆罗洲（今加里曼丹岛）建立的"兰芳公司"，又名"兰芳大统制""兰芳共和国"。"兰芳公司"由一位头人（又称大哥）、二位副头人和尾哥等负责处理公司各项事务，"兰芳公司"具有一定的独立性，不服从他国管理。有说兰芳公司是以客家人为主的共和制架构。"兰芳公司"存在 111 年，直到 1885 年，被荷兰殖民者打败。"兰芳共和国"解体后，一二十万的客家人逐渐流散到西加里曼丹和周边的岛屿，有的一直向西往马来半岛迁移。他们大多是中国南方没有土地的农民的后代，后来他们有的成了开发新加坡的先驱。

3. 鸦片战争后客家人大量移民

鸦片战争后，清政府被迫开放五口通商，这些口岸是当时中国人向外移民的窗口。1840 年以后，劳工出国成为海外移民的主要形式。迁移过程持续、分布广泛成为这一阶段海外移民的主要

---

① 《连城文史资料》第四期。

特征。往东南亚的移民，主要是由专门从事诱拐的经纪人及他们的代理人诱骗出国的。华人移民不断增加，在当地人口中占有相当大的比例。例如，在马来半岛，到 1901 年，华人已占总人口的一半。① 迁往美洲的华人命运更为悲惨，他们基本都是被用"猪仔"贩卖的方式诱拐或劫掠出国的。据陈翰笙先生估计，18 至 20 世纪期间，从我国贩运到世界各地的"猪仔"不少于六七百万人。② 据海峡殖民地（今新加坡、马来西亚部分地区）的不完全统计，1881—1910 年间共接受华人 830 万，其中契约华工近 600 万。③1906—1910 年间，由山东、河北、东北各省去俄国远东地区工作的华工就达 55 万，加上死于途中的"猪仔"，有人估计，从 1840 年至 20 世纪 20 年代，中国人口以华工形式迁移出国的可能有 1000 万左右。④

在东南亚地区，华人华侨有近三千万人，客家人占了十分之一以上。泰国和马来西亚由于历史、文化与地理的因素，是 21 世纪海上丝绸之路我国海上驿站建设的重点。⑤ 在东南亚国家中，祖籍广东梅州与福建永定的华侨占据当地华人华侨的比例是相当高的，光是印尼、泰国和马来西亚就分别达到 65 万、63 万和 38 万之多。民国时期的地方文献《梅县风土二百咏》记载，梅县客家人普遍是"丈夫抛却旧田畴，辛苦谋生去远游，三月春耕劳不得，竟教织女作牵牛"，并加以注释为"梅县男子多往南洋谋生，耕事委之女人，近二十年多女人把锄犁督牛，前所无也"。① 这种景象，再加上一些男的客家老人抱孙子在家干杂务，令许多北方到南方客家区任职的官员大惑不解，以致留下了许多贬损客家民风的诗文，以为男人在家待着，女人在田里干活。

鸦片战争后，西方列强强迫清政府为其掠夺东南亚殖民地提供大量劳工，闽西客家人前往东南亚当劳工者猛增，形成近代史上闽西客家人第一次下南洋高潮。永定县的出洋人数继续居于领先地位，仅下洋中川村，就有"胡永春、胡永和兄弟前往印尼甲必丹，胡门林等前往井里汶，胡移玉、胡增瑞、胡武撰等前往马来亚槟榔屿，胡移林等前往马来亚吡叻"。上杭、长汀等县此期也有人迁居东南亚。

客家人在世界华人华侨中的占比是比较高的。以深圳客家人为例，在移居海外的广东华侨中，说客家话者占多数。如1970年出版的《世界华侨：第二集》介绍牙买加华侨时指出："占美加（即牙买加）华侨人数，由中国内移往者有八千人，出生于当地之华裔有一万七千人；总共约有二万五千人，籍贯几全属广东之东莞、宝安、惠阳三县，其中仅少数其他县份。全数华侨皆说客家话。"鸦片战争后，英国殖民者占据香港，使香港逐渐成为亚洲的国际港口，毗邻香港的深圳地域以及东江流域的客家人，通过各种方式或安居香港，或移民海外。历史上的大批移民，造就了深圳成为全国的重点侨乡。深莞惠地区（即历史上的惠东宝地区）的客家人由于地缘和交通便利，大批迁徙海外，沿着海上丝绸之路下南洋闯世界，大部分人都入籍侨居国，如今已遍布五大洲80多个国家和地区，包括"一带一路"沿线所有国家和地区。他们与侨居地居民和睦相处，合作开发，与此同时心系原乡，反哺故国，形成具有

---

① 李国泰、陈瑞玲：《百年兴废论梅州——梁伯聪〈梅县风土二百咏〉述评》，广东人民出版社，2014年，第1—2页。

客家传统特色的"客侨文化"。[①]

到清朝末年，在海外奋斗的客家人从最初的小商小贩发展为商界"闻人"和社会"达人"，成为华人翘楚。清政府在对这些人的称谓上也有了微妙的变化，即以"商董""绅董""商绅"来特指，并将他们统称为"华绅"。[②]

例如，清末槟城著名侨领胡泰兴，字岳东，原籍永定下洋中川，其父亲胡曾育早期往槟城，居峇六拜，在苏格兰人布朗的种植园务工，主要负责种植胡椒。胡泰兴出生于槟城，童年时曾被父母送回祖籍地中川村，在家族私塾读过国学和珠算，重返马来西亚半岛后也在殖民地学校大英义学学过英文。其父在英国人布朗的农场学习到胡椒种植技术，后开始捡地和租地独立从事胡椒种植业，并不断扩大经营。传至泰兴时，家族已渐兴旺，拥有大面积胡椒园，而且还在闹市区开设大商行，聚集了大量财富。加之胡泰兴广交友朋，热心公益，威望甚高，遂成为槟城一带著名侨领。后来槟城四马路之所以命名为泰兴路，即是为了褒扬其业绩。1867 年 8 月 3 日至 14 日，槟城爆发为期 10 天的大械斗，全市陷入停顿，英殖当局震惊。事件起因是义兴和大伯公（建德堂）私会党在普吉岛矿争的延续。早前的 1862 年，两华人会党曾因霹雳拿律锡矿之争起过冲突。此次则因槟城饷码承包权之争再起冲突。冲突被镇压后，英殖当局成立"槟城暴乱调查委员会"，其中三名华人委员之一就是胡泰兴。1883 年，槟城成立第一届市议会，胡泰兴即为市议员，成为当时"商而优则仕"的典型。胡泰兴也被誉为"胡椒大王"。[③]

---

① 杨宏海等：《深圳（龙岗）：滨海客家图文志》，深圳出版社，2022 年，第 95 页。
② 王赓武：《天下华人》，广东人民出版社，2016 年，第 6 页。
③ 张佑周主编：《龙岩华侨史》，华南理工大学出版社，2020 年，第 125 页。

又如，广东大埔客家人张弼士，由于张氏对晚清经济政策的全面支持，1903 年，张弼士受慈禧太后恩赐召见，赏他"侍郎衔"和"三品京堂候补"。嗣后，还赏他光禄大夫，并授予头品顶戴，升太仆寺正卿、粤汉铁路总办，张氏成为东南亚华侨在清廷担任高职的第一人。①

再如，戴欣然，与张弼士同为广东大埔客家人，1872 年南来槟城，后转到太平（Taiping）当中药店店员。在积累资本后，于 1885 年底购中药店"杏春堂"。同时，也在怡保、太平和槟城开设分店，并经营典当业、矿业和农业等。至 1895 年，戴欣然已成为巨商。发迹后的戴欣然，好善乐施，举凡公益慈善事业，无不慷慨资助。承前所述，戴氏连同张弼士等人，慷慨捐献极乐寺而被推举为六大总理，槟榔屿义学捐款，资助槟城南华医院，戴氏同是善士之一。戴欣然于 1894 年被清廷封知府衔。②

4. 水客与侨批

这里要特别提到"水客"。汀州、梅州的水客业逐渐兴起，客家乡民出洋风更盛了，甚至连许多青年姑娘都乐于"过番"去做"番婆"。水客业的兴起原因，当大量出洋过番打工的人都要与故乡的亲人取得联系，或者要汇款回家时，水客业自然而然地形成了。民国年间闽粤侨乡的水客业自然是最兴盛的时期。

由于许多贫穷的客家人过番缺少盘缠，有些人不仅需要水客带路，还需要水客垫付路费。因此，过番者到达目的地后，所花费的盘缠或者由亲人偿还，或者自己挣钱后归还。水客不仅帮人带钱、带物、带信、带路，甚至还是番邦某地某行业的华工招工者。

----

① 颜清湟：《东南亚华人之研究》，香港：社会科学出版社有限公司，2008 年，第 72—73 页。
② 黄贤强：《清末槟城副领事戴欣然与南洋华人方言群社》，《华侨华人历史研究》，2004 年第 3 期，第 52 页。

2017 年 7 月 2 日在马来西亚吉隆坡雪隆天后宫举行的祭祀典礼
（蔡昊摄影师提供照片）

有些华人自己成为水客，回来招工，于是出现南洋某地集中出现一个地方华人的现象。

水客把家乡的茶叶、烟丝、梅菜干等土特产带出去，把南洋出产的药材等和西方生产的钟、表等带回来，形成庞大的物流。他们所带的信是一种类似于汇票一样的信件，俗称为"侨批"，是家乡亲人重要的经济来源之一。2013 年 6 月，客家"侨批"与"五邑银信"等入选联合国教科文组织的"世界记忆名录"。

据统计，在 1949 年以前，往来于梅州与南洋之间的"水客"达数千人。其中梅县有 500 多人，大埔有 300 多人。他们常年奔走于梅州与南洋各国之间，为家乡亲人与海外华侨之间架起了一座"彩虹桥"。很多侨眷利用华侨寄回来的侨批，买回红毛灰（即水泥）、钢筋等，结合西方的建筑技术和建筑风格，建起一座座中西合璧式洋楼，成为客家侨乡一道独特的风景线。

海内外华侨与家乡亲人之间往来出现一种新事物，是专指海外华侨通过海内外民间机构汇寄至国内的汇款暨家书，是一种信、汇合一的特殊邮传载体。在福建闽南方言、广东潮汕话和永定县、梅县客家话中"信"为"批"。近代潮汕籍、客家籍侨胞为生活所逼或为逃避战乱，远渡重洋，到东南亚及其他国家谋生。由于当时东南亚等国金融邮讯机构尚未建立或极不完善，海外侨胞捎回家乡的款项和信息，由专门往来国内外的"水客"和侨批馆递送。从清朝直到 1979 年一直存在于潮汕、嘉应乃至赣南、闽西地区的特色侨批，被著名学者饶宗颐认为是海外交通史、移民史、华侨兴衰史的珍贵资料。兹举一例：

坤弟手足：

五月十四号曾由本号挂十二号信已械，外银五元，嘱交基姆家中收等情，想经收到。前月初十日梅来书，内夹父亲、基叔之信，当即分别转呈。其时父亲即有复信与弟，谅收到矣。

兄对吾弟读书一事，心极不安。诸多不如意之念头，即此可恶之金钱，有以致之耳。念吾苟能有数千元数目，则各事均可如意，奈命途无发达，所得者蝇头微利，只供温饱而已。每念家务身世，未尝不愁肠百结，终夜彷惶者也。……

今由恒益挂来父亲寄家用五十元，基叔寄家用十元，共六十元，到日祈查收，分别转交可也。容日有暇，再当畅叙。父亲及基叔、兄等均平安，勿念。有暇祈多来书是盼，余未及。此询近安，母亲及外祖母均祈叩安。

兄炳贤手启

从此封批信的内容来看，张坤贤在国内学习生活的费用，主要由父亲和哥哥提供。即使生意艰难，身为哥哥的炳贤也坚持为弟弟寄去所需费用。由此可见海外华侨对于家乡亲人的关怀，并几乎承担家乡亲人的所有花销。[①]

四、近现代时期客家文化海外交流

1. 清末民国初年

这是个交叉时期。清末民初至抗日战争前，东南亚出现了经济繁荣的局面，西方殖民者入侵和开发东南亚、北美，需要大量劳工；而中国国内则兵荒马乱、经济凋敝，福建、广东等地的百姓为了逃避抓壮丁，又纷纷涌向东南亚经商或做工谋生，因此形成近代史上第二次下南洋高潮。

广东、福建人称到南洋谋生为"过番"，到南洋谋生的人则为"番客"。闽粤客家人在这次潮流中移民东南亚的甚多，客家乡民多以"契约华工"或以宗族亲友提携等方式前往。

以广东梅州为例，梅州靠近东南沿海，出入较为方便，因此，出现成批乡民结伴前往南洋各地的现象。五华县乡民张观润于1918年当契约华工到山打根种烟。平远县蓝贵和，1922年卖身到印尼勿里洞当矿工。

这批客家移民不少都是有耕读文化底蕴的，他们经过艰苦奋斗，取得一定成就。更为主要的是注重家教，形成良好家风。客家人在南洋与当地居民共同建设海洋文明最成功的，首推新加坡国父李光耀及其儿子李显龙。史料记载，唐朝火德公后世裔孙李德明，从福建上杭稔田移居广东程乡县溪南浚头（今梅县松口镇南圳

[①] 田璐、肖文评：《从侨批看民国初期梅州侨乡与印度尼西亚地区近代教育的发展——以梅县攀桂坊张家围张坤贤家族为中心》，《地方文化研究》，2015年第1期，第70页。

头）。《李氏族谱》载：火德公……再传至十二世孙李衍白于清顺治八年（1651）迁到大埔吉野乡唐溪楼下村开居，再传至六世孙李沐文移居印度尼西亚转新加坡，李光耀为第四代。父子俩带领新加坡人民共同建设成功的海洋文明，堪为客家人建设海洋文明的典范。其次要推泰国总理他信、英拉兄妹了。他信的中文名叫丘达新，1949 年 7 月 26 日出生于泰国北部清迈的一个普通商人家庭，是第四代泰国华裔，是热衷寻找祖源的客家后裔，2001 年 2 月出任泰国第 23 任总理。其上祖丘氏九十六世祖春盛，又名顺盛，从广东梅州丰顺县汤西镇塔下村迁到泰国东部尖竹汶，后迁泰国北部清迈开基，其子阿昌开始改中国姓"丘"为泰国姓"秦那越"（西那瓦，意"丘"）。他信 2005 年 7 月到中国广东寻根时说："有人跟我说过，你如果是潮州人的话，你会很善于经商；如果你是客家人的话，你会从政。可以说，我是两者兼备。""我从父辈潮州人那里学习到了经商的经验，从母辈客家人那里学习到了从政的经验。"其实他信父辈也是客家人。其祖辈从上杭迁梅县再迁丰顺，都是客家地区，只不过纯客家县丰顺过去归潮州管辖而已。他信的妹妹英拉（丘英拉、丘仁乐、丘英乐），1967 年 6 月 21 日生，2011 年 8 月 6 日任泰国第 28 任总理。英拉身上流淌着客家人的血液，充溢着客家妇女所具有的聪慧、勤劳、乐观、硬颈的精神，为海洋文明做出卓越贡献。[①]

　　福建客家人出洋比较多的是永定人，永定出洋者比较多的是下洋、大溪、湖坑、古竹、高头、岐岭、陈东、抚市、峰市等乡镇民众，他们大批涌向马来亚、新加坡、印度尼西亚、缅甸等地。仅下洋镇中川村，就有胡永春、胡永和兄弟前往印度尼西亚甲八丹，

[①] 丘立才：《客家人是海洋文明的先行建设者》，张佑周主编：《客家与海上丝绸之路研讨会论文集》，光明日报出版社，2016 年，第 141 页。

胡门林等前往井里汶；胡移玉、胡增瑞、胡武撰等前往马来亚槟榔屿；胡移林等前往马来亚吡叻。①

以前较少人出洋的武平县，这次出洋的人数也多了起来。1923 年，早年出国的武平岩前人王大森回乡，一次就带走五六十位乡亲到新加坡、泰国等地。1926 年至 1929 年间，上杭县中都人丘某，先后带三批乡亲出国。长汀商界名流许慰堂、许葛汀、吴建基、李宾日、胡屏山、陈汉川等，分别携资往泰国、印尼、新加坡设公司、开商店、建工厂。连城纸商也开始以香港为据点，把本地优质土纸推销到越南和东南亚各地。闽西各县华侨纷纷在侨居地组建同乡会，并在业务经营方面显示出鲜明的地缘特色，较晚清时期涌现出更多事业上卓有成就的人物。连城周仰云在土特产经营行业崭露头角。永定中川村胡氏继族人胡子春之后，又出现胡重益、胡曰初、胡曰皆等闻名东南亚的锡矿巨子。以制造虎标五大良药发家的胡文虎、胡文豹兄弟，被称为"万金油大王"和报业巨子。②

"过番"主要是由于"家破无奈过暹罗"的经济原因。可是，过番绝不是件美事，过番长路漫漫充满辛酸与苦难。

福建、广东有俗语"卖猪仔"，是指被拐卖出国做苦力的华工。汕头是当年贩卖"猪仔"华工的主要口岸之一。

当时，西方列强亟需拓展殖民地工农业产品的市场，于是，瞄准了已被打开门户的劳动力众多且市场广阔的中国。为了更加便利地在中国招揽劳工和倾销产品，西方殖民主义者开通了中国沿海至南洋各埠的航道，并且逐步升级了客运航船，出现了能载客数千人的机动轮船，使更多中国劳工能前往南洋。后来创业有成、被誉

---

① 苏志强：《永定客家人"过番"对海上丝绸之路建设的启示》，张佑周主编：《客家与海上丝绸之路研讨会论文集》，光明日报出版社，2016 年，第 206 页。
② 钟德彪、苏钟生：《闽西近代客家研究》，北京燕山出版社，2000 年，第136—138 页。

为"锡矿大王"的永定下洋中川人胡曰皆就在回忆录中详细地记录了其下南洋的艰苦旅程：

> 1924年（吾十八岁）常念家中田少屋陋，决心往洋，乃禀准慈母，重来马来亚。是年春二月，从族兄建盛南渡。在汕候船十余天，卒乘沙士顿轮船。该船载重约四千吨，乘客四千余人。我等坐位，落在三层舱底。同行数十人，仅有二十平方尺之位。空气恶浊，十分难堪，有如牲畜。每日爬登船面，呼吸新鲜空气，我因患头痛。船行七天始抵星洲，该船停泊海中，吾等因无钱未曾登岸。海面天气，比陆上更为炎热，实难忍受，至今思之，当日之痛苦，吾犹能流泪也。船停七天复启行，在槟登岸宿一夜，翌日乘火车抵怡，往堂叔重益开设之顺亿栈店中。首次出门，即遇艰苦。语云，在家千日好，路上半朝难，经过艰难方知勤俭。我抵怡保第二天，吾二兄锡皆，给我购衣服，买物钱。赋闲约一月，族兄宜有，介绍至那哈埠桐皆兄创设之同福锡矿公司任职，较灯扫地兼买菜，做什役月薪十元。吾终日勤劳，坚持节俭，每月除零用外，仍存五六元，悉数寄回家乡给慈母收用。①

这段回忆透露出两个重要信息：一是在20世纪20年代，从中国汕头出港，途经南海（七洲洋）往南洋的航船是可载重四千吨的机动船，同船往洋者已达4000多人，虽然条件很差，但毕竟不到10天就可到达马来西亚半岛各地；二是当时在马来西亚半岛各地已有很多永定下洋籍移民，有些人甚至已经事业有成，如胡曰皆之二兄锡皆，族兄宜有，尤其是其堂叔重益、族兄桐皆，已有客栈和锡矿公司，可以接纳不断南来的族人和乡人，与胡曰皆同船南渡

---

① 《胡曰皆先生家谱采集》，《胡曰皆先生回忆录逐年大事记》，第107—108页。

的永定下洋人，就有包括其族兄建盛在内的"同行数十人"。①

这个时期迁往海外的华人甚众。"1922—1939年，从厦门、汕头、香港出洋的移民就约550万人，绝大部分前往东南亚。在1918—1931年，仅从汕头、香港两地出境的移民，就达380万人。据当地官方统计，1931年时，新马华人中第一代者占68.8%，1932年，泰国第一代华人占45.73%。到太平洋战争爆发时，东南亚华人至少在700万以上，分布在数以千计的东南亚华人社区。"②

2. 二次世界大战时期

从1931年"九一八事变"开始，国外客家华侨就声讨日军的暴行，支持抗日；尤其是1937年"七七卢沟桥事变"后，海外客家人迅速团结在抗日民族统一战线的旗帜下，以空前的爱国热情，同祖国人民一道共赴国难，同仇敌忾，为伟大的抗日救亡运动做出巨大贡献。

著名海外侨领、客家人胡文虎与其他民系侨领一道，振臂高呼，号召海外华侨有钱出钱、有力出力，大力支持祖国抗战大业。早在十九路军上海抗战时，胡文虎就积极筹措药品资金大力支持。十九路军军长蔡廷锴为表达对胡文虎的感谢之意，专门题词："永安堂主人胡文虎君，热心救国、仁术济人，其所制虎标万金油、八卦丹、头痛粉、清快水诸药品，治病灵验，早已风行海内，众口同称。此次本军在沪抗日，胡君援助最力，急难同仇，令人感奋，书此以留纪念。"③

① 张佑周主编：《龙岩华侨史》，华南理工大学出版社，2020年，第124页。
② 庄国土：《世界华侨华人数量和分布的历史变化》，《世界历史》，2011年第5期，第9页。
③ 刘琳：《福建华侨抗日名杰列传》（上）"胡文虎"，海峡出版发行集团、海峡书局出版，2015年，第143页。

胡文虎以客籍华侨领袖领导南洋客属华侨支援祖国筹赈运动。"七七事变"后，胡文虎决定利用客属总会开展抗日救亡活动。考虑到爱国捐献的任务既长远又艰巨，为了有效、有组织、有步骤地支援祖国的抗战大业，胡文虎于 1937 年 10 月份提出一个规模宏大的发展客属总会组织的计划，并获得客属总会各领导的一致赞成，他们派出代表到东南亚各地去宣传发展，推动各地成立客家公会，各地客属公会的筹建经费由胡文虎慷慨捐献。①1938 年 1 月 14 日，槟城客属公会筹备会成立，主席戴淑原宣布："总会会长胡文虎先生，为各地客属同侨一致团结，在抗战期中努力救亡筹赈，特倡组各地分会。"②至 1941 年底，南洋各地共成立 53 个客属分会。

1938 年底胡文虎发起并创立南洋客属总会救济难民会，亲任会长。1939 年 8 月 24 日至 27 日，胡文虎主持举行南洋客属总会成立 10 周年纪念活动，召开各地客属公会代表大会，共有 40 多个单位的 130 多位代表出席会议。大会发表《告同胞书》及《筹赈祖国难民宣言》。胡文虎发表热情洋溢的讲话，号召客籍侨胞捐资捐物，认购公债，支援祖国抗战，并以十万元巨款购买名誉券一张，以表爱国之心。③活动期间，举行游艺筹赈大会，各种节目均由客属各学校与各会馆负责表演。各客家公会代表踊跃献金 30 万元国币，打破侨团单独筹款之记录。④胡文虎还亲自四处奔波，八方游说，着重指出："吾海外华侨素有革命之母之誉，向于爱国事业，

---

① 孔永松、洪卜仁、陈爱玉：《简述客属侨领胡文虎先生对创举"客属总会"的贡献》，载《客总会讯》第 33 期（1997），第 21 页。
② 李逢蕊主编：《胡文虎研究专辑》，闽新出（岩字）内书（刊）第 033 号，1992 年，第 29 页。
③ 林焕珍：《浅谈东南亚客籍华侨在抗战中的贡献》，载郑赤琰编《客家与东南亚》，第 393 页。
④ 《南洋客属总会三十五、六周年纪念刊》，南洋客属总会编，第 A2 页。

莫不争取赞助。今兹自由公债，发行于国家危难之秋，凡属国民俱应负有认购推销之责，良以国家兴亡，人各有责。值此全面抗战之时，正吾人报国之日。有钱者出钱，有力者出力，毁家纾难，亦份所宜。"[1] 胡文虎还利用其所创办的星系报为抗日救亡摇旗呐喊。

据国民政府侨务委员会公布，从"七七事变"到 1939 年 4 月，海外华侨捐款达 1 亿元以上，胡文虎一人捐资和购买公债高达 300 万元，是华侨中个人捐款最多的，创下了抗日战争期间海内外中国人个人捐款和认购救国公债数额最多的纪录。[2]

永定华侨富商胡曰皆，以南侨总会霹雳打巴分会主席名义，发动当地华侨捐款援国和抵制日货。在他的奔走努力之下，霹雳州华侨锡矿商都踊跃捐款，同时中止了与日本所有经济合作。[3]

连城华侨周仰云在暹罗（泰国）开办"广福烟草公司"，当祖国有难时，他带头捐款支持祖国抗战，每月他必凑足 1 万银圆准时由设在泰国的福建银行汇回国内，还动员烟草公司泰国分公司全体员工每人每月捐 3—5 元不等。直到 1941 年被亲日的泰国政府侦悉，经办汇款的周仰云次子周千和被泰国当局驱逐出境。周仰云先后共捐银圆 40 余万元，支持祖国抗日。[4]

侨居越南的连城华侨吴嘉谋在其父亲吴奎爱国精神的感召下，组织抗日团体，不断捐款捐物和药品，支援祖国抗战。[5] 时连

---

[1] 李逢蕊主编：《胡文虎研究专辑》，闽新出（岩字）内书（刊）第 033 号，1992 年，第 28—31 页。

[2] 刘琳：《福建华侨抗日名杰列传》（上）"胡文虎"，海峡出版发行集团、海峡书局出版，2015 年，第 33 页。

[3] 刘琳：《福建华侨抗日名杰列传》（上）"胡曰皆"，海峡出版发行集团、海峡书局出版，2015 年，第 712—713 页。

[4] 林水梅：《爱国爱乡的楷模周仰云》，载《闽西文史资料》（第三辑）。

[5] 刘琳：《福建华侨抗日名杰列传》（上）"吴奎"，海峡出版发行集团、海峡书局出版，2015 年，第 533 页。

城县政府将其爱国义举转呈时任福建省政府主席陈仪，陈仪给予传令嘉奖，时国民党福建省党部主任委员陈肇英亦题赠"慷慨激昂"旌匾一方。

许多华侨回国参加抗日战争。自 1931 年"九一八事变"后，日军将侵华战争一步步扩大，逐步蚕食中国领土，到 1937 年 7 月"七七事变"后，悍然发动全面侵华战争，妄图占领全中国。在国家民族生死存亡之际，海外侨胞的爱国情怀空前勃发，掀起了轰轰烈烈的支援祖国抗日救亡运动，有 5 万多华侨热血青年毅然放弃在海外舒适的生活，或中断学业，或辞去工作，告别父母妻儿，冒着生命危险，远涉重洋，回到祖国，奔赴战火纷飞的抗日前线。[1]

陈康容，原名陈月容，又名陈容，原籍永定岐岭霞山村，1915 年出生于缅甸仰光，1930 年回老家探亲和念书。1934 年冬返回缅甸，利用执教仰光华侨女子中学机会，在学校宣传抗日。1937 年后回到中国参加抗日。

据新加坡永定会馆在战后编印的《永定月刊》第 5 期刊出罗剑锋的文章《日寇屠杀之下星洲永侨受难调查》，在日军大检证及占领新加坡期间，至少有 18 名永定华侨被杀害或迫害致死。[2]

胡一波，原名凤英，祖籍永定区下洋镇下坪村溪头岗，1923 年出生于马来西亚半岛，其父亲胡万俭是霹雳州督亚冷埠颇有知名度的华侨富商。1937 年"七七事变"后，胡一波加入马共领导的马来亚华侨抗日后援会，积极参加抗日宣传、罢工抗议、筹措义款、抵制日货等活动，成为当地华侨抗日积极分子，并加入了马来亚共产党。她参加"霹雳人民抗日军"，成为第三中队（后为第五独立队）一员。胡一波经常女扮男装。她枪法好，性格坚强，作战

---

[1] 张佑周主编：《龙岩华侨史》，华南理工大学出版社，2020 年，第 185 页。
[2] 《新加坡永定会馆七十周年纪念刊》（1918—1988），第 207 页。

勇敢，参加了第三中队所有的伏击战、进攻战和锄奸活动，每一次战斗都冲锋在前，不让须眉，人称"华侨花木兰"。[①]

3. 国籍引发的"落叶归根"与"落地生根"问题

华侨是那些移居国外，依然保留中国国籍的人。在晚清以前，中国的海外移民都是华侨。

由于受农耕文化的影响，受中国正统的儒家思想强调"中庸"，强调"父母在，不远游，游必有方"，强调"百善孝为先……"等思想的影响，客家人与所有中国人一样，历来都安土重迁，"落叶归根"的思想根深蒂固。故乡故土成为他们心目中的"根"、"心灵家园"和港湾，故乡故土的"田、园、庐、墓"成为他们的精神支柱，成为他们精神上、思想上的寄托和思念。

对比家乡，居留海外的华侨都抱着"客居异乡""寄人篱下"的游子心情，产生了"在家千日好，出门半朝难"的想法，落叶归根也就成了华侨普遍而且迫切的愿望。虽然他们身居异域，但与家乡却保持密切联系，到海外只当作一种谋生手段，一旦赚得钱财便回"唐山"，所以很多人在海外，辛勤劳动，积蓄了些钱就衣锦还乡；很多人虽然没有积蓄很多钱，但是他们都要求子孙后代（或者委托同乡），在他们死了以后，将他们运回家乡安葬，实现他们心中的落叶归根。

另外，不少人在家乡有亲人家眷，同时在海外又娶妻成家生子，形成典型的"两头家"现象。尤其是抗战时期出现"两头家"增加的现象。因长时间与家人失去联系，心灵无归宿，另建家庭。战争爆发后，不少华侨本打算回家乡与家人团聚，但紧张的战势使他们左右摇摆，最后错过了回家的时机。东南亚华人社会中"两头家"的现象早已存在，但并不普遍，主要是"盛行于侨居在外较久

[①] 张佑周主编:《龙岩华侨史》，华南理工大学出版社，2020年，第180—204页。

的华侨"，"因久在南洋的人，携眷不便，又不能时常返回家乡，容易与家乡疏远，一般会在侨居地再娶"。[①] 大多数普通华侨尤其是新移民，到侨居地的目的是挣钱而非长久定居，但生逢乱世、侨批不通，国内的亲人杳无音信，再加上日本的殖民政策，被迫在侨居地另成一个家。日本在占领区"令男无妻，女无夫者一律做苦工或移他处"，新加坡华侨沈镜洲"不得已与表妹暹（嫦）英假为夫妇，以（免）被日本取缔"，战争结束后，他一直在批信中请母亲跟妻子解释，他跟表妹结婚"皆为战祸迫然，但内心中之苦衷，非笔墨所能尽述"，祈求妻子的原谅。[②]

鸦片战争以后，大量华人出国，户籍（原籍）与国籍的矛盾在他们身上凸显。1909 年的《大清国籍条例》是中国第一部具有法律效力的国籍法，它的诞生与当时因为缺乏国籍法而导致中国社会出现复杂、混乱的国籍问题有着密切联系。这个条例奉行血统论。即不管出生在哪里，只要是中国人的后裔，就是中国人。依据这部国籍法，海外华侨无论侨生在哪里，也无论是侨生的第几代，都被承认为中国人，都拥有中国国籍。有些海外华侨如果同时拥有侨居国国籍，则拥有双重国籍。

1912 年，中华民国政府参议院拟定《国籍法》，于同年 11 月公布。1914 年《国籍法》修订，更名为《修正国籍法》，于同年 12 月 30 日公布。1929 年，民国政府再次对《修正国籍法》进行修订，于同年 2 月 5 日公布。民国时期的国籍法秉承了《大清国籍条例》的基本原则，以血统主义为重，而辅以出生地主义以济其穷。为了避免双重国籍对海外华侨产生不利影响，民国政府在加入

---

① 陈达：《南洋华侨与闽粤社会》，商务印书馆，2011 年，第 154 页。
② 1947 年 3 月 4 日新加坡沈镜洲寄广东潮安母亲的侨批，黄清海、沈建华编著：《抗战家书》，福建人民出版社，2015 年，第 272 页。

1930 年订立于海牙的《关于国籍冲突的若干问题的公约》时，对第 4 条"一个国家对于兼有另一国国籍的本国国民不得违反该另一国的规定施以外交保护"的规定提出了保留。

中华人民共和国成立后，虽然没有立即制订单独的国籍法，但也在《中华人民共和国宪法》中对国籍作出有关规定，不承认双重国籍。1980 年，我国制定了《中华人民共和国国籍法》，其中第三条明确规定不承认双重国籍。

1945 年 8 月 15 日，日本宣布战败投降后，虽然西方殖民主义者一度回归南洋，但不久缅甸、印度尼西亚、马来西亚、越南都各自获得独立。

虽然南洋华侨难以割舍同中国的血脉亲情，但由于国家实行不承认双重国籍的政策，从 20 世纪 50 年代开始，除了部分有志于回国参加社会主义建设的华侨外，大部分华侨都作出了加入侨居国国籍的无奈选择。落叶归根观念于是逐渐被不得不落地生根的现实所取代。

另一方面，南洋殖民政府和一些新独立的国家采取一些极端政策和措施强迫华侨落地生根。

在马来西亚半岛，1948 年 6 月，英国殖民政府借口马共问题宣布马来亚进入紧急状态。其后英军于 1948 年 12 月及翌年正月对华侨执行驱逐和隔离政策，约 40000 华人被扣，其中约 24000 华人于 1949 年至 1952 年间被遣送回中国。英殖政府为了彻底切断新马华人与马共的关系，还建立类似"集中营"的所谓"华人新村"，华人新村实行严格管理，有铁丝网围墙，前后各留一个大门供村民出入，进出人员被严格盘查。从 1950 年至 1954 年，全马有 438 个华人新村，居住人口达 5814000 人。[1]

---

[1] 林廷辉、宋婉莹：《马来西亚华人新村五十年》，马来西亚华社研究中心，2000 年，第 12、18、22、167 页转引自张佑周主编：《龙岩华侨史》，华南理工大学出版社，2020 年，第 205—206 页。

　　中华人民共和国在 1955 年与印度尼西亚签订了《关于双重国籍问题的条约》，取消华侨的双重国籍，华侨必须选择一种国籍，或者成为华侨，或者成为华人。20 世纪 80 年代中国政府宣布中国不承认双重国籍。①

　　大量的海外客家人和众多华侨、华人一样，选择一种国籍。海外客侨将侨居地视为第二家园，辛勤耕耘，发挥自己的聪明才智，为当地的经济发展和社会进步，做出了巨大贡献，得到侨居地人民的信赖和赞扬。他们积极主动融入侨居国主流社会，名扬海外。

　　1955 年万隆会议成为华侨史的重要转折点，加上各国政府限制移民，出洋的人数便才有所减少。此时侨乡的"出洋风"亦非"更盛"，而是逐渐回国。后来还发生了马来西亚、印度尼西亚、越南、泰国等国的排华杀掠事件，华侨纷纷回国。中国政府尽最大力量妥善安置回国的华侨。

　　改革开放后，海外华侨华人在侨乡的影响极大，许多人积极响应中国政府的号召，回国创业。同时，又有一批中国人乘改革春风走向海外，或留学，或经商，或创业，掀起了一个文化交流新热潮。

---

① 陆芸：《海上丝绸之路与移民——兼论中国历代政府对中外移民的管理》，《学术探索》，2016 年第 6 期，第 86—88 页。

叁

客家文化海外交流

越南文庙的汉字文化

　　移居海外的客家人保持祖地的衣冠制度，传承耕读文化，宣扬儒家忠孝思想，延续迁出地的民俗习惯，同时受移居地文化的影响，形成了独特的海外客家文化。迁居海外的客家人数较多，主要从事种植、矿冶、商贸、医药、制造、传播、教育等工作，分布于各个阶层、各个领域。海外客家人以不同方式传播和传承中华文明，影响和改变所在国或地区的政治、经济、文化。

　　因此，英国东南亚华侨史权威学者、《马来亚华侨史》的作者、历史学家巴素博士（Victor Purcell，1896—1965）就曾说过："马来西亚主要的殖民者（指英国），吸引华人至他们的殖民地，是在 1786 年英人在马来半岛开辟殖民地时（指占领槟榔屿），华人才受欢迎。"[1] 巴素还对华人在东南亚的贡献给予高度评价："假

① 转引自谢诗坚：《槟城华人两百年》，扉页。

如没有华人，就没有现代的马来亚。"① 马来西亚总理马哈蒂尔在
世界客属第 15 届恳亲大会的致辞中说："马来西亚的历史不能没
有华人，吉隆坡的历史不能没有华人，如果没有把客家人写进吉隆
坡的历史，没有把'华人甲必丹'的贡献纪录在案，吉隆坡的历史
将是不完整的。"②

第五章　客家方言

　　客家方言是客家人主要的语言交流媒介，也是客家民系形成
的最主要标志之一。

　　客家方言脱胎于中原古汉语，是汉民族共同语的一个分支，
是客家民系在其形成与发展过程中，在特定的地理环境里，以中原
古汉语为底层基础并吸收了当地土著的语言成分独自发展演变而逐
步形成的。它是客家社会群体在长期的交流过程中在约定俗成的基
础上形成的有声的符号体系。

一、客家方言的形成与特点

1. 客家方言的形成与分布

　　学术界往往把客家话形成的时间视为客家民系形成的标准。
故对客家话形成的时间以及形成的区域有着许多不同的观点。

　　普遍的观点认为，客家人南迁与当地民族逐步同化，产生了

---

① 泉州市归国华侨联合会、泉州市侨务办公室：《泉州华侨史料》第二辑，
1985 年，第 23 页。
② 张耀清：《世界向闽西款款走来》，《闽西日报》生活专刊，1999 年 12
月 2 日第 1 版。

客家方言。

客家方言主要通行于大陆的广东、广西、福建、江西和四川、湖南、海南部分地区。其中主要的区域是广东东部和北部，广西南部，江西南部，福建西部、西北部。粤闽赣边区一带是客家最集中的地区，因而也是客家方言最流行的地区。台湾地区和香港、澳门特区有部分地区讲客家话。在海外，东南亚印度尼西亚、马来西亚、新加坡、泰国、越南、菲律宾以及美洲华侨、华裔中也有不少讲客家话的。

2. 客家方言的特点

客家方言是一种在古汉语基础上独自发展演变并吸收了百越族成分的汉语方言。客家先民迁徙客家大本营地区，在客观环境的变更和客土文化交融下，这一群体的语言发生了不同于中原汉语的变化，既有继承古汉语的一面，又有独自的变化发生。表现在语音、词汇、语法方面都有一些不与中原汉语发生相同或同步变化的现象，有自己的发展方式，终于演变为汉语的一种方言，即客家方言。

客家方言又叫"阿姆话"。客家人有"宁卖祖宗田，不忘祖宗言"的传统思想。

客家话在语音、词汇、语法等方面保留了大量古汉语的特点，客家话确实是古汉语的"活化石"。

二、客家人的语言与文字崇拜意识

民族语言是民族生存之根。语言是一种工具，更是一种文化。热爱祖国语言，就是热爱祖国和民族，语言是存在的家。

客家人称家乡话为"阿姆话"。这是客家后代对自己所说的家乡话的形象称呼。在日常生活中，海内外的客家老前辈总是以"宁卖祖宗田，唔卖祖宗言；宁卖祖宗坑，唔卖祖宗声"这句口头禅教导后代，这是颇有深意的。"祖宗田"是指祖宗留下的产业，"祖宗言"则包括祖宗使用的语言、祖宗的教诲和祖宗的文化传统等方方面面。"祖宗田"是身外之物，是有形的资产，是搬不动带不走的；对于历经离乱、辗转迁徙的人们来说是没有多大意义的。而"祖宗言"则是无形的资产，是可以随身带的。从这个意义上，我们说，客家人所津津乐道不愿忘却的"祖宗言"，与其说是指大多数客家研究者所强调的客家"阿姆话"——客家方言，倒不如说是指客家人所恪守的中华传统文化。[1]

客家人不断迁徙，四处闯荡，身处异乡，举目无亲，这时，客家话就是客家人联络的最好手段。越是侨居国外，就越被强化。比如孙中山的上祖本是广东紫金客家人，后迁增城，最后迁到中山县翠亨村，待孙中山出生时，已隔七代。孙中山出生在广府话地区，讲广府话为主，但也不忘客家话。在革命时代，他遇到广州人来访，讲广府话；遇到客家人来访，就用客家话会话。这是很生动的例证。[2] 他身边的著名人士廖仲恺、邹鲁等都是讲客话的客家人。

再如著名爱国侨领、万金油大王胡文虎，出生于缅甸仰光，他父亲胡子钦却要远涉重洋将他送回故乡福建省永定县中川村，让他接受传统教育，并学习家乡客话。胡文虎事业成功以后，一直坚持要求家人在家要说客家话，他在用人时有一条重要原则是首先使用客家人，却并不计较该客家人是何方人氏，永定的、大埔的、梅县的、惠州的或其他地方的客家人找上门来，只要有才干，能说客家话，他便委以重任。而且，他还先后在新加坡和香港发起成立

---

① 陈弦章：《民间信仰与客家社会》，九州出版社，2018年，第101—105页。
② 黄顺炘、黄马金、邹子彬：《客家风情》，中国社会科学出版社，1993年6月，第153页。

了"南洋客属总会"和"香港崇正总会"等客属社团，以联络海内外客家人共同创业，共图发展，共同支援祖国的抗战事业和建设事业。他在南洋各地兴办学校，呕心沥血地推行华文教育的同时，也推行客家话，其目的非常明确，就是不能让海外客家后裔忘记"祖宗言""阿姆话"。①

语言是一个民族的血液和乳汁，是一个民族的家与脊梁，是一个民族精神的根与灵魂。"宁卖祖宗田，不忘祖宗言"表现了客家人强烈的对语言执着的文化心理。这是不断迁徙的族群执着保有民族核心文脉的誓言。

三、世界"客家方言岛"现象

客家话是客家人文化标识的核心部分，是客家文化在客家人血脉中刻下的印记。

由于客家方言不像汉民族其他方言那样具有鲜明的地域性特征因而也就相对没有了地域性局限，其分布区域较广，几乎遍及中国南方各省，甚至如南洋等地也有人数相对集中的客家方言岛。而且，客家方言虽在语音、词汇等方面有一定的地域性差异，但语法上的差异极小。东起闽西，西至云、贵、川，各地的客家人都可以用客家话进行对话交流，没有很大的障碍。各地客家人见面，尤其是流落异国他乡素不相识的客家人见面，说上几句客家话，便亲如一家。因此，可以说客家方言是最具客家特色的客家文化载体。②

更由于客家人"宁卖祖宗田，唔卖祖宗言；宁卖祖宗坑，唔卖祖宗声"这句口头禅的教导传导，故而，客家民系的独特性让他

---

① 张佑周、陈弦章、徐维群：《客家文化概论》，中国文联出版社，2002年，第67页。

② 张佑周、陈弦章、徐维群：《客家文化概论》，中国文联出版社，2002年，第67页。

们无论走到哪里，都保留着许多客家习俗以及客家话。正是因为客家人的这种文化坚持和传承，东南亚、欧洲乃至世界各地形成了"方言岛""客家村"现象。譬如奥地利维也纳的"客家村"，在结婚以及为子女操办婚事的时候，会宴请维也纳的所有"客家村"移民。他们还成立了当地首家客属华人社团——奥地利客家同乡会。①

如在缅甸，虽然 20 世纪 60 年代，缅甸政局变化后当局禁止华文教育，在仰光的华人后裔已经不懂中文了，但永定胡氏、罗氏、张氏、陈氏、江氏等家族第三代、第四代却都能讲客家话。如翁坑美张济贤家族的第三代张荣修等人，至今仍然可以用流利的客家话与家乡人交谈。问他们为什么还能讲客家话，他们说爷爷要求家人回到家里一定要讲客家话，否则要打屁股，所以，大家从小就学到了客家话，一直可以在仰光的乡亲间流行。②

又如在南洋，海外客家男人娶了当地女人，用父系语言。1838 年，马来作家文西阿都拉到了新北根（Pekan Bahru）的华人村，阿都拉还察觉到，此处的华人都是客家人，住在高脚亚答屋，很多人也和马来人或峇里（Bali）女人通婚，小孩在日常生活中使用父系的母语多于使用马来语。当地还有一间小亚答屋，是华人神庙。华人村隔河对面还是河左岸，后边是阿拉伯村。③

再比如，在南美洲苏里南，这里的华人大多来自广东客家地区，由于华人在该国比重较大，苏里南视客家话为法定语言。不仅如此，2014 年 4 月，苏里南政府还将中国春节定为全国法定假

① 陈弦章：《欧洲一些国家为何出现"客家村"》，《中国新闻》，中国新闻社主办，2022 年 10 月 11 日，A07 版。
② 张佑周主编：《龙岩华侨史》，华南理工大学出版社，2020 年，第 105 页。
③ 王琛发：《英属以前彭亨华人史记：海洋经贸视域下的中外文献解读》，杨金川主编：《韩江传媒大学学院·学术丛刊》，2022 年，第 46 页。

日，这在西半球尚属首次。

据《人民日报》报道，中国驻苏里南使馆商务参赞马莫莉告诉记者，如今有近20家中国企业活跃在苏里南市场；苏里南央行与中国人民银行于2015年签署了10亿元人民币的双边互换协议，进一步便利了两国商贸往来；400余名苏里南各行业人员在华参加短期培训和研究生项目，成为中苏友好的民间大使。[①]

从这个典型案例，可以看出移民海外的客家人典型的母语情怀。

四、客家方言的海外变化

语言是存在的家园。语言承载了一个民族的历史、文化，也是民族延续的根基。海外客家人顽强地保持客家特色，建立了大量的会馆、客属社团，成立华人学校，以加强客家人内部的联系。老一代的客家人虽移居海外，但恪守客家传统，在家庭、客属社团中严格遵循使用客家话的传统，也积极教育子女使用客家话。许云樵先生在《客家人士在东南亚》一文中指出"客家人在各帮为独特，既非地缘，亦非血缘，而为方言群。任何方言，均有递变，独客家方言，不系乎时，亦不系乎地，此其独特者也"。[②]海外客家人在比较长的时期内，顽强地保持着客家方言。

不过，客家话在海外传播过程中，受环境等因素影响，也会产生变化。还以印尼为例：

在印尼当地的客家华侨族群中流传一首这样的山歌："手拿钓缗钓如干，钓到如干送交湾；遇到交湾唔在屋，舍影加基并夜

① 陈雅莉：《客家话是这个南美国家的法定语言华人还当过总统》，观察者网，2017年11月29日。
② 许云樵：《客家人士在东南亚》，载谢佐芝主编：《世界客属人物大全》（上），新加坡：崇文出版社，1990年。

兰。"这是流传在马来西亚客家华侨中的一首山歌，"如干"——
鱼，"交湾"——朋友，"舍影"——可惜之意思，"加基"——
足，"夜兰"——行路之意。这表明当地居民语言对客家华侨语言
的冲击，造成客家语言的变化。其实在印尼的华侨中，诸如此类的
山歌也有不少。

在印尼客家华侨语言中有："罗哩车"——汽车，"罗
帝"——小饼干，"甲闭"——皮箱等。印尼是荷兰殖民者的势力
范围，其中有不少物品是从荷兰过来的。因此，在印尼客家华侨中
有不少事物就用"荷兰"称谓，也有用印尼相关地名称谓的。如
"荷兰豆""荷兰香水""荷兰肥皂""荷兰葱""荷兰药水""万隆
丸""万隆万金油"等。也会用外国语言称客家人的某部分人，如
"娘惹"——千金小姐，"马争"——工头。还会用外国的语言或
外国的事物，表达某种思想情感或某种意思，如"沙拉"——上
当，"做巴力"——干苦活，等等。①

许多外国词汇进入了客家话中，如称领带为"拉西"，打球
为"打波"，公共汽车为"巴士"，出租小汽车为"的士"，皮箱
为"甲必"，干活为"做巴力"，小百货店为"亚弄店"，快为
"飞洛史"，等等。

海外客家人，"基于历史的原因和生存需要，客家人多倾向
于按方言聚集，各成一个方言群体，而又以一定的行业认同相对集
中于特定的区域，成为印尼客家突出而持久的一大特征"。② 这种
情形有利有弊。

----

① 周晓平：《客家人"过番"的历史动因及其生存构成——以印尼粤东客家
华侨为重点研究》，《嘉应学院学报》（哲学社会科学），2018 年第 10 期，
第 17—22 页。
② 吴美兰：《客家人在印度尼西亚的共生与认同》，《嘉应大学学报》（哲
学社会科学版），1999 年第 1 期，第 117—120 页。

另外，华人内部结构复杂，出现文化变异。时间上，印尼客家华人群体中既有 19 世纪末至 20 世纪上半叶移民印尼的"新客华人"群体，他们讲华文，在文化上认同中国；也有较早移居印尼的讲当地语言的"土生华人"群体，他们的文化特征既非完全中国风格亦非完全印尼风格。印尼客家华人完成了语言适应，无论土客还是新客都能使用主流语言交际（但由于印尼主流群体推行单维模式的文化同化政策，华语、客家话面临严重的传承危机，因此，部分华人、客家人反而面临本族群的文化适应问题）。

许多海内外学者以及客籍人士都注意到了这个问题。暨南大学华文学院近几年组织的海外华裔语言态度调查表明，年轻一代对客家语言认同意识淡薄，客家话传承面临困境；游如杰教授对泰国话语使用状况的调查表明，尽管客家人是华人中最早到达泰国的，泰国百货业的大部分也是客家人创办的，但如今客家话无论在家庭还是学校中都不再占据优势地位。另外，据《星洲日报》的调查，马来西亚诗巫地区能流利讲客家话的人大约只有 60%，这一地区是马来西亚客家人最为集中的地区。客家方言在海外面临衰败和衰退的危险，海外客家人士注意到这一问题，积极通过参加世界客属恳亲大会、回乡祭祖、修建宗祠等方式力争传承客家方言在内的客家文化。曹云华教授在对印尼客家人进行田野调查后认为，相对其他族群，"他们比较顽强地固守自己的文化，比较顽强地坚持讲自己的方言，坚持自己的传统节日习俗等，希望通过方言和传统节日，一代又一代地将自己的文化延续下去"。①

---

① 闫淑惠：《"一带一路"背景下客家语言的保护与传承》，张佑周主编：《客家与海上丝绸之路研讨会论文集》，光明日报出版社，2016 年，第 197 页。

五、回传祖地的影响与罗马字标音的西方传播

近代以来，客家地区由于人口增殖，山多田少，外出谋生者越来越多，许多人甚至漂洋过海，外迁至南洋乃至欧美等地，如梅州、汀州、永定等地，现已成为著名的侨乡。此外，从 19 世纪下半叶开始，不少西方传教士和一些人类学者、民族学者等也深入客家地区传教或进行科学考察活动。正是这种对外交往的频繁，使客家人与外国人语言交流的机会增加，外国人及外出回乡的人往往把外国词语带到客家地区夹杂使用，久而久之，一些外语词汇便融入客家方言中。如：篮球运动术语，客家话常借用英语词汇，妇孺皆懂。

以西方拼音体系对客家方言进行研究，首推西方传教士。19 世纪以来，"三巴会"（巴色会、巴陵会和巴冕会的合称）的传教士从香港跨过深圳河来到新安县，开始在布吉、沙头角、浪口、李朗、樟坑径等地宣传基督教。为了解决语言不通的问题，传教士们先学会说当地的方言口语，然后着手编写《圣经》方言译本、方言字典、方言词典、方言启蒙课本和其他方言学著作，供当地教徒和其他传教士使用。这些文献利用西方语言科学的观点和方法，采用罗马字标音，能很好地记录描写汉语方言，为汉语方言学乃至汉语史研究提供了宝贵的语料。

传教士韩山明和黎力基为客家方言研究做出了开创性贡献。韩山明在 1854 年离世前留下了 180 页的《客家方言字典》手稿。1860 年，黎力基在柏林出版了德文版《客家俗话马太传福音书》，这是最早出版的一部罗马字本的客家方言《圣经》，也是最早出版的一部客家方言文献。1860 年以后，巴色会的传教士在华人牧师和客家基督徒的协助下，陆续编写了一些客家方言图书资料，多收藏在瑞士巴塞尔的巴色会档案馆。2005 年，曹茜蕾和

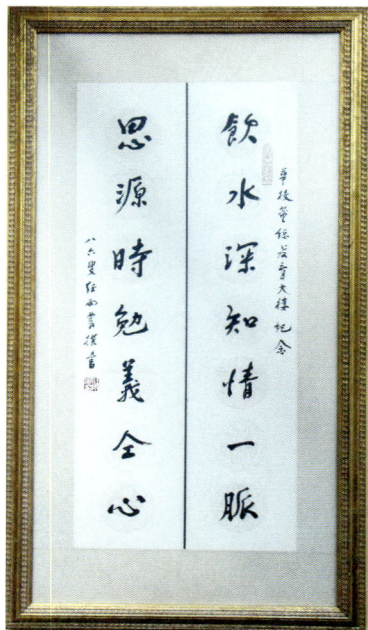

马来西亚学校图书馆汉字书法

柯理思将 1909 年巴色会出版的德文版《初学者简明德客词典》和《简明客家语法》翻译成英文，并加入了其他重要研究资料，汇集成《客家话的语法和词汇：瑞士巴色会馆所藏晚清文献》一书，在巴黎出版。[①]

六、汉字文化的海外传播

移居海外的客家人把汉字艺术也带到入住地，除了平时记录、写信回祖地外，还在多处用上书法艺术，如石碑。

"大唐本头公神"碑中榜以楷书书写，运笔流畅，而刻碑者亦做到逐字按照书法笔顺雕琢笔画蜿蜒的深浅层次变化，其左榜是

[①] 杨宏海：《深圳（龙岗）：滨海客家图文志》，深圳出版社，2022 年 11 月，第 154—155 页。

"乾隆癸未年立"，相对于右榜"双凤周翼振敬"。傅吾康、陈铁凡《马来西亚华文铭刻萃编》曾在此碑相片下说明，那时除了在马六甲，在泰南宋卡也没有见过比之更老的石刻。究其实，更重要的是石碑证明彭亨可以提供出南海华人如何在各地构建彼此在地社会的一个案例：此时此际彭亨华人集体公庙，集体自我表述所透射出的集体历史认知，是将"大唐"渊源、"本头"认同、"乾隆"年号、"双凤"祖籍，以应呼"神"的天命神道观念由"敬"而"立"有机的凝聚，由不忘根本彰显真挚感情的本头意识。①

第六章　客家民俗与生活方式

　　客家民俗以其古朴和充满浓郁的乡土气息而为世人所瞩目。它涉及生产、服饰、饮食、居住、婚姻、丧葬、节庆、娱乐、礼仪、信仰等方方面面，形成了"十里不同风，百里不同俗"丰富独特的民俗风情。"闹春田""走古事""作大福""游大龙""鞭春牛""尝新禾""游大粽""百壶宴""扛菩萨"，桩桩富有农耕文明气息的民俗活动，彰显了客家人的生存智慧。中华优秀传统文化是中华民族的精神命脉。

　　海外客家人的习俗，体现在生活方式的"衣食住行"方面，传承了祖籍地的特色，同时因环境、文化等因素，也表现出"西风东渐"的影响。

---

① 王琛发：《英属以前彭亨华人史记：海洋经贸视域下的中外文献解读》，杨金川主编：《韩江传媒大学学院·学术丛刊》，2022年，第39—40页。

一、客家民俗

（一）岁时节俗

中华民族本着自己的智慧，对天地自然的感悟，创造了富含哲学意味、蕴含乡土内容、包含情感色彩、形式丰富多样的"岁时节日习俗"。

客家人一年的岁时节日习俗传承了汉民族的习俗，同时有所改造，有所创造。

汉民族基本节日包括正月初一春节、正月十五元宵节、二月初二龙抬头节、三月三清明节、四月八浴佛节、五月五端午节、七月七乞巧节、七月十五中元节、八月十五中秋节、九月九重阳节、十一月初四冬至节、十二月初八腊八节、十二月二十三灶王节、十二月三十除夕。

客家人的隆重节日一般有正月初一春节、正月十五元宵节、

客家端午
节挂艾叶菖蒲
等祥草习俗

五月五端午节、七月十五中元节、八月十五中秋节、九月九重阳节、十一月初四冬至节、十二月三十除夕。

各客家区的过节时间有些不同：如有的客家区端午节是初四过节，中元节是七月十四过节，时间变化之因都有家族祖先的传说因素。

岁时节俗是最重要的民俗。客家人非常重视举办祭祀祖先、土地神灵的仪式，献上三牲、果品、茶酒，点燃香烛、纸钱等，隆重而热烈，表达人们虔诚的祈福、盼福的理念。

以春节为例。客家人称"过年"。历史上，过年的时间各朝代有所不同。夏以一月为元月，殷商定腊月为元月，秦及汉初以十月为元月，汉武帝定农历一月为正月并延续至今。

到了民国时期改用公历，定公历一月一日为"元旦"，把农历的一月一日改称"春节"。故现在正统称"过春节"，民间还是叫"过大年"。

春节，百节年为首。客家人重视合家团聚。

贴春联，迎春福。贴春联，客家人的对联很讲究，大小祠堂门联、厅联、土楼厅联、大门联、小门联，小家庭的门联，都要想到，都要有人做。这时家族中有文化的人义不容辞。

除夕日，各地风俗大都是在厅口设八仙桌，置三牲果品、茶酒之类，奉敬天神，然后上祠堂敬祭祖先，体现客家人浓厚的思源念根意识。

守岁。吃完年夜饭，全屋到处灯火通明直至天亮叫"全岁火"。家中亲人欢聚一堂，共叙天伦之乐，长辈向晚辈讲述祖先施行善德、发家致富和其他吉利故事以教育下一代，通宵达旦，谓之"守岁"，有些地方要给小孩发红包，叫"压岁钱"。

开大门。正月初一凌晨要选吉时及大利方向开门。

年初一。正月初一是新年第一天，因这天是岁之朝、月之朝、日之朝，故古人称之为"三朝"。人们开大门以后，按历书所测当年的吉利方向出行，或跪拜，称为"出天方"或"出方"，以迎喜神。这一天全家早起，鞋帽穿戴一新，子女给长辈拜年、祝健康长寿。长辈也祝晚辈"快高快大"（指小孩）、"学习进步"（指在学青少年）、"步步高升"（指工作的人）、"发财"（指生意人）。长辈给小孩发"红包"及果点，长辈也接受已成家或工作的子孙的"贺岁钱"。早餐多行素。

初二"转外家"。闽西客家称初二为"年下日"，开始出门做客，做媳妇的则纷纷"转外家"（回娘家）。

初三"送穷日"。在客家习俗中，"送穷日"是不吉利的日子，一般都不出门访亲办事，但现在不计较了。

初五"开小正"。初五"开小正"也有称"出年界"，就是从这天开始，农事和买卖都恢复了。

客家祭祖分春秋两祭。一般正月一次，八月一次。正月最为隆重热烈。

客家移民将祖地的岁时节俗传播到迁入地，执着地传承中华民族优秀传统文化。

如永定著名侨领胡曰皆与老一辈华侨华人一样，执着地传承中华民族优秀传统文化，希望中华优秀传统文化在马来西亚这个拥有大量华人的新国度的多元文化中占有一席之地。胡曰皆长子胡万铎在一篇文章中忆及童年时期家人在马来亚过年的情形时写道：

记得孩提时候，除夕那天，家人小心翼翼地将祖宗肖像拿出来置挂在神桌上，一家老少庄严地向天神和祖先供祭三牲，焚香秉烛，虔诚拜祭。接下来便是吃团圆饭、热闹非常。长大后才感悟这里面就已包含了中华民族慎终追远、缅怀尊敬祖先、常记祖训、维系血缘亲情的优良传统。我就是在这种耳濡目染、潜移默化的环境中，在父亲不断的灌输和教诲下，早已把儒家思想饮水思源、孝亲敬老尊贤的传统深深地烙印在心中，并身体力行，将中华文化优良的一面薪火相传下去。①

岁月如流，日子一天天过去，年节是我们创造的记住时间节点的浪花，也可以说是大大小小的珠子，我们一年年踏着这些浪花，数着这些珠子变老，又把这些增加了文化内涵的浪花和珠子传给一代又一代。中华民族优秀传统文化对于像胡万铎这样出生于移民家庭的侨二代、三代华人来说，影响是深远的。

（二）生育礼俗

一个生命的诞生，人们表达的最大愿望是祝福小孩平安健康成长以及前途远大、升官发财等。在一年中，埋胞衣、坐月子、洗三朝、起名字、报婆娭、送姜酒、满月酒、百日、做周岁，每个阶段的习俗都带着长辈的祝福和祈盼。

1."胞衣窟"

客家人把自己出生的地方称为"胞衣窟"。无论走到哪里都对"胞衣窟"魂牵梦绕。

胞衣即胎盘羊膜，又称混沌衣、混元母，是包裹羊水和胎儿的一层膜。胎盘连接的脐带，是生命诞生前的生命通道，是上天的福佑与母亲心血的结晶。

客家人以为，一个人的诞生是集"精""气""神"于一身，"神"就是人的元神或灵魂。女人怀孕时，元神就存在于胎盘上，就是"胎神"。在客家流行的老皇历，都有标出胎神在每日的方位。

客家人认为胎盘是生命的先天之根，要藏入土地后才能根深叶茂。在这样的理念下，婴儿出生后，客家人对胎盘的处理是很讲究的，也和其他地方不一样，都是把胎盘用纸包好，埋藏在产房的

---

① 胡万铎：《胡说真言》，《东方日报》（马来西亚），2010 年 2 月 13 日。

角落或者厨房的大水缸下面。埋得越深越好，因为这是元神，若被动物吃掉或损毁，会影响婴儿的健康成长。

至今，老一辈海外客家人称回中国，都还说是回埋胞衣的地方。

2.“洗三朝”

婴儿出生三日，称“三旦”“三朝”“三诞”，客家人有洗儿、敬神、办“三朝酒”、算命等礼俗。

此日第一次给婴儿洗澡，称“洗三朝”。俗信“洗三朝”可以洗去婴儿从“前世”带来的污垢晦气，使之今生“平安吉利”。

3.“呼之迪吉”

“洗三朝”后给婴儿命名，称“三朝名”。客家人起名很隆重而讲究。一是要排“八字”，看“金木水火土”五行缺什么，到时在名字补上；二是要按照祖先确定的字辈起名；三是正名要起得堂皇，包含长辈的期许和祝福，但小名则要叫贱，如“石头”“石狗子”“榕树头”“芋子粄”等。

起了名字要报祖宗和神灵，因此要备好供品到祠堂、大厅、寺庙祭拜烧香，把名字写在四方的红纸上，贴到祠堂、大厅、寺庙的墙上，祈求福佑。

许多海外客家人后辈的起名，至今按照祖先确定的辈分进行，仪式也是保留不少。中华姓氏文化至今在海外传承弘扬。

4.满月酒

婴儿出生一个月称“满月”，旧时称“弥月”。客家人特别重视孩子的满月，有许多相关的仪式，要剃头、“喊鹧婆”、送满月、请“满月酒”。外家亲戚、亲朋好友、左邻右舍都要来。

5.过周岁

客家人又称“对岁”“度岁”“过周”。

这是人生的第一次生日，是婴儿出生后最隆重的礼仪。照例

满月开斋仪式

要敬神明祖先，请外家亲戚、亲朋好友，大户人家还会请戏班热闹助兴。

（三）客家婚嫁习俗

婚姻是普通百姓生活中的重大事件，也是人们借以表达幸福感的一种形式。客家人遵循儒家元典《周礼》记载的婚仪"六礼"：纳采、问名、纳吉、纳征、请期、亲迎。同时，由于迁徙，客家人因地制宜，创新了一些新形式，赋予新内涵。如南方拖青毛竹、带路鸡等。

古时嫁娶仪式繁杂，规矩多：送八字——送定——送日

客家婚庆
八喜馆场景

子——哭好命——行嫁——拜堂——喝喜酒——闹洞房——回门省亲。随着时代的发展，海内外客家都逐渐进行改革，且吸收了西方的许多理念。

如广东客家华侨的婚礼。在粤东客家有一首山歌："筷子拿来打铜锣，过番老公当过么。么钱讲话转唔得，有钱又讲娶番婆。"在印尼，绝大多数的粤东客家华侨，不管贫富，都按照家乡的传统习俗举行婚礼。婚前几个月，举行订婚仪式，邀请一些亲友作为证婚人，男女双方互换结婚戒指。双方新人和家长在婚约证书上签字，主婚人宣布婚约生效，然后举行小宴会，酬谢大家。等到结婚前几天，在报纸上刊登结婚启事，证婚人就是当然的"筹委会"，发请帖，布置礼堂和宴会厅，请厨师和工作人员。结婚那天，新郎穿西装，新娘着礼服，由汽车迎接。男的一身黑色（或深蓝色）燕尾西装，白手套，右胸袋上佩朵鲜花；女的穿绣纱拖地大裙，头戴金珠凤凰冠，头纱长达3米以上，须由两个伴娘托着，白手套，手里拿着一束鲜花。一对新人相互拜堂。当仪式完毕后，来宾一一向新人道贺，然后入席就餐，菜肴极为丰盛。不过，20世纪八九十年代以来，印尼华侨的婚俗删繁就简，客家婚俗中原有的一些繁文缛节开始淡去，代之以一种宽松、自由、简单的婚俗方式，盛行茶话会或自由餐。在规定的时间内，来宾自由到席，自由退席。用餐时各人自拿一份餐具，自选菜肴，然后一边谈一边吃，场面随性自由。更有甚者，印尼有的地方的客家华侨，也有不少人结婚时不举行仪式、不设宴会、不请客，刊登一个结婚启事，然后双双出外旅游，就算是一对小夫妻了。这种礼俗受到当地人的影响和同化。①

（四）客家人"做寿"

生命至上。生命是万福之本，生命不存，福之焉附？中国人自古就将"寿"置于五福之首，"五福中唯寿为重"。人们追求身体的安康无恙、颐养天年，甚至期盼生命无限地延续，祈盼"长生不老"。生活中极多"延年益寿""延年永寿""延寿万岁"等字样的装饰图案。宋代时，寿字符就已有百种写法，出现了"百寿图"，形成了汉民族特色的福寿吉祥文化。

客家人"做寿"有特定的含义，即为老人庆贺生日。客家人以 60 岁为做寿的开始，古时在 60 岁之前一般不过生日。通过做寿来祈求健康长寿，是中国传统文化中尊老敬老美德的表现。

客家民间称 60 岁以下为"下寿"，70 岁为中寿，80 岁为上寿，90 岁为耆寿，百岁为期颐；民间还称 77 岁为喜寿，88 岁为米寿，99 岁为白寿。这些日子往往要特别庆祝一番。

比较特别的是，客家人过生日分男、女，称"男做齐头女做一"，即以虚岁算，男人 60 岁开始做寿，女人 61 岁开始做寿，以十年为一个单位。客家人特别重视兄弟姐妹关系，出嫁的姐妹要送鸡鸭红包给兄弟（其子女称舅）做寿。

客家"做寿"文化亦传播到海外，不少海外客家人保持此

---

① 周晓平：《客家人"过番"的历史动因及其生存构成——以印尼粤东客家华侨为重点研究》，《嘉应学院学报》（哲学社会科学），2018 年第 10 期，第 17—22 页。

習俗。

（五）丧礼

生与死，是人生的两件大事，尤其死是人生的终点，故而丧礼特别隆重，所谓"人死为大，葬之以礼"。

在客家社会，老人寿终正寝，回归尘土，孝子贤孙要在灵堂家祭，场面庄严肃穆；请和尚、道士唱念，旌表逝者功德，语气温婉缠绵；十番乐班奏唱《沐浴歌》《十二月古人》《十月怀胎》《拜血盆》等民间小调，唱词恳切，令人动容，感念养育之恩，表达世世代代不忘大恩的情愫。

海外客家人在葬俗方面传承祖地习俗，但也有所变化。华侨社会对葬礼颇为讲究，在印尼，各大中城市华侨团体都有由十来个专职人员负责的治丧部，专门料理丧事。（1）临终前准备，做寿衣、做寿材、做寿坟、做冥寿；（2）逝世丧礼，送终出厅下、买水叫号、落枕、报丧、摆孝堂守灵、装殓入材、吊孝探亲、成服祭礼、发引、醮三朝（死者在家中停尸三五天，死者家属披麻戴孝，跪拜号哭）、做七、出服、检金等均由亲友和治丧专职人员负责。一家有丧事，报上登讣闻，四面八方的亲友都会赶来协助料理。全埠华人送花圈、挽轴，包香仪，整个灵堂摆满花圈、挽联、挽轴。即使在这么一个特殊的日子，客家华侨在丧葬期间，也不忘忙里偷闲，晚上摆几桌麻雀，边玩边守灵。殡葬之日，死者生前好友一起来送葬，跟在灵车后面。墓地分为上、中、下三等，一般人居中、下等。上等者在墓场前部，有钱人才能享用，其墓地颇为讲究，墓上盖着小亭，亭内雕着龙凤和石人、大理石碑、石米拜坛，四周围铁栏杆。譬如三宝垄市华侨巨商黄建源的墓座，在三宝庙附近，占了一个大山丘；那里建有山门大坊祠、墓道、石人群、休息亭、花园，还专门雇几个工人守墓。这种丧葬方式，既有来自故乡的民俗，也夹杂了侨居地印尼的丧葬方式。①

海外客家人墓地碑刻也如祖地风俗。

如黄学科夫妇墓碑，上边刻着"道光五年，潮州府揭阳县梅岗都，清·考甲大学科黄公、妣孺人顺贵施氏之墓"。按照俗例，一般合葬碑若无志明先人生卒年月，虽说有志明立碑年月，却不一定能用来说明谁先去世，甚至可能是迁葬或者合葬后重新立碑年月。只是，这块黄学科夫妇合葬碑，墓碑刻着"道光五年"，即公元 1825 年，墓碑的中榜信息又是以"清"冠首，足可反映地方社会领袖带领大众延续的本朝认同；而造墓的规格遵循着夫妇合葬习俗，排名采取男左女右，也可证实那时代的当地华人还能毋改祖德，拥有具体的家族传承意识。若把墓碑和神主的表述方式结合，亦能发现当地社会的主流认知，并不觉得死者既属清朝而又奉彭国"钦授"会有矛盾。这样更能反映，在黄学科甲必丹时代的南海诸古国，各地方华人社会还是很传统，会把"朝"和"国"视为两个概念，而安于接受彭亨国主"钦授"的光荣。②

华南客家人常在墓碑和神主牌位尊称已故妇人为"孺人"，此墓碑亦称黄学科甲必丹夫人为"孺人"，可见此地相沿祖先旧俗。③ 即使娶了"番婆"，海外客家人依旧依照中华礼仪安葬，安以中文名字。

再以昔日老彭亨老北根老庙前边遗留的墓碑为据，其中咸丰元年（1851）的"陈大目"夫妇墓碑，上方横刻"儒士"两字，

---

① 周晓平：《客家人"过番"的历史动因及其生存构成——以印尼粤东客家华侨为重点研究》，《嘉应学院学报》（哲学社会科学），2018 年第 10 期，第 17—22 页。

② 王琛发：《英属以前彭亨华人史记：海洋经贸视域下的中外文献解读》，杨金川主编：《韩江传媒大学学院·学术丛刊》，2022 年，第 52 页。

③ 王琛发：《英属以前彭亨华人史记：海洋经贸视域下的中外文献解读》，杨金川主编：《韩江传媒大学学院·学术丛刊》，2022 年，第 58 页。

就能很清楚反映墓中的"清·考大目陈公，妣谥莲番氏"生前的身份；此外，志明"同治四年（1865）"的"皇清显考十九世名燕盛陈公"墓碑，是由"孝男开才，孝女丁X"立碑；又有同治五年（1866）袁连章夫妇碑，却说明"世居西陇乡"。这样便能确定，当时客家华侨家庭组成的社会中，地方上仍有儒家思想的教学与传播，其主流思想观念与文化渊源仍不忘世系的礼法规制，有些家庭可能还维系着原来的"世居"传承与宗族（或家族）义务，历代祖孙来往两地，而又在此终老，乃至入土为安。而不论是陈大目的夫人"莲番氏"，或者同治八年（1869）"嘉应显妣新女张母番墓"中的"新女张母"，这些妇女以"番"为姓而又拥有中文名字，应当便是文西阿都拉所说的民族通婚；她们生前为夫家传宗接代，要操劳华南家务也要操劳本土生计，逝世后是依照中华礼仪安葬，神主入祀惠潮嘉各乡祠堂，不论她们的后人如何开枝散叶，彼等共同在天之灵已经被尊为中华民族历代显妣。由此更可相信，在列圣宫庙内和庙前坟地清代遗迹，都是昔日长时间历史建构之遗痕，堪以表明华人先民在彭亨的历代传承。他们立的神位、墓碑，以及各种自我表述的方式和方向，投射出那年代的华人先民试图在南海诸邦实现安身立命的知识体系和思维模式，确立为何和如何在这里生于斯、长于斯、终老于斯。[1]

二、客家民居与饮食文化

（一）客家民居特色

土楼是客家民居的标志性建筑，是客家历史文化的一个载体，集中反映了客家文化的重要特征。客家建筑土木结合、外闭内

---

[1] 王琛发：《英属以前彭亨华人史记：海洋经贸视域下的中外文献解读》，杨金川主编：《韩江传媒大学学院·学术丛刊》，2022年，第41—42页。

敞、聚族而居三大特征是汉文化的集中体现。土楼的世俗空间充分显示了客家人的生存智慧和建筑艺术，是人与自然和谐、人与人和谐的典范之作。

永定土楼得到了国际专家的高度赞扬。

（二）海内外客家民居建筑文化的交流

很早之时，迁往海外的华人，为安居乐业，解决住房问题，将从祖地习得的建筑技术带到迁居地。建房的用材、格式都模仿祖地。西洋在建起中心站，使之成为东西贸易的一个大集散地。满剌加诸王也善于借明朝的声望和扶持来提高自己的地位，获得独立和发展，从而很快成为 15 世纪著名的国际市场。而且，满剌加诸王为了争取更多的中国人前往贸易和侨居，还采取税收优惠政策，对于从中国运来的货物免于征税。这就促使大量的中国人，尤其是东南沿海的广东人和福建人，当然也包括龙岩人，前往满剌加，或者经由满剌加前往南洋地区其他国家。"明代即以马六甲为对南洋贸易的中心，故中国商船均云集满内，每年初春顺西北季风南来，夏季则顺东南季风而返。其时，马六甲华侨大多来自闽省，男女顶结髻，习俗同中国，全城房屋，悉仿中国式，俨然海外中国城市。"①

后来，海外客家区建筑风格吸收西方及当地土著的元素，有所变化。这表明侨乡人民勇于突破现实因素的束缚，以积极谦虚的心态学习外国文化，以开放包容的心态接受外来文化，洋楼建筑文化表现了侨乡民众在跨文化交流中开放进取的精神。

例如，香港虎豹别墅、新加坡虎豹别墅、福建永定虎豹别墅是由著名的华侨巨商胡文虎、胡文豹兄弟精心建造的私人别墅，取兄弟二人姓名末尾之字而得名。由于胡氏兄弟以发明"万金油"起家，所以香港虎豹别墅又有"万金油花园"的美称。虎豹别墅是

----

① 宋哲美：《马来西亚华人史》，香港中华文化事业公司，1996 年，第 51 页。

永定"土楼王子"圆楼中
间大厅正堂，中西结合风格

二三十年代中西合璧的建筑物，以中式的瓦顶来装饰，材料选用
混凝土和红砖，以求坚固耐用，这种建筑方法称为"中式文艺复
兴"，即结合了西方的红砖外墙和中国式的飞檐、斜顶和装饰图案
为设计特色。整座别墅和花园外形都是中式设计，而内里则以西方
元素作主导，从布置、梯级、灯饰到窗户上的图画都是西式的。

由于客家人崇宗敬祖意识重，加之祖地还有亲人，故发了财
的客家人往往都会寄钱回祖地建房，"梅州旧时男丁年满十六就由
族人带出南洋谋生，通常留下一子在家侍奉老人。出洋兄弟事业有
成后，感念家乡祖屋风水庇护、父母养育和留守兄弟的尽孝，往往
寄钱回乡起屋，一方面通过改善居住条件表达对父母和留守兄弟的
感恩之情，另一方面也是出于照看房屋的便利，因而常采取兄弟联
合建房的做法。"① 同时把海外的建房理念加入其中，对客家祖地

---

① 林垚广、朱雪梅、叶建平：《主家在梅州客家民居中的屋式选择与变通策略》，
《建筑遗产》，2019 年第 4 期，第 1—11 页。

广东省大埔县泰安楼内长寿井

广东梅县"福智堂"

建筑风格产生了影响。

如闽西，近代西风东渐以来，一些漂洋过海见过世面善于创新的客家人，也把西式建筑风格和建筑材料应用于土楼建筑中。如著名的永定湖坑镇洪坑村的圆土楼振成楼，内环楼正厅正面有四根西洋式古典立柱，柱间设瓶式栏杆；二层回廊用精致的铸铁花饰栏杆，花饰中心为百合，楼内厅、井、栏多处使用水泥等洋材料。振成楼在建筑上的中西合璧鲜明地体现了客家文化与外来文化的交融。

不少华侨海纳百川，善于取长补短，将外国的建筑形式与客家传统民居结合并加以创新。比较典型的建筑如梅县西阳镇的联芳楼，是由旅印尼侨商丘麟祥、丘星祥兄弟于 1931 年动工兴建的。该楼除平面上沿袭了客家民居建筑中中轴对称的布局外，在外观上几乎完全改变为西洋风格。前面的洋式门楼、廊柱、花窗，以及里里外外的西洋浮雕绘画装饰，是汲取西洋建筑方面的优点，而后面又是传统的"三堂四横"的围屋，装饰图案亦为牡丹、凤凰等民族传统图案。此外，梅州市区内的万秋楼、达夫楼，大埔县城湖寮的蓝森堂等，都是典型的中西合璧的民居建筑。而民国时期由华侨投资修建的松口老街"繁荣路"骑楼，高大开阔、"洋"气扑面，颇具水城风格。其中四层楼高挂着英文浮雕的"松江旅舍"，更充盈着异国风情。[1]

（三）饮食文化

1. 客家饮食文化特色

民以食为天。饮食，是文化，是艺术，更是生存智慧。

闽粤赣是客家民系形成的重要区域，闽西龙岩是核心区，被称"客家祖地"，是客家文化的发祥地，也是客家饮食文化的发源地。随着客家人的播迁，客家饮食文化也传播到海内外，并且因地

---

[1] 杨宏海：《海上丝绸之路与梅州"客侨文化"》，张佑周主编：《客家与海上丝绸之路研讨会论文集》，光明日报出版社，2016 年，第 183—184 页。

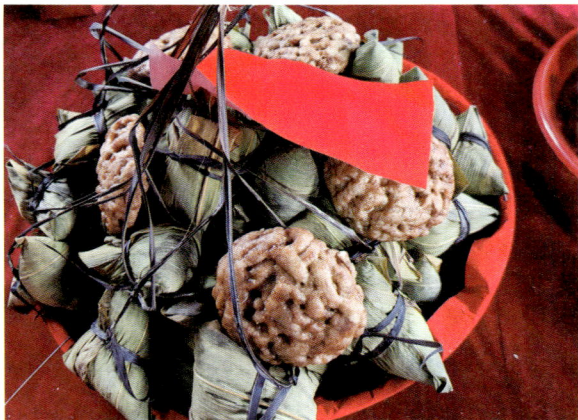

粽子发糕各有祈盼

制宜进行革新，形成丰富多彩的客家菜系，而各地的客家美食还保留有客家祖地饮食文化的许多共性，这是崇宗敬祖的客家人对传统味道的坚守与传承，是祖地的记忆。

客家人无论迁何处，都保留基本菜品，如干蒸鸡或盐酒鸡、菜干扣肉、油炸豆腐或酿豆腐、猪肉笋干、长寿面及鸡鸭鱼等；同时，能因地制宜，吸收原住地民众总结的经验，如迁到四川的客家人适应四川盆地空气潮湿使人体容易凝滞湿气的环境，学习川菜加辣的做法；再如迁居东南亚等地的客家人，在基本菜品不变的情况下，增加海鲜菜品；等等。

客家饮食文化重视礼仪，与日常风俗文化结合。客家人大部分的宴席蕴含团结的意义，宴席摆设也以圆造型为特征，美食品种以圆为型，蕴含团团圆圆、相互协作之意。

2. 客家饮食文化的海外传承发展

早期海外客侨，在生活上最大限度地保留客家和中华传统的习俗，同时又融合当地其他族裔的生活习俗，形成你中有我、我中有你的海外客侨习俗。客家饮食以粗、咸、野、烧、肥著称，适合早年从事开矿、开垦、种植等重体力劳动的客侨。由于南洋的热湿气候和独特的食材，移居南洋的客侨受异域民俗的影响，在传统的客家饮食风味中加入酸辣和煎炸，和当地饮食文化融为一体。

许多有机会前往海外旅游观光、学术交流、参加客属社团活动的人，对客侨饮食特征都有深刻体会。在海外侨胞较多的地方，经常可见提供客家盐焗鸡、梅菜扣肉、腌面、鱼丸等客家菜式的酒店、酒楼、饮食店及其广告，甚至在一些小镇，也同样可以看到客家菜馆的招牌。可见，客家菜在世界各地的传播甚广，名声甚盛。

客家海外社团历来重视饮食民俗的传承。2006 年，多个单位联合主办了"第八届《把根留住》端午节裹粽子比赛及品尝会"。新加坡丰永大公会在 2015 年 8 月 2 日隆重举行三邑楼落成揭幕典礼，随后，在新楼的中央广场举办盛大的客家美食节活动，三家会馆分别摆出源自家乡的各种美食，尽显风采，推介家乡菜肴与小食。其中永定会馆推出赫赫有名的特色美食芋子包、黑豆粄和糍粑。

客家社团还通过举办客家饮食文化讲座、客家美食走进校园等系列活动助推原乡饮食民俗文化的传承。如新加坡南洋客属总会经常举办客家文化方面的讲座，2015 年 5 月 16 日邀请客家美食家赖法源在客总大礼堂举办了题为《客家饮食文化面面观》的讲座。讲座内容十分丰富：客家菜的特征及其形成原因、客家酒文化、特色小吃"粄"及其变种、各地客家菜地方特色、汤文化及坐月子菜、豆腐与客家人的渊源以及客家菜如何创新改良等。新加坡永定会馆近年开展了客家文化走进校园的活动，向客家学生介绍客家文化，让学生现场品尝客家美食，亲身感受客家饮食民俗的魅力，达到客家文化薪火相传的目的。[1]

在服装方面，也表现出"西风东渐"的影响。梅州城乡昔日曾流行一种帽子称"荷兰帽"，是从印尼传过来的。西装、圆脚反

---

① 张佑周主编：《龙岩华侨史》，华南理工大学出版社，2020 年，第 360—361 页。

海外华人的祭祀礼仪和香烛摆设与客家祖地一样

领衬衫、夏威夷短袖平脚反领衫等，也丰富了梅州广大山区人民的服饰文化。华侨从国外带进来的自行车（南洋称为脚踏车），在五六十年前是梅州城乡先进的交通工具，当时还有"三枪牌"等名牌物品。与此同时，许多外国词汇进入了客家话中，如称领带为"拉西"，打球为"打波"，公共汽车为"巴士"，出租小汽车为"的士"，皮箱为"甲必"，干活为"做巴力"，小百货店为"亚弄店"，说快为"飞洛史"，等等。①

第七章 客家民间信仰与宗教

民间信仰是民俗的重要组成部分，是民众精神生活的一种表现形式。客家民间信仰属多神信仰，各种信仰和平共处，其规模和

① 杨宏海：《海上丝绸之路与梅州"客侨文化"》，张佑周主编：《客家与海上丝绸之路研讨会论文集》，光明日报出版社，2016年，第183—184页。

影响远远超过制度化传统宗教。

从现有客家民间信仰供奉的神灵看，主要有三种来源：

一是由中原带来，与中原汉族的民间信仰相同。受传统儒家思想的影响，有孔子崇拜、关帝崇拜、圣贤崇拜、祖宗崇拜等；还尊崇佛教、道教的各种神祇及各行各业的祖师神。

二是在客家聚居地山区环境中，产生新的民间信仰。如定光古佛信仰诞生于闽西客家，"梅溪公王"诞生在梅州客家，等等。

三是受闽越族"好巫尚鬼"传统的影响以及周边民系的影响，融合吸收他们的民间信仰。如莆田妈祖信仰传入客家地区，闽南"保生大帝"传入客家地区，漳州"开漳圣王"陈元光信俗传入永定与南靖交界的奥杳等。海外客家人也崇拜陈元光，如马来西亚柔佛州哥打丁宜县的开漳圣王香火，便是当地华民的公众信仰。此地正如缅甸陈家馆，延续着潮、客地区习俗，以"陈圣大王"或"陈圣大王公"尊称陈元光。当地华人居民仅属少数人口，按他们的集体记忆，"陈圣大王公庙"原址在柔佛河边的四色（天吉港）矿区，到1941年后，由于日军占领以及矿区没落，庙宇也随着大多数居民迁离天吉港，转移到龙宜路二十八碑。可就在那时，偏偏又遇上英殖把郊区华民驱赶到"新村"，圣王庙祀在1952年以后只得重新落户在小哥打新村。哥打丁宜民间有顺口溜说"街上阿婆，新村阿公"，前者指妈祖，而后者即指开漳圣王，其庙祀在小新村的小木屋重头开始，阅尽百年香火沧桑，依然受到四方膜拜，至今香火旺盛。

哥打丁宜"陈圣大王公庙"在2013年办过百年纪念。本庙原来最早香火渊源于中国何处，后人已经无从查考。不过，其庙方述史有云："据本庙前任主席梁万森先生阐述称，早在公元1928年梁氏偕其先祖母从中国南来，即定居于其先父梁柏裳老先生创办之

马来西亚华人供
奉的土地神"土能生
白玉，地可出黄金"

万兴洋货店，其二叔公梁谷欣老先生当时在本县天吉港开采锡矿，
经有十余载，在当年新四色地区就建有陈圣大王公庙供当地居民膜
拜。"依据新加坡方面的史料，梁谷欣是新柔两地客家领袖，嘉应
州人，他曾出任新加坡应和会馆总理，其间贡献良多，包括1923
年在客家五属义祠增办应新小学分校。由此证明，陈圣大王的香火
到达南洋锡矿区，也是众多客家矿区信仰的保护神。居民日常生活
出现疑难，也会找"阿公"求卜问签。[1]

　　当然，随着时代发展，受西方宗教影响，不少海外客家人改
信其他宗教了。

------

[1] 王琛发：《入闽开漳圣王佑南邦：清代以来南洋各国开漳圣王信俗》，马
来西亚道理书院出版，2020年，第69—70页。

一、客家民间信仰的特点

客家地区民间信仰神灵繁杂，多达千余种，根基深厚，其规模和影响远远超过制度化传统宗教。客家民间信仰属多神信仰，各种信仰和平共处，民间信仰有动物崇拜、植物崇拜、关帝崇拜、定光佛崇拜、公王和伯公崇拜、祖先崇拜、土地崇拜以及众多的人格神、行业神崇拜。由多神崇拜而形成的民间活动形式多样，如各地定光佛、伏虎禅师、欧阳真仙、田公元帅、魏侃夫、五谷真仙、惠利夫人等信俗，都开展各具特色的火热的庙会活动。

客家人的信仰活动，可用一句话概括："敬神。"老百姓信仰的是因果报应，善有善报、恶有恶报。①

客家人走向海外，带着祖先的文化特征前行。正如王琛发先生指出的，无论如何，下南洋先民不是脑子空白到达当地，而是带着祖辈文化的遗传去改变自己垦殖的土地，让脚下的新土地转化成为"我们拥有"的环境。其过程往往发生在先行者在新土地上顽强继续家乡文化，把原来没有生命与文化意义的土地进行相应的转变，再造本身熟悉的原乡文化。先民自己开垦当地的过程也是复原祖乡文化的过程。其文化景观的内容包括原乡神明信仰、乡音、服饰，也包括传说故事、儿童玩意等，这些元素交织出一幅当地无殊中原的印象，接引后来者实现华南诸多各姓族谱《迁流诗》或《认祖诗》中流传的"任君随处立纲常""早晚勿忘亲命语""日久他乡是故乡"等教导。如此，就南洋各地的先民的心灵，当地出现观音、妈祖、开漳圣王等信仰，实践其信俗，也就神恩如故的象征，灵应无殊旧时家园，照耀新的土地，让大众感觉他们的生命从此交

---

① 陈弦章：《民间信仰与客家社会》，九州出版社，2018 年，第 1—5 页。

融新土地。①

二、客家自然崇拜

"首先是天，其次是地，接着是动植物，然后是人体，而最后（迄今还未完成）是人的思维"，哲学家罗素《宗教与科学》一书这样概括各门科学发展的次序。这段话，同说明八卦来源的一段中国古语很有相似处，《易传》说："古者庖牺氏之王天下也，仰则观象于天，俯则观法于地。观鸟兽之文与地之宜，近取诸身，远取诸物，于是始作八卦。"其罗列之物，井然有序，依次是观天文、察地理、观鸟兽和取诸自身。②在动物和植物之间，人类的目光先是较多地投于动物，后来才逐渐地移向植物。

敬天地、崇自然、拜祖宗是中国汉民族民间信仰的基础。

（一）敬天地

1. 祭祀"上天"

这种理念随着客家海外移民传播到世界各地。客家人敬"上天"，可以在家中的天井以及户外任何可以见到天空的地方祭祀，只要摆好祭品，焚香望天祷告即可。在海外槟城，广汀人建的有100多年历史的罗浮山背的玄武山寺所供奉的"上帝公"，则是永定客家人最经常崇拜的神灵。永定客家人逢年过节都会祭祀"上天"，如果附近没有供奉上帝公的神庙，则大家都在土楼大门坪上"当天"摆设八仙桌和香案，祭拜对象就是"上帝公""玉皇公"或"天神老爷"。

2. 土地崇拜

"土能生万物，地可发千祥。"客家人有着强烈的土地崇拜意

---

① 王琛发：《入闽开漳圣王佑南邦：清代以来南洋各国开漳圣王信俗》，马来西亚道理书院出版，2020年，第77页。

② 转引自吴裕成：《十二生肖与中华文化》，天津人民出版社，1992年，第27页。

识，这种意识根源于中华民族历史悠久的农耕文明。在这文明中，土地在人们生存、繁衍和发展的过程中扮演着重要的角色。人们以土地神灵为表述的对象，在民居建筑、节俗礼仪、祭祀仪式、绘画演艺、庙会社戏、日常生活中以各种活动形式娱乐神灵，以安慰人类的精神，孕育出各式各样丰富多彩的土地文化。马来西亚客家人把这句话改为："土能生白玉，地可出黄金。"

民间的土地神崇拜，变化比较大。由原始崇拜中的土地大神，慢慢变为后来的小土地神、土地庙，也诞生了"土地公""土地爷""土地婆"的概念，称呼上也各种各样。

客家民间土地崇拜的设施及场所更为普遍：祠堂、墓地、山岭、山口、村落、户宅中、古树下，处处皆有。

客家人俗称土地公为"伯公"。客家的山神崇拜很典型，称"山伯公"。客家地区也建有"三山国王庙"。"三山国王"为粤东客家人信奉的守护山神，相传系广东省潮州府饶平县之中山、明山、独山之山神。石有圣灵，石伯公信俗也是客家人土地崇拜的一个表现。闽台的闽南人及不少客家人，称土地神为"福德正神"。在田头地角、屋前宅后、街头巷尾，设立小石碑或小石龛，上刻"福德正神"。客家墓地及其他祭祀活动中，还要同时进行"后土"祭祀。后土在祭祀者面对坟墓的右手边。祭祀者同样要烧香祭拜，俗称"后土龙神"。[1]

客籍华人把土地神带到东南亚之后，仍然依照原乡供奉形式，把土地龙神安奉在家中厅堂香案正下方。他们也把土地神信仰观念复制到番邦属地，他们亦尊重当地土地神，在拜原乡土地神外，也拜番地的土地神。如在马来西亚怡宝地区的客家人家中厅堂供奉的土地神，神牌文字一般分左、右两行竖式书（刻）写，左刻

---

① 陈弦章：《民间信仰与客家社会》，九州出版社，2018年，第217—226页。

"五方五土龙神"，右刻"唐番地主财神"。有的还在神牌左右书（刻）一副上下联语："五方财宝进，中外贵人扶。"从中我们可以看出，原乡土地神信仰经华侨传播到马来西亚以后已经在地化了。

另一种变化是，客籍华人把土地伯公信仰带到东南亚后，又将其与马来西亚的拿督公、泰国的本头公等本土信仰融合在了一起。他们常在屋前设置祭拜拿督公的小神龛，神龛联语为"拿神镇宅旺，督公保平安"。或在建筑物外、庙外、路边、树边等地设有"唐番拿督"或"唐番拿督神位"的小祠，有些在大伯公庙外设有拿督公坛，显示出拿督公也是一种土地神，只是其土地管辖的"境"可能更小些。如马来西亚沙白天福宫庙，是客家人建的神庙，供奉主神张公圣君，神案下祀奉了五方五土龙神，在庙宇左侧建有拿督公殿。这是典型的英灵信仰与自然信仰的和合，原乡土地神与海外本土土地神的融合。

客籍华人华侨在泰国的土地神信仰融合了本土本头公信仰。泰国本头公神祇位阶一般高于大伯公。若以本头公作为主神的庙，其他位阶再高的神也只能陪祀两旁。有的华人本头公庙，还附祀原乡土地公神，有些庙宇同时陪祀本头公与大伯公，如曼谷的客家关帝庙里，关圣帝君右边陪祀大伯公，左边陪祀本头公。[①]

（二）崇自然

1. 动物崇拜

客家人的动物崇拜大体可以归结为以下三种类型：

一是基于传统古老图腾的崇拜，如龙、凤凰、狮子、老虎、耕牛、青蛙等。

---

① 张佑周主编：《龙岩华侨史》，华南理工大学出版社，2020年，第363—364页。

马来西亚华人
虎爷信俗（王琛发
提供）

　　马来西亚华人社会谈起虎神信俗，一般首先联想到的就是宫庙供奉的虎爷。马来西亚的虎爷信俗，和许多文献记载的闽粤"打小人，祭白虎"虽然有传统渊源，但观念上是有变化的。从印度支那、泰国到马来西亚、新加坡和印尼等地，华人先民长期把虎爷供奉在庙中，特别是在华人开发地区过程，虎爷往往被请到代表地方华人历史文化的公庙中镇守地方，保护公众平安。所以，他们做的虎爷石像，有很多时候结合着石敢当的功能。在越南，有的虎爷就被称为"石敢当"，在北马华人最老的公庙广福宫，自 1800 年以来就被华人信仰的虎爷神像也是刻着"石敢当"三字。此地更因为客家、闽南后裔众多，更流行把原来虎爷石敢当的造型，结合着黑虎爷的印象供奉在庙中。黑虎爷即玄天上帝、保生大帝、张天师、武财神赵玄坛等神明的虎神坐骑或前导部属，被人们尊称为"下坛将军"或"黑虎将军"。

　　槟城的广福宫，自 1800 年奠定地位以来，成为马六甲海峡北方广东和福建籍华人共同信仰中心，也是历史上协调全体社会福利的机构，庙内的虎爷信俗，便是同时继承先辈白虎、黑虎传说，也

客家游春牛活动

同时融合广福虎爷信俗的具体体现。[1]

牛是农耕社会的重要角色，是古代的主要耕畜，是农家的重要财产。殷商甲骨文常见"犁"字，像牛牵引犁头启土之形。客家人平时对耕牛很重视，注重保护耕牛。

二是基于对生命敬畏的崇拜，如蛇的崇拜。

三是基于吉祥喜庆意愿的崇拜，如燕子、喜鹊、鸡、蜜蜂等。

2. 植物崇拜

在客家人的许多祭祀仪式中，五谷杂粮、山野植物都具有驱邪除煞的神秘功能，形成了历史悠久的巫术信仰传统，婚丧喜庆、岁时节俗等大礼中更是不可或缺。这突出反映了古老的客家农耕先民对粮食及其他植物的神圣崇拜，相信这些供给人类生命力、与生活戚戚相关的植物具有超自然的威力。

---

① 王琛发：《马来西亚华人虎爷信俗：闽粤融合的非遗内容》，《环球客家》，2022 年第 2 期，第 71 页。

客家文化 在海外

浙江云和县长汀村农耕文化展示馆带路鸡模型

客家榕树崇拜

客家地区植物崇拜现象有些与传说和植物本身的象征意义有关。例如，赣南、闽西、梅州一带端午节悬挂葛藤、菖蒲（象征祛除不祥的剑）、艾草的习俗，闽西汀州从五月初一开始就折桃枝插门前以避邪的习俗，各地客家祠堂庙宇后的风水林，榕树的意义（因其高大、生命力旺盛、根系发达，在民间被赋予可使身体健康的意义），水杉的神化，竹子文化（竹报平安），等等，许多与之相关的习俗都很有特色。

三、客家祖先崇拜

客家人的祖先崇拜属于人格神崇拜。祖先崇拜是一种在血缘亲属支配下的宗教活动。它以与自己有血缘关系的鬼魂为崇拜对象，崇拜者对祖先的鬼魂有祭祀的义务，而祖先鬼魂则被当作崇拜者的保护神受到祭祀。[①]

祖先崇拜的根源在于宗族观念强。客家人聚族而居，形成的最大特色是宗祠的普遍设立。

早期的海外侨民，以相同地域、同一民系为纽带形成共同组织，互帮互助处理身后丧葬、祭祀大事，这是团结族群力量和维系族群关系的最有效、最稳定的民间组织。因此，海外华侨社团组织草创时期也大多肇始于坟山管理、祠堂与庙宇祭祀。正如赖涯桥所说："坟山管理，则高度体现了客家人的敬祖、崇拜祖先的信仰思想沉淀和互助精神的发挥。"[②] 中华民族传统的祖宗崇拜在东南亚等海外侨区传承发扬。

最早在南洋地区成立的同乡祭祀组织应该是 1798 年成立的有

---

① 谢重光：《闽台客家社会与文化》，福建人民出版社，2003 年 9 月，第 84 页。
② 赖涯桥：《从新加坡客属会馆的变迁和发展看客家人在经济全球化环境下的自我转型与创新变革》，《南洋客属总会成立八十周年纪念》，南洋客属总会，2009 年，第 87 页。

上杭县稔田李氏大宗祠

汀州人（主要是永定人）参与的广东暨汀州会馆。其后于 1840 年前后，槟城和新加坡分别成立了有永定人参与的"槟城永大会馆"和"新加坡丰永大公会"。这些组织既是一个同乡社团，又是一个管理公家的机构。成立于 1908 年的"令金鄞江公会"则是汀州客家人在马来西亚半岛柔佛州令金古镇的秋祭组织。令金是马来西亚半岛南端柔佛州的一个古镇，早在 17 世纪就有人在令金河及其上游沙翁河两岸垦殖。令金河流入柔佛河入柔佛海峡，柔佛河两岸则是当年鄞江（汀州）客家人参与开采锡矿的地方。随着鄞江籍矿工越来越多，不幸去世而葬身当地者也越来越多。因此，令金鄞江公会成立后，在令金老义山建有鄞江同侨义总坟，安葬客死异乡的同胞，并且每年都在重阳节前后举行秋祭活动。

除了会馆外，经济发达的家族也和国内一样建祠堂。1864年，胡泰兴等胡氏宗亲在槟城发起创建胡氏宗祠，胡氏宗祠注册名称为"帝君胡公司",由永定下洋与厦门同安鼎美胡氏宗亲联合创办。宗祠正厅安奉宋肇基祖八郎公胡府君暨妣黄、陈孺人神主,宗祠大厅堂联"同本同源同安衍派,永传永远永定肇基",横匾"百代瞻依"。门联"安镇槟城长忆同安鼎里,定思木本常思永定下洋"。永定下洋安定堂与鼎美敦睦堂组织,同附设在胡氏宗祠内。胡氏宗祠为大公,下洋安定堂与鼎美敦睦堂为小公。按帝君胡公司章程及宗教首条即"奉祀祖先念八郎公及祖婆以及关帝君",次为"联络族人感情及谋族人之福利",公司对先人坟墓祭祀极为重视,每年举行春秋两祭。日期为农历正月十三日,五月十三日,七月十五日及冬至日。①

　　海外客商之所以会不遗余力策划和参与原乡的宗族复兴,重要的原因之一是他们保留着上辈传递下来的儒家文明传承集体记忆。陈达在研究南洋华侨对家乡所产生的影响时,提出南洋的侨民是其原乡社会生活方式变迁的原动力,譬如,在华南侨民的社区里,人们一方面相信去世的先祖具有操纵后代子孙祸福的权力,一方面又相信做子孙者对于祖宗有祭祀的义务,两者结合就促使了侨民对家庙的建造、坟墓的修筑及祭祀的典礼。②

　　海外客家人在东南亚地区建立祠堂的不少。正如王琛发先生指出的,群体在异乡重建家乡神明祠庙,可能表达这个群体身世特征,也是他们在异乡落实共同传统文化的形式。任何大小群体在一个地方建庙祀神,其实就是从视觉上、活动上以及组织上统合信众共同体的神明印象,通过信仰活动传承内涵的文化因素、社会意识,以及传统价值。现在的开漳圣王庙,虽然无从发现当初文物,

---

① 张佑周主编:《龙岩华侨史》,华南理工大学出版社,2020年,第365—367页。
② 陈达:《南洋华侨与闽粤社会》,商务印书馆,2011年,第133页。

但它的庙址在巴达维亚北方大海通往内陆的大河边，位处东岸河泥冲积地带，本来就是接驳入港进出河道上下货的策略位置。所以后人口述，当时有一批人数相当的陈氏宗亲，在邻近处聚族而居，并且靠海运维生，因此便在河边建祖祠。后来同一区域也有其他陈姓宗祠出现，族人都有说是在河海边建造码头，雅加达甚可能是最早湮没的例证。

最重要的是，这里头也可能透露着早期的社会变迁讯息。这些人可能是集体南迁。他们的社区，不再是明代中叶海商或舟人社区的性质，不必年年轮流在两地或更多地方航行迁流。他们是因着战乱，按照中华民族传统的开枝散叶、开疆拓土模式，遵守着中华各宗族族谱的《迁流诗》教导的观念，还抱紧了认同"明朝"的概念，自认是撤退向南明江山的边缘，到达无人之境，或暂居他人国度，开发垦荒。先民因着久留之念，也因着要继承传统，共同奉祀家乡神明，首先就缩短自己与原乡心灵距离。客观上则象征文化迁移，化异地为故土之伸延。落实宗祠等建设，即能表达新家园无殊旧乡风。①

海外儒商的"中华文化"情结使其重视子女的中文教育，不愿意子女数典忘祖。尤其是早期移居东南亚的老华侨，一直保持着思念故土的情结。②祖先崇拜情结是海外华人凝聚家族和社群的重要途径。在东南亚乡村的很多华人或许已经生活了五六代，在语言、穿着、生活方式、价值观等方面已经完全当地化，他们家中唯一仍然保留华人特征的可能就是摆在客厅的祖宗神龛，这种源于原

① 王琛发：《入闽开漳圣王佑南邦：清代以来南洋各国开漳圣王信俗》，马来西亚道理书院出版，2020年，第28页。
② 庄国土：《华侨华人与中国的关系》，广东高等教育出版社，2001年，第358页。

客家文化在海外

126

《认祖诗》

骏马登程往异方，任从随处立纲常。
旅居外境犹吾境，身在他乡即故乡。
朝夕勿忘亲命语，晨昏须荐祖宗香。
苍天有眼长垂佑，庇我儿孙总炽昌。

四十八字黄氏祖训

官 不 忘 民 ， 民 不 忘 本 ；
贫 不 失 志 ， 富 不 忘 贫 ；
堂 正 诚 实 ， 廉 洁 清 贫 ；
勤 劳 俭 朴 ， 诸 事 严 谨 ；
孝 敬 父 母 ， 善 待 他 人 ；
自 强 不 息 ， 造 福 子 孙 。

福建黄氏好家风   江夏黄氏精神

爱国 自强，   忠：精忠爱国
至孝 睦族，   孝：孝敬长辈
勤俭 敬业，   义：仁义待友
乐善 好施。   和：平和人生

迁往外地的黄
氏《认祖诗》

乡的祖先崇拜已经远远超过原乡。[1]

　　海外客家人祭祀的仪式，也以祖籍地仪式为范本。如 2012
年 10 月，兴宁刘氏总祠修建完毕，马来西亚派出庞大的祭祖指导
团，回到原乡举行了较为繁杂的祭祖仪式。首先，祭祖的祭品采
用"整猪""整羊"（挖去五脏只留整条躯壳当作祭品）以及"五
珍"等。其次，祭祖安排两位礼生，以站左位者为正，站右位者为
副。正礼生主唱礼；副礼生主读祭文。第三，祭祖指定执事两人，

[1] 曹云华：《变异与保持：东南亚华人的文化适应》，中国华侨出版社，2001 年，
第 280 页。

各立祭坛左右，在祭仪中负责酌酒、传香等。第四，祭祖祭文内容规范成三大部分：第一部分写明祭祀的年月日，即所谓"岁序"；第二部分写明参祭者人员世辈和名字；第三部分写"祖宗业绩，福德无量，庇荫裔孙，奕世其昌"一类的祝颂词，最后都必须写上"飨飨"两字，以示祭文的结束。最后，整个祭祖仪式贯穿"三跪九叩"的"三献"（按照中国传统古礼，"献馔"与"献香""献酒"合称"三献"）礼。①

在客家地区，祭祀最隆重的仪式是"猪羊喇叭"，"全猪全羊"代表物质的，"喇叭"乐队代表精神的。另外就是"焚香点烛烧纸钱"。东南亚一带的客家人在祭祀祖先时，都会给祖宗多烧些纸钱。古有"纸灰化作蝴蝶飞"诗句，上杭产"双合纸"焚烧后在空中如蝴蝶翩翩飞舞，后人认为是远方的祖宗收到了他们敬奉的纸钱，所以上杭土纸在海外市场享有盛誉。②鸦片战争后，"闽属上杭、汀州、连城、永定及韩江流域制造之纸，每年运来汕头，向通商口岸及台湾、香港、南洋、暹罗、安南出口者，年产值三四百万之巨。"③

四、圣贤崇拜：大伯公与行业祖师

对于中国人来说，儒学不仅是一种理论体系和观念形态，更是一种信仰的支柱和生活意义的依据。这种信仰，形成中国人的祖先崇拜及圣贤崇拜。祖先崇拜属于人格神崇拜，除祖先崇拜外，人们还推及先贤崇拜，推崇他们的忠义事迹。

---

① 何小荣、周云水：《论海外客商对原乡村落传统文化的复兴》，《贵州商学院学报》，2017 年第 1 期，第 62—69 页。
② 钟巨藩：《刍议闽西客家祖地与海上丝绸之路的关系》，张佑周主编：《客家与海上丝绸之路研讨会论文集》，光明日报出版社，2016 年，第 55 页。
③ 《六十年来之岭东纪略》，1925 年 5 月汕头出版。

马来西亚
马六甲宝山亭
供奉大伯公和
圣母妈祖

随着时代的发展，后世尊崇之"圣贤"及所崇拜的对象越来越广泛。正如有学者指出的，中国自古就是个礼仪之邦，历来就讲究崇德报功，饮水思源，只要有人为民众做出了卓著功勋，具有高尚的道德情操与非凡的才能技艺，社会及民众都会由衷地尊崇他、纪念他。

1. "唐人"与"本头"

常见海外客家自称或在碑刻上书"唐人"与"本头"字样。这也是有出处和含义的。

彭亨华人在 18 世纪自称"唐人"，以"本头"称谓自己所在的开拓区域，如此观念其实并非彭亨个别现象，应是当时整个海域的共有观念。由彭亨海路东进，对面是加里曼丹大岛，当地兰芳公司集体经营的地方社会，也是把领导称为"大唐总长"。从泰国至越南南部，更不少见各地华人常自称"唐人"而据有"本头"公庙，他们几乎都是以公庙公共机构凝聚集体意识，称呼主祀神明"本头公"，维持规范秩序与处理大众福利的功能。包括马六甲海峡以北，英属槟榔屿"唐人"共同奉祀开埠大伯公，也是称呼原来庙祀所在的岛屿为"本头公屿",并称闽人组织大伯公会建祠所在巷子为"本头公巷"。①

参照宋朝朱彧撰写的《萍洲可谈》,"唐人"的指称可谓是由唐而宋,延续至今。《萍洲可谈》书中解释何以西北诸邦多称"汉人",而南海诸邦多称"唐人",是说前者渊源于汉朝朝令很早交通西北各国,后者则是唐朝更多通达南海诸邦的结果。②清朝时,王士禛曾在礼部负责外务,他撰写的《池北偶谈》提及各国来使多称"唐人",则解释"盖自唐始通中国,故相沿云尔"。③

2. "大伯公"崇拜

东南亚客家信仰圈普遍流传"大伯公"信仰,它崇祀的神灵是开发先驱英雄。马来西亚槟城海珠屿"大伯公"信仰在东南亚具有广泛而深远的影响。"伯公"概念主要出自永定客家人之口。

据海珠屿大伯公史略,早在清乾隆初年,18世纪中叶,相传祖籍永定的塾师张理,携大埔铁匠丘兆进,永定烧炭工马福春,乘帆船漂至槟城海珠屿。登岛屿后,三人一起开荒拓殖,结拜兄弟,朝夕相处。丘、马二公忽数夕不见张公,到海滨寻找,发现张公坐化于石岩上。于是,丘、马二公就地葬张公于石岩之侧,竖碑"开山地主张公墓",神祀张公。后来,丘、马二公先后逝世,马公葬丘公于张公墓志右侧,竖碑"大埔丘兆进公墓",邑人葬马公于张丘二公墓之下,竖碑"永定马福春府君墓"。"那时候槟岛地方,榛莽初启,触目荒凉,出来之民迷信神道,且当开辟之初,疫疠常生,同侨慕三公之义复冀求庇护,同以神祀三公,统尊之为大伯

---

① 王琛发:《英属以前彭亨华人史记:海洋经贸视域下的中外文献解读》,杨金川主编:《韩江传媒大学学院·学术丛刊》,2022年,第39页。

② 〔宋〕朱彧撰,李伟国点校:《萍州可谈》,中华书局,2007年,第142页。

③ 〔清〕王士禛著,文益人校点:《池北偶谈》,齐鲁书社,2007年,第415页。

马六甲纪念甲
必丹的宝山亭

公。"① 到清嘉庆四年（1799）在三公墓旁建大伯公庙。清嘉庆六年（1801）在今槟城大伯公街建福德祠大伯公庙，为海珠屿大伯公庙之行宫。

张、丘、马三公死后英灵化身为"大伯公"，显然是由原乡的土地神"伯公"信仰发展而来。

槟城永定邑人是参与管理海珠屿大伯公庙的重要力量。永定华侨先后在槟城组织成立槟州永安社、北马永定同乡会，每年组织同乡拜祭大伯公。大约成立于20世纪20年代初期的永安社，创立

---

① 邝国祥：《海珠屿大伯公考》，《马来西亚槟榔屿海珠屿五属大伯公庙建庙两百一十二周年纪念特刊》，2012 年 8 月，第 29 页。

之初就以"祷神祈福，共谋邑人团结"为宗旨，后来在《永安社章程》第二条"宗旨"中表述更为详尽——"本社以联络同乡感情，每年农历正月初十日，为纪念海珠屿大伯公庙，发展公共利益为宗旨"。①

槟州永安社因感念海珠屿大伯公威灵，保佑合境平安，经营生意者祈求事业顺利，特订每年农历正月初十在大伯公神案前庆灯聚集，当众掷笅决定炉主一人，协理二人，任期为一年，当日下午一时设联欢宴会。随着大伯公威灵益彰，永安社的信众越来越多，拜祭规模越来越大。1962年以前参加宴会人数六七百人，自1963年后连年参加宴会人数增至一千余人。每逢农历正月初六，炉主及协理齐集永定同乡会出发本坡向永邑同乡题缘（开销宴会及拜祭一切费用），初八购置应用之物，初九下午二时将鸡鸭、生猪、菜料、杂物、盘碗用具、桌椅等运往海珠屿大伯公庙。当晚十时，在大伯公神案前清炉、宰猪。初十上午十一时，庆灯拜祭，并掷笅明年度炉主及协理，下午一时至四时止，设联欢宴会，全部家乡风味，筵开百余席。②

槟城海珠屿大伯公已经发展成为东南亚普遍的客籍华人大伯公信仰。除槟城外，彭亨州北根和怡保等地也有大伯公庙宇的建立。怡保的大伯公庙是1872年由一帮客籍锡矿人从海珠屿大伯公庙引进香火神灵，安奉于坝罗近打河畔的一间小庙宇里，1894年向英政府申请在现址建庙。新加坡丹戎巴葛海边的"望海大伯公"福德祠建于1844年，据悉，早在1819年即有此大伯公庙。清咸丰十一年（1861）重修庙宇碑记刻有"应和公司"与"丰永大公

---

① 北马永定同乡会：《北马同乡会新会所开幕暨42周年会庆青年团9周年纪念庆典特刊》，1992年，第133页。
② 胡育文：《永安社史略概况》，《北马同乡会新会所开幕暨42周年会庆青年团9周年纪念庆典特刊》，1992年，第128—129页。

连城姑田第一公王庙

司"各捐款五十大元，为捐款名录中之最高捐款者。应和公司、丰
永大公司分别是应和会馆、丰永大公会之前身。应和公司由嘉应五
属组建，丰永大即丰顺、永定、大埔三县的简称。此客家八属客家
人共同组织管理"望海大伯公"福德祠。庙中高悬着一匾额"福荫
群生"，上款写着"光绪癸卯年孟冬之月吉旦"，下款则是"客社
八邑众商绅士等同立"。此外还有联语数副，其中有永定信众敬赠
两副对联及落款如下：

> 面海背山万顷洪波频拜舞，
> 朝灵思普十方士庶沐鸿庥。
> 福被华商咸推广大侔天地，
> 德绥异域莫测高深逾海山。
> 　　　　沐恩永定合邑众弟子等合敬

笔者家族大厅神桌右边设药王神位焚香供奉

　　由此可知"望海大伯公"福德祠在海外华人心中的地位。

　　新加坡的大伯公庙不少，除了历史最悠久的望海大伯公庙之外，还有梧槽大伯公庙、直落亚逸海唇大伯公庙、水龙头大伯公庙、恒山亭大伯公庙、龟屿大伯公庙、水仙门大伯公庙和芽笼大伯公庙等。大伯公不只被供奉在福德祠庙里，也被供奉在其他庙宇、会馆和坟山等场所。①

　　马来西亚学者在考证彭亨列圣宫历史、伯公庙遗址及华人甲必丹入主场所后指出："若从信仰文化的角度去说，列圣宫显然依照着中华传统先贤祠或忠烈祠的概念，是历代甲必丹入主的场所，而不是家祭的场所，所以其最早的黄学科神主牌位，一直到后来的郑昌俊以前，所有甲必丹牌位都是个人，而非夫妇牌位。这一点，通过黄学科夫妇合葬墓碑，更可反证。所以由此而言，从整体彭亨

① 张佑周主编：《龙岩华侨史》，华南理工大学出版社，2020年，第363—364页。

华人历史叙述需要的完整的结构，这些甲必丹是如何成为甲必丹而最后入庙接受公共祭祀，相比起何以他们必须是进入列圣宫，后面的解释显得重要。"①

3. 公王崇拜

在客家民间信仰中，有一个最为典型、最纷繁复杂的信仰，那就是"公王崇拜"。

在客家地区，民间各村都有"公王"。"公王崇拜"还随着客家人的播迁，流传到港澳台等地及马来西亚、印度尼西亚、泰国等东南亚国家华人中。

最早跟随永定客家人闯世界的神灵是具有地方保护神职能的公王和伯公。与社神崇拜相比，公王多为人格神，而且神坛与庙宇这两种供奉形式都很普遍。神坛都设在村落的水口，面朝溪流，或设于村口处，一般都在大榕树或水杉树下。如永定高头的民主公王、永定湖坑洪坑村的公王及永定下洋翁坑美村水口的民主公王等。伯公则每个自然村都有很多个，村子边上险峻的山崖、古老的大树下、村道的桥头、村中的水井边和较大面积的山间地头随处可立，分别被称为石伯公、树伯公、桥头伯公、井伯公、田头伯公等等。如永定下洋翁坑美村，就有山磨石伯公、桥头伯公、井伯公、冷水坑伯公、赤姑塘伯公等十几座伯公坛。

为什么在客家山村随处可见、很不起眼的公王和伯公能够最早跟随客家人闯洋呢？这是因为，从客家地区往外迁徙的客家人，尤其是漂洋过海到台湾以及南洋各地开发垦殖的客家人，在异地筚路蓝缕、以启山林之初，既要面对险恶的环境，又要忍受思亲思乡的痛苦煎熬。他们都希望有天助神助，希望有神灵关注，可以祈求

---

① 王琛发：《英属以前彭亨华人史记：海洋经贸视域下的中外文献解读》，杨金川主编：《韩江传媒大学学院·学术丛刊》，2022年，第51页。

幸运降临。但他们在异地创业之初，既没有经济能力建起庙庵，也无法从遥远的原乡将神灵分灵带去，因而最常见的办法便是在垦殖地或新居地设立伯公或公王等原乡的地方保护神。因为公王和伯公的设立比较简易，无须建庙也无须分灵，只要选定一块风水宝地，或依岩石，或傍古树，或临清溪，竖起一块石碑或砌起简易的神龛，举行简单的开光祭祀仪式就可以了。[①] 在闽西客家地区，民主公王信仰的地域比较广，主要分布在连城、永定两县，后流传到漳州市南靖县西部的客家地区并传播到台湾、东南亚等地。关于民主公王的原型，这里的传说是：民主公王原来是一位保民一方、为民除害的武举人，名字叫明福。明代正德年间，他为了反对地方官员鱼肉百姓和防御外敌的骚扰，组织建山寨、筑土楼、训壮士，保民安居乐业。正因为他兢兢业业、廉洁奉公、为民造福、功德无量，其死后当地民众为了歌颂和纪念他，特立庙塑像供奉，被明正德皇帝朱厚照敕封为"东山福主民主公王"。[②]

4. 行业祖师崇拜

行业祖师崇拜是民间信仰中的一大分支。这一名人崇拜现象，愈到后世，演化愈烈，以至三百六十行，几乎行行都有圣人这一保护神。正所谓"三百六十行，无祖不立""行行都有祖师爷，业业都有守护神"。如医圣张仲景、药圣孙思邈、书圣王羲之、画圣吴道子、酒圣杜康、茶圣陆羽，还有木匠奉鲁班、纸业奉蔡伦等。目的都是祈求在自己行业里精益求精，造福大众。

客家地区最推崇的是药王仙师。孙思邈，唐代医药学家，从35岁开始长服灵芝，101岁无疾而终，用自己的一生见证灵芝的长寿之道，著有《千金方》，被后人称为"药王"。

---

① 张佑周主编：《龙岩华侨史》，华南理工大学出版社，2020年，第107页。
② 陈弦章：《民间信仰与客家社会》，九州出版社，2018年，第191—195页。

浙江松阳县大东坝镇客家古村后宅村感应佛堂供奉的"四眼孔子"，村民于清康熙年间由福建上杭县迁此居住

《汀州府志》记载，在登俊坊建有"药王庙"。笔者在户外登山时发现，海拔 1772 米的闽西祖地第五高峰连城赖源南山顶上立有药王庙。[1]

大约在 19 世纪中叶就抵达荷属东印度巴达维亚（今雅加达）的永定大溪游氏宗亲，发挥永定家乡药铺行业优势，在雅加达大街小巷开中药铺发展基业。为了医药事业在异邦顺利发展，他们带去了家乡的药神，在闹市购置一间店面，楼上建立药王庙，供奉药神，香火一直很旺，成为雅加达永定医药人士的集体精神寄托。苏哈托时期曾一度被禁停，如今又得到恢复。值得一提的是，一般行业神庙宇只具有进香膜拜许愿的普遍功能，而该庙宇利用药王神祇的神职功能向信众提供独特的求签问药服务，庙里签筒备有药签

---

[1] 陈弦章：《民间信仰与客家社会》，九州出版社，2018 年，第 99 页。

若干，墙角一旁有对应签号的药单，每单都写了详细的多味中药名称，若信众要治病问药，只要在药王神前许愿求取药签，对号求取药单，按药单到药铺抓药煎煮，病人服下，据说还是相当灵验的。①

五、客家文武圣崇拜

在民间，孔子被尊为"文圣"，而关羽则被尊为"武圣"，形成了中华民族"文拜孔子、武拜关公"的传统文化格局。

1. "文圣"

儒学是中华传统文化的集中体现，创立者孔子，生于公元前551年，名丘字仲尼，是春秋时期著名的思想家、政治家、教育家、伦理学家，具有至善、至美的人格魅力。经历代统治阶级的晋封，孔子获得了无与伦比的至尊地位，被尊称为"大成至圣文宣王"。孔子也因此成为君子人格、文化昌盛的象征。

作为特别重视耕读传家的客家民系，与汉民族其他民系一样，"寒窗苦读，考取功名"是每个家庭、家族的最高价值观。这种理念随着客家人的迁徙而播迁海外，至今东南亚及世界各地的一些华人学校、社团、家庭还敬拜孔子，表达对"万世师表"的敬意。

2. "武圣"

"儒称圣、释称佛、道称天尊，三教尽皈依"，关公是唯一儒道佛共尊的神圣。

民众信奉关公是因关公的仁义，商人信奉关公是因关公的诚信，军人信奉关公是信奉关公的忠勇，政府信奉关公是因为关公的"大一统"忠义思想，有利于国家统一安定。关公成了无所不包、

---

① 张佑周主编：《龙岩华侨史》，华南理工大学出版社，2020年，第367页。

马来西亚
关帝庙

马来西亚
华人供奉的关
圣帝君

海外华侨
回永定大溪迎
"轿上读书郎"
关帝

无所不能的"神灵"。

关公一生所体现出来的"忠、义、仁、勇、礼、智、信"，是关公文化的精髓，也是关公精神的核心，为几千年来海内外炎黄子孙所推崇敬仰。客家作为迁徙族群，家族文化保持完好，重视族群团结，特别讲究"忠、义、仁、勇、礼、智、信"，故在客家地区，关圣崇拜比较普遍。客家地区最为大型的"关帝巡游"当属永定大溪乡的"迎关帝"活动，这是当地最大的民间信仰活动。客家人注重耕读传家，关公手握书卷的塑像很合客家人的思想。大溪人亲切地称之为"轿上读书郎""读书不倦的关帝君"。大溪是侨乡，在海外的乡亲很多。关公文化的交流开阔了大溪人的眼界，也联络了大溪人的感情。除了组织关帝巡游台湾外，大溪民众以关公为纽带交流最多的是东南亚。

关帝文化作为一种民俗文化，已成为中华民族传统文化的重要组成部分，得到海内外华人华侨的普遍认可。海外华人对关公的崇拜是一道独特的文化风景线。在亚洲的韩国、新加坡、日本、越南、马来西亚、菲律宾、泰国、缅甸、印度尼西亚等国，在北美的纽约、旧金山等地，都建有关帝庙。各地华人华侨热衷寻根问祖，每当本土的知名关帝庙举行祭祀大典时，世界各地的代表踊跃参加祭祀，形成巨大的盛会。

六、客家妈祖崇拜

"妈祖"，又被人们称为"天上圣母""天后"，在我国民间被奉为救苦救难的海神。妈祖崇拜发源于福建莆田地区，这一民间信仰在不断传播后，进入到客家地区，在客家地区也被广为祭祀。客家地区一般称妈祖为天后或天妃，很少称妈祖。永定高陂、湖坑、陈东一带林姓家族亲切地尊称妈祖神为"姑婆"，称呼也显得很独特。湖坑镇土楼小溪边上，有座林姓家族建造的天后宫，直接

长汀县汀州天后宫（陈慧钰摄）

就命名为"姑婆庙"。长汀人以客家话称为"妈祖娭哩"。

根据田野调查，到目前为止闽西龙岩市境内共有 515 座妈祖宫庙及祭祀点。龙岩处在崇山峻岭之中，远离海滨，但妈祖信仰却遍布闽西大地。其密度之大、数量之多仅次于妈祖诞生地莆田，让人赞叹。

1. "汀州妈"的诞生

台湾的妈祖有三种称呼：从莆田直接传去的称"莆田妈"，从泉州传去的称"泉州妈"，从汀州传去的称"汀州妈"。可见汀州客家妈祖崇拜的影响力。

据学者考证，长汀三圣妃宫应是汀州最早的妈祖庙，它是经

《天妃灵应之记》碑

由汀江至韩江航线的沟通，由潮州传至汀州的。宋《临汀志·祠庙》载："三圣妃宫在长汀县南富文坊。及潮州祖庙。灵惠助顺显卫英烈妃、昭贶协助灵应慧祐妃、昭惠协济灵顺惠助妃、嘉熙间创。今州县吏变运盐纲必祷焉。"

闽西客家人为从汀江下潮州、去台湾、下南洋平安，祈求妈祖保佑，建立了众多的妈祖宫庙。

2. 妈祖的海外传播

郑和、王景弘下西洋，对妈祖文化的海外传播功劳很大。从史料看，王景弘与郑和下西洋时，尊崇祭祀妈祖天妃是重要活动，同时向海外传播妈祖信俗。

有明一代，明太祖洪武、明成祖永乐两个皇帝为妈祖敕封，影响巨大。祭祀妈祖、传播妈祖信仰成为郑和、王景弘下西洋船队一项重要活动。

明永乐十四年（1416）《御制弘仁普济天妃宫之碑》文中说得明白："仰惟皇考高皇帝肇域四海，幅员之广，际天所覆，极地所载，咸入版章，怀柔神人，幽明循职，各得其序"；"联承鸿基，勉绍先志，罔敢或怠。抚辑内外，悉俾生遂，夙夜兢惕，惟恐弗逮。恒遣使宣教化于海外诸番国，导以礼义，变其夷习"。郑和等所立之《天妃灵应之记》碑还说及："皇明混一海宇，超三代而轶汉唐，际天极地，罔不臣妾。"①

郑和下"西洋"船队是由木帆船组成的，在机械动力系统发明之前，帆船以自然风力为主要动力，下"西洋"船队虽然配备有罗盘针等当时先进的航海仪器，但还需要选择某个适当的港口候风，利用东南沿海规律性的季风，借风航行。所以，候风地点应选在刘家港南下"西洋"的路途上且靠近南海的某一港口，福州港是唯一合适的地方，除具备诸多优越条件外，这里还是福建政治、经济、文化中心，经此可以辐射全省各地，包括泉州等港口。远航船队可以在此休整、补给、练习，还可以收罗各类人才，加之距离祭拜海神妈祖的故地不远，可以从事宗教活动，为远航顺利祈福。船队来到这里，一则可以让船上工作人员就近探亲；二则可以维修船

---

① 〔明〕巩珍著，向达校注：《西洋番国志》，中华书局，2000年，第33—53页。

只，补充粮食、淡水等物质；三则可以在此祭拜妈祖，祈求妈祖的保护，能让船队顺利完成远航任务；四则等待季风的到来，为下"西洋"作准备。[1]

妈祖信俗的传播是双向的，一方面，已有妈祖信俗的客家区人们将妈祖信俗向海外传播；另一方面，华侨又将妈祖传入还没有妈祖信俗的家乡祖地。

明末清初以后，福建广东大量民众走向东南亚，出现"下南洋"热潮。在闽西，永定、新罗等县区特别多。这些闽西民众来往两地，不少是妈祖信仰者，因此也就成为妈祖信仰的传播者。福建省著名侨乡永定下洋镇的中川汤子阁天后宫，以华侨为主捐资兴建，其中的楹联也在表达华侨及侨眷的心声："满耳松涛，风护征航通四海；漫山竹影，雁传归讯值千金。"家人们祈求航海保护神妈祖能保佑漂洋过海的亲人平安往来，情真意切。在闽西众多天后宫中，有不少与漂洋过海的华侨有关，许多是华侨捐资兴建的。

七、佛道与其他信仰

客家民间信仰的特点是包容混杂。从目前已有资料看，主要有佛教、道教、儒教、天主教、基督教等五种，大多数客家人信佛教，但许多祭拜仪式又是道教的，建立庙坛最多的又是儒家倡导的先祖圣贤。信众表现的是既信佛又信道，而又笃行儒家学说，形成了"儒门释户道相通，三教从来一祖风；释道从来是一家，两般形貌理无差"[2]的理念及"菩萨与神仙齐餐，祖先与鬼神共祭"的景观。

---

① 刘锡涛：《郑和下"西洋"时间地点考论》，《东方论坛》，2013年第3期，第14页。
② 福建省宗教局政研室编：《宗教政策与宗教知识选编》，第152页。

北马华人公庙广福宫（王琛发提供）

1. 观音崇拜

据专家考证，佛教传入闽西汀州有千余年的历史，第一座佛寺为开元寺，创于唐开元二十四年（736）。佛教中对客家地区影响最大的是观音菩萨，又作观世音菩萨、观自在菩萨、光世音菩萨等，从字面解释就是"观察（世间民众的）声音"的菩萨，是四大菩萨之一，全称是"南无大慈大悲救苦救难广大灵感观世音菩萨摩诃萨"。

客家地区有许多观音殿，几乎座座土楼民居，每个家庭都敬奉观音菩萨。在自然界的灾变与人间社会祸难不可能消除的情况下，观世音菩萨就是人们心中永远的信仰希冀，"慈眼视众生，福聚海无量"。

海外客家建有许多观音殿，许多家庭、店铺、会馆都供奉观

海外华人供奉的观音神像

新加坡佛牙寺

马来西亚华
人仙四师爷信俗

音像。

例如，各地往来槟城海商和当地闽粤居民，最早是在 1800 年
以前向邻近各埠筹集捐款，共同建设广福宫，作为公共的信仰与福
利机构。至今，广福宫还是主祀着观音菩萨，延续了《妙法莲华
经》提倡念诵观音名号的信仰，祈愿居民商旅皆能避免海难等险
境；而庙中配祀着镇海神明妈祖，流传妈祖灵签，亦反映航海经商
者追求保佑水陆平安的需要。1800 年《郑建广福宫捐碑记》上边
各地捐款人，陈姓者便有陈送、陈闰、陈如圭等人。①

2. 风水说

道教是中国土生土长的宗教。道教是指以"道"为最高信
仰，相信人们可以通过修炼实现长生成仙的一种宗教。客家人崇
尚风水算命是出了名的。民间流传："一福（有称居）二命三风
水""医药不明杀一人，地理不明杀全家"等俗语，认为住宅或坟

---

① 王琛发：《入闽开漳圣王佑南邦：清代以来南洋各国开漳圣王信俗》，马
来西亚道理书院出版，2020 年，第 77 页。

的"风水"如何，会影响住者或子孙后代的吉凶祸福，故营造住宅和修建坟墓，必先请地理先生踏堪风水。而小孩出生或男婚女嫁，或遇到疾病灾厄，决定某项事情，也会找个算命先生论论八字，算算吉凶祸福。凡婚丧喜庆、动土作灶、开业营生，都要请先生拣日子，或自己翻通书，选良辰吉日进行。这些崇信在客家地区已成为根深蒂固的传统民俗了。风水学说传播海外后，在东南亚华人区特别盛行。

3. 客家火神崇拜

民间祭祀火神，在明清两代已非常盛行。闽西粤东客家人传承了汉民族崇拜火神的习俗，而且更进一步。因为他们迁移南方，所到之地大多为蛮荒未开发之地，为求生存，还要以"刀耕火种"的方式生活，对火神的崇拜更虔诚。

客家人的日常生活中有不少崇拜火神的习俗。连城一带客家人逢年过节时，要在家门口烧上一个火堆，以辟邪祈福。几乎所有的客家人，结婚时，新娘进新郎家门要跨火堆。

灶君崇拜就是火神崇拜。灶神又称灶王爷，灶君，司命菩萨或灶君司命。灶神，全衔是"东厨司命九灵元王定福神君"，俗称

客家供奉灶君

"灶君"，或称"灶君菩萨""司命真君"。

客家人家家户户都贴灶君年画，上面附有对联"上天言好事，下界降吉祥"或"上天奏善事，下地降贞祥"或"上天去多言好事，下界回宫降吉祥"。灶君与人们的生活息息相关，与人们日日相伴，被尊为"一家之主"。

客家人把灶君崇拜信俗也带到世界各地。

4. 其他信俗

客家人多神崇拜，许多是根据地域、族人的意愿设立的。如泰国的客家人先后建有三奶仙娘庙、吕帝庙、汉王庙、本头公庙、关帝庙及观音宫等。这些庙宇的建立，与泰国客属总会或其前身客属社团的大力支持有很大关系。比如，1927 年暹罗客属会馆定下学校、神庙、义山并举的宗旨后，于 1930 年推定各神庙监察 1 人、保管 5 人，并向暹罗政府注册，获得对各神庙的监察保管权力。又如，创建于清道光二十七年（1847），即暹罗曼谷王朝时代的三奶庙，因年久失修，且地势过低，经泰国客属总会第三十九届（2003—2004）理事会决议，推举刘志群理事长为主任，授权廖秀荣永远荣誉会长及卢均元总干事请庙宇专家作全面规划重修，将庙宇升高 50 厘米，重新建铁架屋梁，并铺盖砖瓦，总工程耗费 285 万铢。2003 年 3 月 13 日召开的保管会与正副首长联席会议上，又获得吕帝庙保管会经理叶仁华，赖锦廷资助 100 万铢整修费，从而使该工程于 2004 年全部竣工，并于该年的元月 7 日举行开光盛会，使三奶仙娘庙焕然一新。泰国客属总会采取种种措施保护本属群的寺庙、维系本社群的精神信仰，并通过对本乡土神的祭拜来强化地域观念，实现同乡"敦乡情、崇信行"的深层心理追求，利用宗教的功能来表现其亲和力与凝聚力，有效地凝聚了同乡属人。①

5. 信仰的改变

明、清时期中国外来移民的另一大特点是外国传教士和外国教民的进入。明末清初天主教传入中国，以罗明坚、利玛窦、汤若望等为首的传教士们大都通过海路进入中国，他们在中国各地建立教堂，宣传教义、教规，信徒人数不断增长。这些外来传教士中有不少人死在中国，如利玛窦、汤若望。1842 年，清政府与英国签

① 陈思慧、郑一省：《泰国的客家人与客属总会》，《八桂侨刊》，2014 年第 1 期，第 34 页。

马来西亚
华人符纸（王
琛发提供）

马来西亚
华人祭祀供品

订《南京条约》，开放广州、厦门、福州、宁波、上海口岸，准许英国人及其家眷在此居住并通商贸易。1844 年，中美《望厦条约》和中法《黄埔条约》签订，规定在"五口通商口岸"可以建造教堂、医院和墓地。以后，来华的外国传教士、外国商人不断增多。

天主教与基督教于明末清初始传客家地区。明崇祯十四年（1641），意大利传教士到汀州老古井传教，这是天主教传入客家地区的最早记录，但没有流传开来。后到 1844 年，旅居马来西亚的华侨教徒吴东回嘉应州书坑村传教，天主教才开始为客家人接受。而基督教主要是新教，19 世纪下半叶流行于客家地区。教会在客家地区兴办教堂、修道院、教会医院、学堂。

客家人兼容多种宗教，以道佛为主。但笔者也注意到一个现象，信儒佛道的民众，他们到每座寺庙，即使是基督教堂，都会烧香膜拜，起码也是合掌祈祷；但客家信徒信奉上帝之说后，不再烧香拜佛，而是做"弥撒""礼拜"，每年还有四大瞻礼：耶稣圣诞日、耶稣复活日、圣神降临日和圣母荣名升天日。除每周日"做礼拜"外，每逢瞻礼日期，教堂均举行弥撒圣祭。信仰天主教、基督教的信众，到后来就不进佛道的庙庵了。这些人在生活中还会遵循客家地区世俗化礼仪，但正规的祭拜就有区别了。由此可见儒佛道教的包容性，其他宗教的排他性。

海外客家人受多种因素影响，不少也改变传统的信仰。

第八章 客家教育与文学艺术

教育是与文化相伴而生相随而长的。"观乎人文，以化成天下"之"化"就指教育化成。中华民族五千年灿烂的文化得以延

汀州文庙

续不断，与中国历朝历代重视教育的建构和传承是紧密相关的。客家人传承了中原汉民族重视教育的传统。崇文重教已经成为客家人的社会心理。这种文化价值的激励与灌输在客家地区无所不在。

艺术是人类智慧的本源，是用来表达人内心的情感和思维的。客家人在闽粤赣祖地创造了丰富多彩的艺术形式。它们丰富了客家人的精神生活，伴随客家人走过千年艰难历程。作为精神产品，客家人播迁到哪里，就把这些艺术传播到哪里。

一、客家耕读文化与教育

（一）客家耕读文化传统

耕读文化是中国传统农耕文化与儒道文化相互融合而成的一

种文化模式。"耕"乃生存之本，"读"乃升迁之路，二者的融合，反映了中国古代农业社会物质生活与精神生活的统一，反映了勤劳务实、和谐共生的生存之道与天地自然运行规律之天人合一的哲学积淀。

客家文化包含着浓厚的耕读色彩。

客家先民中原汉人辗转南迁进入闽粤赣地区后便积极传播中原文化以及相对先进的农耕生产技术，逐渐与当地原著文化互动相融，形成地域性的客家文化。在持续不断移民过程中，客家先祖们始终秉持勤劳勇敢、刻苦耐劳之精神营建村落家园，经成百上千年辛勤耕织，留下了宝贵的土楼世界文化遗产，以及客家人独有的乡土文化。这些优秀的传统文化也随着客家人的外迁拓展传播到海内外各地落地生根、再展新枝。①

（二）海外客家人对教育的重视

1. 海外办学

客家人把崇文重教的传统带到了住在国，深深地影响了当地的教育，宣传了儒家思想，并通过多种形式促进了当地文化事业的发展。

在商界摸爬滚打的客家华人华侨，在取得卓越成就的同时往往积极捐资办学。在住在国，客家华人华侨兴办和发展教育的历史与国内是一样的，整个华侨社会的教育，大致经历了私塾、新式学堂和纳入当地的民族教育三个发展阶段。

1772年，罗芳伯在婆罗洲创立兰芳公司后，广设汉文学塾，免费招生读书。

早期来到东南亚的华人多半是来做苦工的，他们在国内是劳苦百姓，本身没有多少文化，传到后代，因没有条件读书，仍然

---

① 陈弦章：《中国传统文化导论》，九州出版社，2020年，第58—69页。

马来西亚新纪元学院珍藏的《四库全书》

处于文盲状态。19世纪中叶，华人从沿海各省大量迁入东南亚居住，出现了一些有文化的"新客"。这些"新客"在迁入地的客家人聚居地，如印尼的吧城、苏拉巴耶（泗水）、三宝垄、井里汶、直葛、锦石（隔乐西）、巴六安（巴拉干）等地，开设私塾，授以一些通俗易懂的《三字经》之类的诗赋。华人华裔基于故乡情结，节衣缩食，纷纷送子女读私塾。因而有人能诗善赋，各种楹联匾额挂满房屋，充满了祖国故乡的气息。但究其实质，这些私塾远未具备近代学校的规模，没有教授系统的文化知识、科学知识，仅让学子接触国文而已。光绪二十九年（1903）改良派领袖康有为南游爪哇岛，他西到吧城，东至苏拉巴耶，在沿途的几个大城市华侨欢迎集会上，登高呼号："操中国语言，识中国文字，中国人方得谓之中国人。现在各会馆间有兴办学堂，但其为数不多，尤须陆续增加。文字之声音应用国语，日常言谈应有国语。"要求华侨大办教育，得到广大华侨的拥护。华侨社会中有识之士也深感华侨因文化知识落后而受尽殖民主义者统治的歧视凌辱，认为需改办新学，私塾教育开始让位于新学。于是，华侨闻风而动，各地都在筹办中华学堂，并进行教育改革。

根据康有为建议，在办学的使用名称与使用的语言方面均有明确规定：一是各地华侨学校一律叫"中华学堂"，管理学校的机关叫"中华会馆"；二是教师授课时一律用国语。由于出现前所未有的"办学热"，有的地方（例如雅加达、万隆、井里汶、直葛、日惹、三宝垄、玛朗、泗水、棉兰等），华侨社会中甚至流传着"识国文者荣""不识国文者难于娶妇"的顺口溜。康有为在南洋诸国的办学教育之举，为海外华侨的教育扎扎实实地做了一些事情，得到清政府的重视。光绪三十一年（1905）两广总督岑春煊派刘士骥来南洋考察华侨学务，他在万隆召集爪哇各埠的玛腰、甲必丹开会，商讨办学的筹备工作；并且身体力行地派遣相关人士到各地进行动员。不久，吧城八茶罐、直葛、三宝垄、泗水等市侨校相继响应。但是，平心而言，华侨社会的办学道路也是曲折的。它面临两个大问题，一是办学经费问题；二是当地政府的限制政策。尽管如此，凭着全体华人的爱国热情，依靠侨胞们的巨大赞助，侨校仍能把教育办学坚持下去。印尼客家华侨在教育方面取得很大的成就。[1]

后来，华人办学逐渐纳入当地的民族教育。1904 年，张弼士捐资 8 万元，与当地华侨集资在马来西亚槟榔屿创建近代华文学校——中华学堂（校）。此后，近代华文学校在世界五大洲的华侨聚居地纷纷设立，蔚然成风。

梅州客家人张榕轩、张耀轩在印度尼西亚棉兰独资创建敦本学校，捐建各埠中华学校校舍。姚德胜捐出巨款，创建霹雳嘉应会馆、中华总商会、矿务农商总局，又为教育侨胞子女创建霹雳育才小学、中学，又资助应新、明德两所学校。

---

[1] 周晓平：《客家人"过番"的历史动因及其生存构成——以印尼粤东客家华侨为重点研究》，《嘉应学院学报》（哲学社会科学），2018 年第 10 期，第 16—18 页

1902 年，霹雳嘉应会馆成立，创办人有平远姚德胜、梅县李桐生和郑吉楼等。1913 年，会馆决议创办一所明德学校，以教育华侨子弟，华侨积极响应，捐资捐物，主要捐资人有侨商谢梦池、梁璧如、陈建勋、李荔坡、戴欣园、刘少山、李德祥、利展麟及戴园领事。明德学校是一所由当地政府注册的正规学校，开设初高等小学课程。

永定客家人胡子春根据自己借鉴运用西洋先进技术发展矿业的成功经验，深刻认识到知识的力量，认识到兴办教育、昌明科技对于国家振兴、民族富强的重要作用。因而他毕生除了致力于在国内祖籍地永定等地兴办教育外，还在海外华侨社会独资或集资办学。1901 年，胡子春联合槟城各属客家侨领一起倡办"崇文社"，推动"敬惜字纸"运动，并设义塾，免费供各籍子弟入学。1906 年，胡子春倡议于中华学堂附设师范传习所。槟城中华学校、霹雳拿乞乐育两等学校、拿乞女子小学等学校成立，胡子春都鼎力捐助，并被聘任为槟城中华学校校董总职。而胡子春倾力倡办的槟城中华女学，则是南洋华侨妇女教育开天辟地的创举。

永定籍客家人胡文虎是举世公认的大慈善家。他除了在其永安堂药业总部所在地新加坡捐建 10 多所义务学校和中小学以及在国内捐建数百所大中小学外，还参与创办南洋大学。胡文虎热心教育，数十年如一日，始终风雨不改。1952 年，胡文虎年届古稀，当陈六使就有意创办南洋大学的计划与其商量时，胡文虎立即表示赞同。1953 年 1 月，胡文虎得知陈嘉庚在福建会馆号召建设南洋大学，便立即从香港拨电捐款支持。多年来胡文虎除了在中国境内大量捐资办学外，在境外也有大量捐助。如下表：

胡文虎在南洋各地捐助学校统计表 [1]

国家/地区	捐助学校名称
新加坡	启发学校、南洋女子中学、华侨中学、养正学校、南洋工商补习学校、美以美会女校、崇本女校、浚源学校、星洲职业学校、静方女校、南华女校、中国女校、女子体专、圣约瑟实业学校、新加坡孤儿学校、中正学校、公教中学等
马来西亚半岛/槟城	钟灵中学、福建女校、时中学校、协和学校、公立公民学校第一分校、中山小学校、慕义学校、修道院
马来西亚半岛/马六甲	马六甲幼稚园、培风学校、平民学校、培才学校、培德学校
马来西亚半岛/霹雳	霹雳公立女子中学、怡保女校、实兆远南华中学、太平华联公学、三才学校
马来西亚半岛	中华学校、化南女中、中中学校、进德学校、广肇学校、黄魂学校、华中学校、集英学校、导民学校、新民学校、孟叻学校、易三仓学校
缅甸	仰光中国女子学校、仰光华侨中学、坚磅华侨公学
其他	南华学校、华侨中学、中华学校

在不少华人华侨聚集的国家和地区，中华传统文化的教育对当地影响颇深。

华侨兴学完全依靠华社自力更生，依靠各籍属乡民胼手胝足，齐心协力。印尼华侨主要是闽侨和粤侨，与闽侨相比，"广东系的中国人前来的年代大都比较新近……大多属于知识阶级……头脑较好，又有骨气，不易受同化，所以虽与福建系者一样出外谋生，却不喜欢受到当地国的法制与社会组织的束缚，爱乡土爱祖国的心意甚强"。粤侨的这一特点使得他们以一种更积极、更热诚的态度对待华侨教育的发展，在印尼华侨教育发展史上留下了不可磨

---

① 表格数据来源于张佑周主编《龙岩华侨史》，华南理工大学出版社，2020年，第156—157页。

作者一行
参访马来西亚
华人研究中心

灭的印迹。①

2. 家乡兴学

　　早期南渡海外的客家人深感没有文化的苦处，把在家乡兴办学校、教育子弟当作一件大事来办。因此，福建侨办学校在民国时期的国民教育中就占有很大比重，当时的福建省政府也甚为重视华侨的这一善举。1940 年 5 月 9 日，时任福建省教育厅厅长的郑贞文（永定人）就发表了一份《为倡导捐资兴学告海外同胞书》，号召海外华侨为家乡捐资办学。1915 年至 1949 年期间，全省华侨捐资所办或捐资助办的基础教育类学校就有中学 48 所、小学 967 所，成为福建教育的一支重要力量。

　　福建客家人在故乡大量捐资办学，兴办文教事业，始于清光绪三十一年（1905）。当年，永定下洋华侨胡子春携巨款回家，独资创办了永定师范学堂，这是永定兴办新学的第一所中等学校。胡子春还与胡竹园等一起创办了下洋犹兴学校，并在永定湖坑创办湖山小学和金丰中学，1919 年两校合并再由李伟卿改办成"金丰公

---

① 裴艳：《粤籍华侨与印尼近代华侨教育发展述略》，《现代教育论丛》，2017 年第 4 期，第 77—82 页。

学"①。此外，胡子春还在龙岩、连城、上杭等县共建7所学校。

1923年，戴子汀独资创办永定竹联怀汀学校；1939年，下洋侨胞捐资创办永定侨育中学和月流小学、太平小学、东洋小学等；1941年，侨胞卢国振集资创办永定上在小学；1943年，侨胞阙德隆捐建堂堡、湖雷、增瑞3所小学的部分校舍；1948年前后，华侨游范吾独资创办大溪商业学校；1949年，下洋上川侨胞兴办上川小学。②

1937—1947年，连城华侨共捐资兴建明耻中学（现为连城一中）等5所学校。其后，周仰云一家三代对连城教育事业竭力支持，在家乡创办周屋小学。周家还资助过私立连南中学、隔川小学、私立金山小学、莒溪璧洲小学等。

抗战前夕，为发展祖国教育事业，原籍永定下洋中川的爱国侨领胡文虎于1935年捐资250万元大洋，计划在全国建千间小学，至1938年已建成300所学校。胡文虎自1929年起至抗战前，捐赠的大专院校和中学有：上海大厦大学、厦门大学、广州中山大学、广州岭南大学、福州福建学院、广州仲恺农工学校、上海两江女子体育专门学校、汕头市立女子中学、汕头私立回澜中学、汕头市立第一中学、海口海琼中学、厦门中学、厦门双十中学、厦门大同中学、厦门中华中学、厦门惠群中学。对家乡永定侨育中学的办学，胡文虎十分关心，1939年创办时，亲自出任董事长，之后带头捐资并募集侨资作为侨育中学的办学经费。胡文虎幼年曾回故乡中川村接受传统教育，知道家乡孩子读书的艰辛。"他从自己走过的道路，认识到事业要发展，经营要打开局面，是要靠才

---

① 民国《永定县志》卷13《教育志下》。
② 杨辉主编、福建省教育科学研究所课题组撰写：《福建华侨华人捐资办学史》，福建教育出版社，2007年，第12页。

能、靠科学、靠教育，所以他以后一生办报纸、办学校，虽然持有客家靠家庭经营为主的传统观念，但主要还是坚持看业绩，看才干。"[1] 他之所以要创办一千所小学，其目的就是希望全面提高中国国民的基本素质。

中国改革开放后，华侨"爱国爱乡，造福桑梓"的优良传统进一步发扬，至 20 世纪 80 年代末，以福建永定为例，海外侨胞捐资创办了大溪侨光中学、岐岭侨源中学、侨荣职业高中、下洋侨钦中学、天德中学、月流小学附属中学、湖坑侨南中学，扩建高头金丰中学校舍，并资助 50 余所小学、5 所幼儿园的校舍建筑，共计建筑面积 8.9 万平方米。如江兆文先生，为永定金丰中学，从一开始简单赠书捐物，捐赠教学设备，到捐建三间土木结构教室，再到后来陆续兴建一座又一座崭新的教学楼、科技楼、实验楼、教工楼、图书馆、师生公寓等等，使学校从无到有，从有到全。而且还设立了各种奖教金、奖学金、助学金、慰问金，支持教师外出学习培训，奖励优秀生，资助贫困生。

捐资助学方面，如大埔县湖寮蓝氏家庙董事会通过宗祠奖学助教的方式，以教育作为宗祠文化复兴的载体，将奖学金发放环节放到祭祖仪式之后，让莘莘学子充分感受祖荫。蓝氏宗祠已经成立了相关机构专门管理族内公共事务和基金。大埔蓝氏家庙名为大兴堂，在新修建的祠堂内，显赫地挂着两个鎏金牌匾，其中一个牌匾上写着 2007 年 3 月 3 日通过的"大兴堂奖学基金委员会章程"，内容包括宗旨、名称、性质和组织机构。在奖学金发放仪式上，会长手中拿着两种不同的捐款证明，一种是个人捐款鎏金木质牌匾，上面写着"某某宗亲：敬祖爱宗，热心教育，慷慨捐助奖学金人民币三万元。仁风义举，善莫大焉。特授此匾，励志德行，永褒后

---

① 郭启熹：《闽西教育史谈》，鹭江出版社，2012 年，第 329 页。

人。大埔县蓝氏大兴堂奖学基金委员会"。另一种是荣誉证书，上面的内容也有所变化，"某某先生：崇文重教，热心教育，慷慨捐助奖学金壹仟元。仁风义举，善莫大焉。特颁此证，励志德行，永褒后人。大埔县蓝氏大兴堂奖学基金委员会"。①

（三）海外客侨教育模式

海外客侨秉承中华教育传统，早期多以私塾、书院或义学的形式教育子弟。随着近代新式教育兴起，纷纷改办新学堂，采用新学制，建立从幼稚园、小学到中学、大学的华侨教育体制，并得到国内教育当局的指导。采用中国教师和教科书，纳入当地国民教育体系，部分学校最初采用客家方言教学，后改为华语教学。1772年罗芳伯建立兰芳公司，广设汉文私塾，免费招生读书；1819年客侨在槟城创办第一间私塾学堂"五福书院"；1901年，印尼吧城中华会馆创立第一所中华学校；而第一所现代新式学校是大埔客侨先贤张弼士于1904年在槟榔屿所创办的"中华学校"。②

之后，在客家华侨的努力下，各类学校相继创办。

二、客家山歌

（一）客家山歌与"过番歌"

客家山歌闻名遐迩、绚烂多姿，是精美绝伦的艺术品。

汉民族山歌分南方、北方两大类。北方山歌有较集中的歌种，如信天游、花儿等；而南方山歌则没有集中的歌种，大多以地方命名。客家山歌亦如此，没有集中的歌种，大多以地方命名，

---

① 何小荣、周云水：《论海外客商对原乡村落传统文化的复兴》，《贵州商学院学报》，2017年第1期，第62—69页。
② 周晓平：《客家人"过番"的历史动因及其生存构成——以印尼粤东客家华侨为重点研究》，《嘉应学院学报》（哲学社会科学），2018年第10期，第17—22页。

称永定山歌、长汀山歌、梅县山歌、大埔山歌、兴国山歌、龙岗山歌等。

客家色彩区从民歌上说，主要分布在广东、福建、江西、台湾、广西、湖南等省区，还包括东南亚的许多保留唱山歌习俗的地区，当地居民是从中原移民过来的。传统客家民歌有福建宁化的《新打梭标》，福建长汀的《风吹竹叶》，永定一带的《唔怕山高水又深》，江西兴国山歌《园中芥菜起了芯》《绣香包》《行行都出状元郎》《赞八仙》，广东陆丰《催唱山歌送情郎》，梅县山歌《有好山歌溜等来》《八月十五光华华》等，四川、广西、台湾等地的客家歌曲都很出名。

客家山歌的音乐性格是自由、奔放的。

客家山歌的调式多以四声羽调式和五声徵调式为主。

客家山歌的歌词创作多是即兴、谐趣的。

不论是旷野山歌还是室内山歌，都是即情即景，临时编撰，即兴演唱。这是衡量山歌水平高低的最重要标志。好的歌手，往往能出口成章，妙语连珠。

客家山歌的表现手法大多坦率、直露。

客家山歌生动活泼，形式多样，有独唱、对唱、联唱、轮唱等形式。

在演唱形式上，客家山歌大多有一个不同于其他山歌的显著特点，每首歌开头一句和结尾都有衬词，或是"哎呀嘞"，或是"哟嗬"，具有强烈的音乐旋律感，引起人们的注意。

客家山歌的内容丰富多彩，它植根于客家文化的深厚土壤中，涵盖了客家人生活的方方面面，饱含着丰厚的客家文化信息。客家山歌是客家人繁衍生息的一幅历史画卷。

世代相传的客家山歌缠绵清纯、富有情采。她是客家地区民间文化的瑰宝，是南方大山的沉毅与溪流树林的灵秀凝聚而成的精灵。她源于生活，缘事而发，直抒歌者胸臆，真实地反映出了客家人的劳动与生活、爱情与婚姻、理想与追求、情感与性格以及客家地区的风土人情，具有浓郁的生活气息。千百年来，她在客家地区广为流传，表现出强大的艺术生命力，具有极高的审美价值。①

（二）"过番歌"

客家地区山多田少，自然条件恶劣，生存空间狭小，加之有敢于冒险并向外拓殖的性格和传统，客家人或者主动地拓展新的生存空间，或者被动地被迫远徙他乡，寻找新的乐土。清末民初，广东、福建人称到南洋谋生为"过番"，到南洋谋生的人则为"番客"。闽粤地区出现了几次海外迁徙潮，当"番客"们奔赴未知的世界时，他们带上了家乡的歌谣，并用这些歌谣作为思念故土的精神寄托和抒发情感的通道；当他们在新的土地上落地生根时，就开始创造新的歌谣，这些歌谣渐渐地成为他们作为新族群的表达和对此族群认同的外显。于是诞生了独特的"过番歌"。早年到东南亚的番客大都是客家、闽南、广府、潮州、海南等五个民系之人，他们所歌唱的以海外谋生为主题的民间歌谣都称"过番歌"，只是以不同的方言演唱。

客家"过番歌"，是反映客家人社会生活的山歌，随客家人翻山越岭、涉溪过河、漂洋过海，在异国他乡落地生根，表现出蓬勃、顽强的艺术生命力。客家山歌随过番客家人的迁徙、定居以及社会生活的发展变化而在东南亚地区乃至世界各地发生、传承和发展。它在异国他乡保留了中华文化的印记，继承发展了闽西、粤东等地客家山歌文化的艺术特色。客家山歌以及相关歌谣蕴含着民间音乐和民间文学的精髓，是中华文化海外传播的典型例证，具有特殊的历史价值和极为宝贵的现实价值。

---

① 陈弦章：《歌唱：生命的律动》，厦门大学出版社，2015 年，第 228—230 页。

一是从"过番歌"的内容看，大多诉说过番的无奈、辛酸与苦难，同时也诉说对亲人的思念与关切，展现了中国传统乡土社会的典型特点，集合着乡土人居关系、亲属制度、道德人伦、风俗观念等丰富内涵。

客家人为谋求发展，往往外出谋生，不少人别离妻儿，背井离乡远赴南洋等地打拼，逐渐形成了一种"过番"的区域历史和文化传统。可是，过番绝不是件美事，过番长路漫漫充满辛酸与苦难。海上风信难测，帆船时有倾覆的危险。即使九死一生到了南洋，早期华工也大都生活在社会最底层，多在矿区、橡胶园充当苦力，生存环境极其恶劣。身处异邦的他们与家乡父母妻儿亲友多年无法相见。这种种现实的苦难自然滋生出反映过番艰辛与别情的歌谣，歌谣也成为抒发番客过番心情最方便和最直接的艺术化表达方式。

山歌便成为他们与家乡连结的精神文化纽带。

比较典型的"过番"山歌有："一条江水向东流，送郎送到火船头，哪有利刀能割水，哪有利刀能割愁……"；"哥哥莫去过金山，漂洋过海甚艰难，家中事业无人管，丢别妻子苦千般"。还有描绘过番回来的山歌："今日踏进新郎间，一句'唐'来一句'番'。新郎新娘今晚'委里国'（very good），明天转去'尼克士'（x）湾。"①

永定是客家海外移民大县，其"过番歌"也是很有特色的。

男人过番，妇女们则往往固守家园，含辛茹苦，侍奉公婆，养育子女。同时，她们无时无刻不在思念丈夫，遥望南天，望眼欲穿：

---

① 杨宏海：《海上丝绸之路与梅州"客侨文化"》，张佑周主编：《客家与海上丝绸之路研讨会论文集》，光明日报出版社，2016年，第183—184页。

妹送亲哥到汕头，
一看大海妹心愁，
大海茫茫有止境，
妹想亲哥无尽头。
日里想郎各一天，
夜里梦郎在身边，
醒来唔见亲郎面，
心肝脱得多几层。

妻子送郎，有如生离死别；夫妻间的思念，恰似江河流水。

这类山歌数量很多，每一首都浸透着客家妇女的哀怨，活画出客家妇女盼郎不归、长期"受活寡"的悲惨图景。而客家男子外出谋生，大多往南洋等地做工，出卖苦力，短期内事业有成、荣归故里的为数极少，更多的是漂泊天涯，归期遥遥：

人在番邦心在家，
年少妻子一枝花，
家中父母年纪老，
手中无钱难转家。

于是，妻子在家望洋兴叹，丈夫在外对天长歌：

郎在番邦妹在唐，
两人共天各一方，
妹在唐山无双对，
郎在番邦打流郎。

对家乡的思念，对亲人的想念，相思绵绵，似无绝期！海外游子有家难归、百感交集的心态被惟妙惟肖地表达出来。反映客家人背井离乡、创业艰难、辛苦备尝、度日如年的移民生活的山歌同样饱蘸着辛酸的泪水。如《过得番来更艰难》：

家里贫穷望过番，

过得番来更艰难。

三年同人做新客，

日里难熬夜难挨。

讲起过番𠊎就愁（𠊎：客话，我），

挑到锡泥过浮桥。

千转过得莫高兴，

一转失脚就勾勾（勾勾：客话，死去）。①

二是从艺术特点看，海外客家山歌及歌谣源自中国，在曲名、曲调、歌词内容等方面明显与中国境内流传的歌谣有继承的亲缘关系。

同时，海外客家人根据在东南亚生活及情感表达的需要，也会新创作一些民间歌谣。如《胶工歌》，由客家人陈锡霞自创于新加坡，它是华族在新加坡工作生活的真实写照。这首歌曾于20世纪40年代在德光岛华人橡胶工人群体中流传。②

三是从历史价值看，"过番歌"与一般器乐音乐高度抽象化

---

① 张佑周、陈弦章、徐维群：《客家文化概论》，中国文联出版社，2002年，第94—95页。

② 贾怡：《从"过番"到"落番"——新加坡华族歌谣研究》，《中国音乐》，2022年第4期，第108—116，156页。

的艺术形式所不同的是，歌谣借助语言具有的语义确定功能，增强了这种艺术形式的信息表达和形象化塑造功能，正如"过番歌"悲、苦、哀、怨的典型内容，使得"过番"的历史得以重现。难怪谭元亨认为："《过番歌》是漂泊史，也是情感史，更是一部生命史！"① 由此，歌谣所蕴含的生动内容使今人能够借助音乐的方式了解海外华侨华人最真实的生活，以及他们"下南洋"创业初期的无奈、艰辛和苦楚。华人的生活、情感，个体的一生、族群的历史都蕴含在一首首歌谣中。②

随着时代的发展，国籍制度的演变，客家海外移民和所有华侨华人一样，确定了身份，逐渐在移居地安居下来，开始创造自己的新生活，"由此，华族歌谣的内容也开始发生变化。娶嫁对番客的人生意义重大，因此他们唱着嫁娶歌，抒发着各自不同的婚姻经历和体会。华人落地生根后结婚生子，儿歌又在他们的生活中承担着重要的社会功能。番客们哼唱着儿歌，用歌声陪伴、祈愿儿女成长，并回忆着亲人和自己儿时的家乡。劝世内容的歌谣是华人生命伦理及理想的重要体现，他们将中国传统文化思想观念以及人生的经验都编唱成劝世歌劝导世人。我们把这些歌曲归入了华族移民歌曲中'落番'内容类别之中。随着时间的推移，长期在外的移民们不但有了新的生活，而且还有了新的公民身份，这也直接导致了国家身份认同的变化。但是，他们的华夏民族情感依然有所保留，中华文化的基因和命脉依然存在于他们的思维之中。"③

---

① 谭元亨：《客家圣典》，海天出版社，1997年，第309页。
② 贾怡：《从"过番"到"落番"——新加坡华族歌谣研究》，《中国音乐》，2022年第4期，第108—116页。
③ 贾怡：《从"过番"到"落番"——新加坡华族歌谣研究》，《中国音乐》，2022年第4期，第108—116页。

三、客家曲艺

艺术是人类智慧的本源，是用来表达人内心的情感和思维的。艺术是对社会生活形象的反映，通过具体、生动的艺术形象，真实地再现社会生活的图景，反映一定历史时期的政治风云、经济生活和社会风尚，表现各个阶级、阶层人们的生活和精神面貌。它引发人们的审美愉悦和乐趣，寓教于乐、寓教于美。客家人在闽粤赣祖地创造了丰富多彩的艺术形式：客家山歌、汉剧、汉乐、十番音乐、采茶戏、木偶戏、客家古筝、书法、绘画、雕塑、木刻木雕、剪纸、打狮、舞龙等。它们丰富了客家人的精神生活，伴随客家人走过千年艰难历程。

随着客家人向海外播迁，这些艺术也传播到海外，并得到很好的传承发展。这些艺术中有不少如汉剧、汉乐、山歌、采茶戏等是海外客家人日常、节庆、社团聚会期间十分喜欢的艺术形式。

1.社团活动

许多客家会馆、社团组织会专门组织儒乐队、山歌队、舞狮队、汉剧社、书法社等开展活动，传承传播客家艺术。

新加坡南洋客属总会在创立之初就成立了儒乐部。不仅在传统音乐、戏剧传承方面起到积极作用，还在周年庆典等重大事件中发挥了重要作用。例如，该会在 1939 年举办成立十周年庆祝活动时，正逢中国抗日战争，于是同时组织了游艺赈灾活动，有汉剧、国术表演、音乐演奏等。1964 年 3 月 17 日，顾问李光耀访非返回，总会联合全新加坡客属团体举行盛大庆功宴，由儒乐部表演汉剧助庆。

旅缅永靖华侨互助会于 1955 年成立醒狮队，于 1958 年组织成立"汉剧小组"，于 1961 年与应和会馆联合组织成立"缅华汉剧团"。其在缅华文艺活动中活跃，对推动和发展我国传统文化，

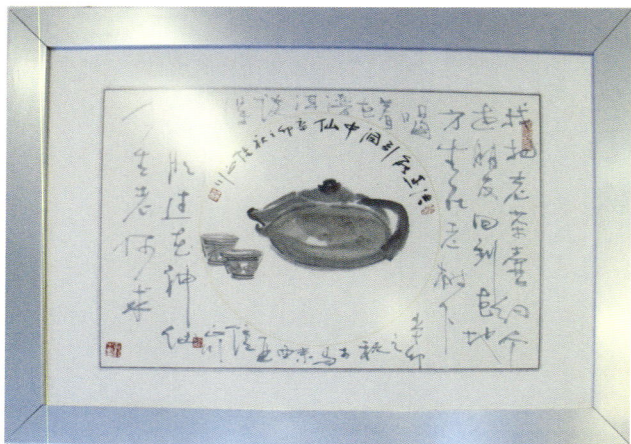

马来西亚
新纪元学院书
画艺术

也起了不小的作用。①

2. 书法艺术

书法，可以说就是美化汉字的写字艺术，或者说是表现汉字书写美的艺术，也是世界上唯一一种由文字演变而成的艺术。这种转变并不是在文字之外另起炉灶，而是汉字本身原始的内在品质的自然升华，汉字的天生丽质产生了独特的书法艺术。

汉字之美，最突出的是其"字形美"。汉字的形体美，主要表现在汉字的书法艺术和篆刻艺术。这是表现汉字形体美的传统艺术。中国的书法艺术与汉字一样，有着悠久的历史。

有着汉字崇拜意识的客家人，十分重视书法艺术的传承。他们在海外举办各类书法展，参加国际书法展，还请国内书法名家作书法专题演讲。如马来西亚每两年举办一次全国书法展，弘扬中国书法文化。海外客家人在家里、店铺、会馆、村落都挂着书法作品。

---

① 张佑周主编：《龙岩华侨史》，华南理工大学出版社，2020年，第371页。

3. 雕塑艺术

李金发（1900—1976），梅县人，1919 年 8 月与林风眠等作为第 8 批留法学生前往法国留学，专习雕塑，同时创作诗歌。1925 年 6 月回国，得到蔡元培的赏识，与林风眠一起创办西湖艺术院，担任雕塑系主任，先后承担孙中山、伍廷芳、蒋介石等的塑像工作。1945 年出使伊朗，1951 年后移居美国，1976 年在纽约去世。

4. 汉剧

汉剧，清代中叶形成于湖北境内，民国时期定名汉剧。2006 年 5 月 20 日，汉剧经中华人民共和国国务院批准列入第一批国家级非物质文化遗产名录。汉剧在福建称闽西汉剧，是客家人的重要艺术形式，是福建省主要的地方戏曲剧种之一，是国家级非物质文化遗产。闽西汉剧参加港澳台地区及海外文化交流，弘扬中华艺术。汉剧在广东称广东汉剧，也是当地客家人的重要艺术形式。2022 年 11 月 6 日下午，广东汉剧海外（毛里求斯）传承推广中心 2022 级专修班开班。《梅州日报》全媒体平台全程提供课程直播技术支持，协助对接毛里求斯进行线上教学，传播汉剧文化和魅力。

不少海外客家人都传承了这一剧种，成立了汉剧社。

5. 客家古筝

清末民初，以潮州筝、客家筝、福建筝为主体的南方筝乐随着大量的东南沿海移民传入东南亚国家。以筝为主奏乐器的潮州弦诗乐、客家丝弦乐及福建古乐等南方传统音乐随东南沿海移民传入南洋等地，并渐渐地在马来群岛的周边国家扎根、流传。自 20 世纪 20 年代至 50 年代，潮州弦诗乐、客家丝弦乐、福建古乐及新兴的广东音乐逐渐进入发展的鼎盛时期，不仅在广东、福建快速普及和发展，而且在新加坡、马来西亚等国的潮侨社会、商界以及侨民居住点广泛传播。

近代，南派筝乐向东盟国家进行传播的方式，主要为民间性的跨国个体传播，其传播主体为投居南洋各国或前往南洋传艺的南派筝人，如最早往返进行客家筝乐传播的筝家何育斋等。近现代，潮筝大家杨秀明，客家筝派传人饶宁心、何宝泉、陈安华以及闽南筝派的陈茂锦等筝家亦曾前往新加坡进行教学、演奏等个体传播。这种以个体为主、面向东盟各国的个人传播模式，为推动古筝艺术走向世界起到了积极而重要的作用。

为了提升华乐的国际地位、激发华裔的民族自豪感，新、马等东盟国家的华人华侨自发组织社团、商会、华乐团和国际文化交流协会，积极举办包括筝乐在内的传统音乐文化交流活动，组织大型的国际华乐比赛和古筝单项国际性比赛，引进包括古筝在内的中国乐器考级制度，还邀请我国知名筝家、学者担当考级或华乐比赛的评委，进行授课、讲座、演出等一系列社会传播与学术交流活动，为南派筝乐的传播与交流做出了巨大贡献。

当代，中国南派筝乐在东盟国家的辐射面更为广泛，传播渠道更加丰富。中国南派筝乐之所以在"海上丝路"沿线的东盟国家得以广泛传播，离不开中国政府的大力支持。

因受疫情影响，2021 年 11 月由中国音协和中国民管协办、中国音乐学院主办的"一带一路国际筝乐学术交流季"的音乐会，采用全球直播的方式举行。三场音乐会所演奏南派曲目有：潮州筝曲《思凡》《寒鸦戏水》和客家筝曲《蕉窗夜雨》。线上观看的人数多达几百万人，极大地推动了南派筝乐在包括东盟国家在内的全球性传播。[1]

---

[1] 王岚岚：《中国南派筝乐沿"海上丝绸之路"在东盟国家的传播研究（下）》，《乐器》，2023 年第 2 期，第 58—60 页。

肆

客家文化海外交流平台和活动

第九章 客家会馆与社团

无论是逃难、经商还是被贩卖，移居海外的华人华侨在异国他乡，人生地疏，举目无亲，自然和生活条件艰苦，为相互帮扶、守望相助、凝聚力量，海外客侨以地缘（同乡）、血缘（同宗）、业缘（同业）、慈善（公益）、神缘（神祇）为纽带，成立了客侨宗乡组织以共同应对外部挑战和机遇。其中，数量最多的是同乡会和基于血缘宗族关系的宗亲会。通过会馆集资，帮扶同乡创业；举行联谊活动增进沟通，捐资兴建客侨义山；传播中华文化，加强会馆交流；密切与祖籍国家乡联系，这些对海外客侨群体的成长起到十分重要的核心作用。

据前国务院侨办副主任谭天星在 2016 年于北京召开的第八届世界华侨华人社团联谊大会上的报告，海外华侨华人社团数量达 2.5 万多个。①

一、海外客家会馆社团概况

会馆发端于中国明代，是一种具有地域性的特殊的社会组织。会馆文化随着明清时期的中国移民去往世界各地，华侨华人会馆对于海外移民而言具有重要意义。东南亚地区是全球华侨华人聚居最为密集的区域，会馆文化作为华侨华人的特色文化亦在东南亚各国地区立足共生。

客家商帮的独立组织最先是在南洋形成。1795 年，广东客家商人和福建客家商人共同在槟榔屿组织广汀会馆。这是第一个打破

---

① 《目前海外华侨华人社团数量达 2.5 万多个》，《人民政协报》，2016 年 5 月 18 日。

区域观念的纯客属商帮组织，但当时并没有冠名"客"字。其后在 1840 年前后，槟榔屿的永定籍客家人和大埔籍客家人结盟，成立永大会馆。随着客家人联系的日益广泛，在 19 世纪，客家人的这种联合会馆在东南亚分布极广，遍布新马各地。这些客属会馆的会员除广东、福建的客家人外，还有广西、湖南、湖北天门籍客家人。但大多没有以"客籍"或"客家"冠名。最早以"客"冠名的客籍会馆是 1865 年在印尼成立的客属总义祠。"客家人在东印度之团体组织，其历史较长者，当以巴达维亚之客属总义祠为最著。"梅州籍的印尼客家商人于 1882 年在吧城成立客属总义祠，以后泰国的客家商人亦成立"合艾客属会馆"等；旅居马来西亚的梅州籍客家商人也组织了各地的客籍会馆。20 世纪初，梅县籍旅泰国客商侨领伍佐南以团结客属同胞为己任，于 1910 年将泰国两个客籍会馆合并，正式组成"暹罗客属会所"，并向暹罗政府立案，成为合法社团。以后，美国的旧金山，非洲的南非、毛里求斯以及南美洲等地先后出现各种客家会馆或客属联谊会。①

随着历史的发展，时代的进步，进入新时代后的海外客家社团有了新变化。

一是不少社团复会了。因早期国籍、在地国政治等原因，一些客家社团被解散，被禁止。但随着时局的变化和社会的发展，逐渐解禁。如印度尼西亚，苏哈托政权在 1998 年垮台后，印度尼西亚政府开始民主化进程，对华人的诸多限制都被解除。印度尼西亚政府的领导人出席华人社团活动，比如总统瓦希德出席 2000 年 4 月在雅加达召开的首届亚细安客属恳亲大会，副总统哈比出席 2002 年 11 月在雅加达召开的世界客属第 17 届恳亲大会，等等。

---

① 闫恩虎：《客家商帮的形成演变及历史影响》，《社科纵横》，2016 年第 11 期，第 123 页。

解除了华人对结社的疑虑。出于加强团结互助，并与世界各地华人开展经贸和交流合作的需要，印度尼西亚华人社团在 2000 年后如雨后春笋般建立起来，不仅原来被禁止的社团"复会"，还纷纷成立了新的社团，华人社团数量数以千计。①

二是新移民及国内政府支持的老侨成立新社团，尤其是商会。进入 21 世纪后，无论海外同胞多寡，中国各经济大省纷纷推动海外商会的成立，作为当地经济国际化的重要举措。尤其是东部经济大省，如江苏、山东、浙江、广东和福建，设立商会的积极性更高。且很多海外商会设立的推动者，并非是侨务统战部门，而是各地工商联。例如，江苏和山东并非是传统的侨务资源大省，但他们在海外商会设立方面更积极有为。江苏省近年来设立的海外商会数以百计，数量之多超过同乡会组织。成立于 2001 年的加拿大江苏总商会，或是江苏成立的第一个省级海外商会。2015 年以后，江苏省工商联先后推动成立美国江苏总商会、德国江苏总商会、西班牙江苏总商会、澳大利亚江苏总商会、安哥拉江苏总商会、秘鲁江苏商会、柬埔寨江苏工商企业联合总会（成立于西哈努克港）等省级商会组织，号称初步完成了五大洲的全球布局。另外，还有非工商联推动成立的柬埔寨中国江苏总商会（成立于金边），有些国家的江苏商会还在各地成立分会。如 2016 年成立的美国江苏总商会，总部设在洛杉矶，同时在洛杉矶、旧金山、纽约、芝加哥、华盛顿、波士顿、西雅图、休斯敦、圣地亚哥、拉斯韦加斯、达拉斯和迈阿密设有 12 个分会。②

三是海外客家社团与海外各地社团之间、与国内相关机构之

---

① 张佑周主编：《龙岩华侨史》，华南理工大学出版社，2020 年，第 308 页。
② 庄国土：《21 世纪前期海外华侨华人社团发展的特点评析》，《南洋问题研究》2020 年第 1 期，第 57 页。

间往来更加密切，开展互访活动与商业活动。中国的快速发展，加上中国互不干涉内政的和平外交政策，使世界各国都愿意与中国发展友好关系，鼓励民间对华开展经贸往来，对海外华人来说也是重要机遇。

二、客家会馆与社团的功能

早期的华人会馆，大多数以神庙、同乡会或商业行会的名义及形式建立起来，用以周全华侨华人社会的诸多事宜，因此会馆与相关族群的宗教信仰、教育医疗、福利慈善、风俗习惯等各方面联系紧密。有专家提出，这些会馆基本具备宗教、商业、福利等三大功能。

1. 凝聚乡谊亲情

（1）服务同乡，安顿新客。到海外谋生的人，要离乡背井，闯荡异地。初到海外的新客，人生地不熟，很需要有人照应，需要有人协助找个住宿的地方，协助寻找工作以解决温饱的问题，协助他与家乡互通音讯，远赴他乡散居于各地的同乡需要经常见面听听乡音、互通信息、联络乡谊等。这些需要必须有社团支撑。同乡和宗亲组织也就应运而生了。

尽管岩籍海外同乡社团的宗旨表述不尽相同，但"凝聚乡谊，共谋发展"都成了所有同乡社团最大的共性。比如：

新加坡永定会馆最初的角色和功能就是：服务永定同乡，联络感情，传递消息。之后扩展到推广华语，促进华族文化和语言交流，弘扬中华优秀传统，积极开展与世界各地永定同乡的联络交流活动等。

缅甸仰光永定会馆的宗旨：联络同乡感情，为同乡谋福利。

印度尼西亚雅加达永定会馆的宗旨：团结乡亲永同心，造福社会定安宁。

新加坡南洋上杭同乡会的宗旨：团结侨胞，互助互爱。①

很多海外华人社团都将为会员谋福利列入社团宗旨，设有福利、教育、康乐等小组，积极开展会员福利互惠活动。会员福利包括：互助金、奖学金、贷学金、孝亲敬老金、社团发展基金等。

（2）消弭派系矛盾，团结族群。泰国的客家人是较早成立社团的方言群之一。据资料显示，最早成立的客家社团是"集贤馆"，后分裂为"群英"和"明顺"两个集团，形成对立的局面，与集贤馆最初的团结互助宗旨相距甚远。1910年，一些有远见的客属人士出面组织了"暹罗客属会所"，这便是后来泰国客属总会的前身。有关暹罗客属会所的成立经过，客属总会的简史是这样记述的：

迨光绪十五年，同盟会大埔党员余次彭赴暹罗，见明顺群英，徒做派系之争，未能为吾属谋共同福利，尤以无公共坟场之设，致死无所归，岁无所祀，应先行解决。徐彩成君首赞其说，乃邀集吾属人士，并公推伍森源君主其事。卒于是隆路购地一块约五余亩，即今之"是隆客属义山"也。时未组织机构共同管理，仅交龙莲寺将入山费充作该寺香油之用。光绪二五年，张斌坤君自梓返泰，携吕帝像一尊，初置于伍广源隆内，因信奉者日众，乃移至叻察旺路，嗣觅址建新庙。光绪二八年，卒告成功，即今豆芽廊路之吕帝庙也。该庙为吾属人士自建庙宇之最大者，亦为吾属唯一的道教庙宇，香火鼎盛。宣统二年，大埔人余次彭君为同盟会党员，来暹见吾属同侨两派对立，实非吾属同侨之福，且私派组织已不合潮流，乃出而奔走募款收回明顺群英，劝双方取消名称，并邀请梁挺英、朱松山、周笑柳、郑玉山、杨香秀、侯兰汀、伍森源、陈琳记、徐炎辉、徐子亭、陈绪堂、伍佐南等合创"暹罗客属会所"，

---

① 张佑周主编：《龙岩华侨史》，华南理工大学出版社，2020年，第346页。

事卒成功，乃假吕帝庙为会址，恭请泰内务部长昭披耶戎玛叻主持开幕典礼。①

（3）扶危济困，是社团的一项宗旨。北马永定同乡会规定，会员凡有困难，只要有向同乡会反映，同乡会都会发动会员捐款，给予援助。

"在泰国华人社团中，首倡向本群社会赠医的社团是泰国客属总会。据资料显示，泰国客属总会的这种活动始于民国廿八年（1939），专门将其群英楼修建作为赠医处。最开始是赠诊，后来发展到赠医，并发起筹建起产科医院。时任客属总会的理事长刘君汉将其廊曼第四路房地产一座，赠为医院的院址，并向泰政府注册，于1949年2月10日正式开张，起名为'客属公立医院'，后改名为'崇正医院'。经过几十年的发展，崇正医院的医疗设备应有尽有，且聘有医术精湛的医生，为病人诊治，甚得社会人士好评，从而达到了泰国客属总会'造福贫病同侨，尽其微力'的目的。"②

新加坡永定会馆列出的服务有几个方面：一是促进同乡间的交流，加强联系。二是为各地同乡办理事务，比如为经常过往的同乡协助办理出入境手续，代觅旅游向导，代向亲友传递信息等。三是协助失业同乡解决生活困难，或协助转业谋生，或代筹措路费，或介绍工作，还为同乡排解争端。四是交流信息，支持家乡建设。

2. 祭祀神灵亡魂

客家人把家乡的信俗带到海外，以祈求家乡的神明保佑平安顺利，求得心灵的安慰。

---

① 卢钧元：《泰国客总简史》，http://www.hakkathailand.com/index.php？langtype=tw&pageid=tw_32.

② 陈思慧、郑一省：《泰国的客家人与客属总会》，《八桂侨刊》，2014年第1期，第34页。

泰国客属总会及其前身客属社团先后支持建设三奶仙娘庙、吕帝庙、汉王庙、本头公庙、关帝庙及观音宫等，让泰国客家人有求福许愿之所。

新加坡丹戎巴葛海边的"望海大伯公"福德祠建于1844年，据悉，早在1819年即有此大伯公庙。清咸丰十一年（1861）重修庙宇碑记刻有"应和公司"与"丰永大公司"各捐款五十大元，为捐款名录中之最高捐款者。应和公司、丰永大公司分别是应和会馆、丰永大公会之前身。应和公司由嘉应五属组建，"丰永大"即丰顺、永定、大埔三县的简称。此客家八属客家人共同组织管理"望海大伯公"福德祠。庙中高悬着一匾额"福荫群生"，上款写着"光绪癸卯年孟冬之月吉旦"，下款则是"客社八邑众商绅士等同立"。

马来西亚是客籍海外社团最多的国家。1745年，永定教书先生张理与烧炭工马福春和大埔铁匠丘兆进等人，从大埔茶阳汀江码头登船，南下汕头漂过七洲洋，一同前往尚未开发的马来西亚槟榔屿，成为槟榔屿开山鼻祖。据传，三人对后来者热情照顾，热心帮助，所以后来的客属华侨对他们非常崇敬，都不敢直呼其名，而尊称为"大伯公"。他们逝世后，人们在他们居住过的海珠屿建起大伯公庙，世代祭祀。"大伯公"因而成了祖籍地土地神公王或伯公在槟城的化身。在共同祭祀大伯公的过程中，汀州与广东客家人在1795年共同建立了跨地区同乡会——广东暨汀州会馆。此后，汀州客家华侨在槟城建立槟州永安社、汀州会馆，其最主要的会务活动就是祭祀"大伯公"。① 这是祭祀客家圣贤，既以客家先人，又以神灵祭祀。

建设义山以使同乡死有所归、岁有所祀，也是泰国客属总会

---

① 张佑周主编：《龙岩华侨史》，华南理工大学出版社，2020年，第326页。

举办的福利事业之一。泰国客属总会承接义山始于 20 世纪 30 年代，至 50 年代建成"客属咯山庄"，后又建成"隆义山庄"两座义山，接手客属先人的埋葬及寄放骨骸，后因泰政府的发展计划的影响，泰国客属总会在春府晚县廊衣仑区，物色地皮一片，投资数百万铢，于 1976 年建成"崇正山庄"。客属总会还专门成立人寿委员会，负责人寿事宜。该委员会特做出一些规定：（1）凡人寿组成员逝世时，本会获承报后，即派员前往慰问，尚有所需义务协助其家属办理丧务。（2）凡人寿组成员逝世时，除过去一样由会馆核算所得的辅仪金外，另由理事会同仁各付香仪五十铢，合共两千两百五十铢，补贴人寿组成员家属。为了慎终思远，每到清明节日，泰国客属总会均延请斋姑为先人诵经超度，并由总会理事成员带领会员举行公祭，以慰先人。①

3. 共谋商贸发展

在康雍乾时期（1662—1795），客家人到东南亚国家经商贸易定居者有 300 多万。② 到了清代后期，客家帮商人到外国经商，建立会馆为数不少，计新加坡、马来西亚就有 21 个，美国旧金山 2 个，加拿大维多利亚 1 个。越南堤岸的"义安会馆"是客家商帮和潮州商帮共同建立的，始建于明末，义安在东晋辖今天粤东潮梅地区，闽南的漳浦、云霄、诏安等县。

研究显示，海外客家社团的建立，必然有一批客家精英在组织。与国内不同，海外组织者往往是一批成功的实业家、商人。"客家商帮"是明清时期广东四大商帮（潮商帮、广府商帮、客家商帮、海南商帮）之一。为了事业的发展，他们依托成立的社团建

---

① 陈思慧、郑一省：《泰国的客家人与客属总会》，《八桂侨刊》2014 年第 1 期，第 34 页。
② 广东省地方史志编纂委员会：《广东省志·华侨志》，广东人民出版社，1996 年，第 178 页。

设商贸网络，以图工商发展。"客商"是近现代华商网络的倡建者和积极推动者。

1923 年，胡文虎等"客商"领袖筹建南洋客属总会，1929 年 8 月 23 日，南洋客属总会正式在新加坡举行开幕典礼，胡文虎被推选为会长，并历届蝉联，成为新马华侨社会的著名领袖。南洋客属总会不仅是团结新马客属人士的核心组织，而且也是联系东南亚各地客家同乡的纽带，南洋客属总会经常与世界一百多个国家和地区之客属侨团保持联系，发挥沟通声气和团结互助之桥梁作用，对加强各地客属侨胞之间的联络、协作，起了不可替代的作用。客属总会的成立是全球"客商"网络形成的标志。

由于持续移民迁徙的特殊历史原因，客家人有着强烈的自组织意识。这种积极的组织意识和国家观念相结合，使"客商"成为华商网络建立和发展的积极推动者。华商网络的核心组织——海外中华商会——首先是在"客商"领袖张弼士的倡导组织下成立的（新加坡中华商会）。差不多与张弼士同时，姚德胜在马来西亚怡保组建马来西亚中华商会。以后，不仅海外各地的"客商"领袖积极成为华商网络的组织者和领导者，而且"客商"的组织机构——各种客属会馆——也成为华商网络的主要机构，为海外华商和祖国建设的联系做出杰出贡献。[1]

海外客家社团以姓氏为主体建设的比较少。如，参考当地咸丰六年（1856）的《福建义冢碑记》，当时的主事人是来自邱、谢、林、陈、杨、王、杜诸姓。到 19 世纪后期，邱、杨、谢、林、陈五大姓在槟人数众多，并且经济实力强大，逐渐形成主导槟榔屿闽南人的主流。陈荆和、陈育崧合编的《新加坡华文碑铭集

---

[1] 闫恩虎：《客家商帮的形成演变及历史影响》，《社科纵横》，2016 年第 11 期，第 123—130 页。

录》绪论指出："在槟城的初步调查，我们获得若干启示，对于帮的形成有所说明。我们也发觉槟城华人社会结构的一些特征，例如帮的发展带着极其浓厚的宗亲观念，所谓五大姓邱、杨、谢、林、陈等宗亲组织，其中四姓都是单姓村的移民：（一）新江邱氏，（二）霞阳杨氏，（三）石塘谢氏，（四）锦里林氏，都属漳州、龙溪县三都区的单姓村社，只有（五）陈姓是从各地来的。"虽说五大姓以外尚有其他闽南大宗亲组织，但是从五人姓合组的"福建公司"至今信托着闽南诸姓先人所共建的数间闽帮庙宇，并和广东暨汀州会馆共同派出信理员管理全槟华人信仰认同与历史象征的广福官，可知当地以方言群认同构成各"帮"，五大姓曾有一度几乎代表整个"闽帮"。《新加坡华文碑铭集录》绪论中也说："这种以宗亲氏族为基础的帮的结构，槟城以外是找不到的。"①

4. 传承中华文化

东南亚诸国与中国具有较为特殊的区位特点，中国与东南亚诸国之间悠久复杂的历史文化关系，也使得东南亚诸国在华侨华人中占有特殊地位。明清时期，许多中国移民出于各种原因，选择东南亚诸国作为移居的目的地。移民的流入，使得一些中华文化要素被带到东南亚诸国，并成为移民们重要的文化基源，会馆文化便是其中之一。随着时间的推移，这些来自中国的移民在与当地居民共同生产生活的过程中，逐渐形成一个既保留有部分中华文化传统，又融合了东南亚当地文化要素的族群——东南亚（华侨）华人，而在东南亚诸国华人所继承的具有中华文化特色的族群文化传统中，会馆文化是一个不可忽视的重要角色。因为，会馆既是一个具有现实功能的社会组织，又是一个饱含象征意义的文化符号，历史上华

---

① 王琛发：《入闽开漳圣王佑南邦：清代以来南洋各国开漳圣王信俗》，马来西亚道理书院出版，2020 年，第 108 页。

人会馆在当地华人社会的运转层面，体现出了重要的价值。

海外客家社团在融入居住地社会的同时，为保持自身的民族特色而希望继续传承弘扬传统文化。他们希望新生代能够通过学习中华文化，知道"我是谁，我从哪里来"。

因此，社团创办华文学校或华文补习班，肩负起母语教育的责任；开展寻根祭祖活动，培养对中华文化的感情；开展民俗节庆、文学艺术活动，熏陶年轻一代的情怀。

5. 对外联络

客家社团还肩负对外联络的任务，联络所在地相关族群，联络祖籍地，联络各地客家社团，扩大本社团影响力。

最多的是客家社团的横向联系，开展各地客家社团的联谊交流活动，增进乡谊，共谋发展，共同传承中华文化。如 1996 年 10 月 5 日，马来西亚霹雳永定同乡会借举行成立 50 周年金禧庆典活动之际，主办世界永定同乡恳亲大会，马来西亚槟城、新加坡、泰国，以及龙岩行署、永定县政府都派代表参加。再如，2023 年 4 月 22 日，旅缅客属安宁会馆成立一百五十周年庆典活动，曼德勒广东客属群治会馆、棉城永定会馆、勃生永定会馆、勃生嘉应会馆、棉城嘉应会馆、渺铭永定会馆等到会祝贺，分别赠送贺仪牌与特别捐款。

三、主要客家会馆社团介绍

（一）香港崇正总会

香港崇正总会成立于 1921 年 9 月 29 日，是世界上成立时间最早、影响力最大的客家社团之一。原名"旅港崇正工商总会"，创建人是香港大学首位中文系主任赖际熙及侨商李瑞琴、黄茂林、廖新基、徐仁寿、古端庭等。创会宗旨是联络海内外客属人士，考证客家源流，交换知识，振兴工商业，兴学育才，使海内外客家人联成一贯系统，共谋公益，以天下为己任，爱国家、爱民族、爱社会。1926 年改为"香港崇正总会"。之所以用"崇正"而不用"客家"，一方面象征客家人刻苦耐劳、敢作敢为、团结互助、富于创造、崇尚正义、威武不屈的精神，同时也避免与亿万华夏同胞有"割裂"之嫌。另一方面，也有"崇尚正义、崇正黜邪"之义。

经过数十年努力，在一批著名客家领袖，如以赖际熙、胡文虎等为核心的总会领导及历届先贤的共同努力下，围绕宗旨，做了大量工作，取得了很大成效。香港崇正总会已成为海内外亿万客家人的联络中心，在全球客属组织和客家人心中有很强的号召力和影响力。

基于香港崇正总会的巨大影响和胡文虎的个人威望，海内外许多客属会馆纷纷改名为"崇正会"，使崇正会成为客家社团的通称。

总会 1922 年以后在香港陆续创办了四所崇正义学，其经费概由胡文虎赞助。1965 年，又创办了崇正中小学，制定"仁诚敏毅"之校训。1971 年，学生达 1100 人，教学质量良好，成绩斐然。

（二）马来西亚客家会馆与社团

1801 年马来亚槟城建立的嘉应会馆是成立较早的华侨会馆之一，由嘉应五属客侨创建。海外客侨成立的会馆包括：嘉应会馆、茶阳会馆、梅州会馆、应和会馆、仁和会馆、崇正会馆等；后期逐渐在各国成立客属总会、客家公会联合会、崇正总会等。

1. 霹雳永定同乡会

马来半岛的霹雳近打谷自 1880 年发现锡矿以来，就有不少永定华侨迁往近打从事锡矿开采，造就了胡重益、胡曰皆等一批华侨富商，逐渐在近打谷发展起来的城市怡保，成了永定海外华侨的一个重要聚居地。

1945 年 10 月 10 日，永定下洋中川人，胡曰皆之兄胡锡皆特邀集霹雳永定同乡在怡保梅花酒家举行宴会，倡议筹组"霹雳永定同乡会"。28日，第一次筹备会议在怡保杜高街（国民街）45号举行，选举筹备委员会，曾昭周为正主席，胡锡皆为副主席。

1946年10月10日，霹雳永定同乡会在杨加森路17号举行成立大会，通过章程草案及选举第一届执、监委员，胡曰皆为正主席，曾智强为副主席。会员349人。同时，成立"华侨互助社"，筹资捐助家乡教育，并帮助弱势同侨，维护旅外同乡福利。①

2. 槟城永大会馆

槟城永大会馆于1949年重新注册，改名"永大会馆"，制定《章程》，选出1950—1951年度首届董事，戴国良当选主席。董事包括：何如群、陈东汉、江有生、何琼渊、陈仲明、李以鸿、何锦云、赖宜虎、游高明、黄耀南。1965年再次修改《章程》，董事会为每届任期二年。董事名额由两属会馆各自选派，会长一职由两县籍人士轮流担任。轮值会长县份，该属董事名额11人；非轮值会长县份，该属董事名额10名。

槟城永大会馆为永定、大埔两县所属，以"联络同乡感谢，共谋福利事业"为宗旨，每年举行春秋二祭，设联欢宴会。尤以祭祀建馆先辈陈洪魁公仪式最隆重。②

3. 广东暨汀州会馆

广东暨汀州会馆早在18世纪末的1795年创立，1951年2月22日获槟州社团注册官批准为免注册的社团，列号87。

广汀会馆以"联络广汀人士感情，同谋社会及公共福利"为宗旨，主要为广汀人士之身后福利着想，下辖五个公冢作广汀人士

---

① 《霹雳永定同乡会会史》，第二届世界永定同乡恳亲大会，第44页。
② 胡文希：《槟城永大会馆概况》，载《北马永定同乡会新会所开幕暨42周年庆典·青年团九周年纪念庆典特刊》，第232—233页。

身后葬身之用。1951 年 9 月购买郑景贵孙辈国安园一部分，充作第四公冢，1955 年获政府批准作坟场，1957 年起正式启用。1969年，广汀会馆以十万元的价格购买直落巴巷园地，并于 1982 年开发为第五公冢。

4.马来西亚客家公会联合会

第二次世界大战结束后，东南亚各殖民地获得了独立建国的权利，新加坡南洋客属总会先是从东南亚各国客属社团的领导机构转为新马地区客属社团的总机构，新马分家后，又转型为新加坡客属社团的总机构。1974 年 3 月，新加坡南洋客属总会通知外埠客属会馆停止选派董事代表，并在 1975 年遵照社团法令，取消外埠董事代表名称。自此，新加坡南洋客属总会在组织系统上不再是客籍人士南洋地区的总机构。有鉴于此，1975 年元旦，霹雳客属公会举行第 15 届理事就职仪式时，永定籍理事曾敦化局绅呼吁组织马来西亚全国客属总会，把大马客家人的力量凝聚一起，以便在华社事务中担任一个有用的角色。随后，霹雳客属公会发函给全马各地客属公会征求意见，得到热烈响应。

1976 年，马来西亚客家公会代表大会在怡保召开，与会的31 个客家社团一致通过组织成立"马来西亚客家公会联合会"（以下简称"客联会"）。时任霹雳客属公会会长的永定华侨胡万铎被推举担任第一届会长，1978 年他再次蝉联会长，任期到1980 年。①

（三）印度尼西亚客家会馆及社团

印度尼西亚早期为荷属东印度领地。荷属东印度领地的范围包括：爪哇、苏门答腊、婆罗洲南部、苏拉威西、马鲁古等岛屿。

---

①《马来西亚客家公会联合会简介》，载《世界客属第15届恳亲大会纪念特刊》，第 174—175 页。

后主权交给"印度尼西亚联邦共和国"。

1999年8月8日,印尼雅加达客属联谊会(印尼客属联谊总会的前身)获得印尼内政部的批准成为合法的公民团体。印尼梅州会馆也是印尼客属社团的突出代表,它于2002年1月26日正式成立。会馆成员从创会之初的200多人发展到现在的1000多人,每一任会长、理事长和监事长,都由民主投票选出。自成立以来,印尼梅州会馆一直非常重视慈善事业,在印尼国内的救灾、建校、义诊、捐血、扶贫助学,以及支援中国抗灾的过程中,均不遗余力。这些善行得到了印尼政府、地方民众和祖籍国家乡的广泛称赞。

2008年5月3日,印尼客属联谊总会在雅加达正式成立,旨在统筹印尼全国的客家社团事务,之前已有的印尼客属联谊总会更名为雅加达客属联谊会。作为印尼客家人的重要领袖,叶联礼连续三届担任客联总会总主席。目前,客联总会有五六十个分会,但据客联总会秘书长叶丽珍称,实际参加活动的主要有46个分会[1]。

1. 巴达维亚(雅加达)永定会馆

1938年,永定大溪人游风超、游范吾姐弟在巴达维亚(后称雅加达)三间土库街成立永定会馆,并在会馆内办起"协和学校"。首任会长游风超,继任会长游子平。日军占领印度尼西亚期间,永定会馆停止活动。1948年,游子平复办永定会馆和协和学校,任期两年。[2]

协和学校首任校长为李新昌(李勉之)。日本投降后,游尚群于1948年接任校长。1949年卢冠西继任校长,苦心孤诣,不辞劳苦,校务蒸蒸日上。由于校风好,学生成绩优良,吸引众多华侨

---

[1] 叶丽萍:《再华化与印尼华人的身份重构——以印尼客家人为中心的考察》,《华侨华人历史研究》,第4期,第58页。

[2]《雅加达永定会馆成立六十八周年暨复会二十八周年纪念特刊》,第9—10页。

子弟前往就读，学生人数很快从 100 多人增加到 2500 多人。

2. 万隆永定会馆

万隆永定会馆，成立于 1938 年，首任会长苏叔评。苏叔评，字绵福，学名骥材，1928 年赴南洋谋生，先到巴达维亚，1932 年转到万隆。"每至一埠，病者视为福星，贫则扶病而至，富则轿车以迎。"在万隆首倡永定公会，会馆成立后，被推举为第一届会长。①

3. 三马林达永靖公会

三马林达永靖公会，成立于 1946 年。三马林达是印度尼西亚东加里曼丹省首府。三马林达永靖公会由福建省永定县和南靖县两地的华人乡贤所创立，是两县乡亲联系的平台和团结的象征。三马林达永靖公会成立之初，租用 90 平方米的住家式旧木屋为会所。1947 年新建会所占地面积约 70 平方米，建筑面积达 200 平方米，平时作乡亲宴会或婚礼之用。会所内设医疗所，为同乡看病。

（四）新加坡客家会馆及社团

1. 新加坡永定会馆

1819 年英国人莱佛士在新加坡登岸时，就发现岛上已有许多华人。创办于 1840 年，由永定、丰顺、大埔人士组成的丰永大公司也足以证明，永定人很早就参与了新加坡的开发。

1916 年，永定先贤胡必育、张滋楼、胡星阶等人，鉴于前往东南亚谋生定居的永定人很多，却缺少一个团结和凝聚同乡的社团，遂开始发动筹备会馆。当年 12 月 26 日，他们发起并主持在新加坡召开永定同乡全体大会，会议一致通过成立同乡会馆的决议。

① 《雅加达永定会馆成立六十八周年暨复会二十八周年纪念特刊》，第 130 页。

经过一年多的筹备，新加坡永定会馆于 1918 年正式成立。[1]

1946 年，永定会馆出版会刊《永定月刊》，这是战后南洋社团首先出版的刊物。会刊定位为时事杂志，除了报道会馆动态及反映家乡近况外，更积极关注国计民生等天下大事，并发表旗帜鲜明的言论，成为研究"二战"后华人社团活动和新马社会变迁的珍贵史料。1947 年 1 月，因当地时局和政策限制，《永定月刊》停刊。[2]

2. 新加坡南洋上杭同乡会

20 世纪 30 年代末，新马地区的杭籍人士有两百余户，他们是马来西亚半岛柔佛州令金鄞江公会的重要组织者和参与者，每年都组织同乡前往令金老义山的鄞江同侨义总坟开展祭祀活动。随着新加坡逐渐成为东南亚的交通中心，新马一带的上杭人越来越多地向新加坡聚集。1939 年 4 月 28 日，在林定基、华亮明、丘吉豪、游清洲、游万丰等人倡议下，四十余名上杭同乡在上杭乡侨游杏南开设的"新新洋服店"召开第一次筹备会，一致同意筹建同乡会。"星洲南洋上杭同乡会"于 1941 年 2 月经殖民当局注册批准，3 月 28 日召开会员大会，到会 196 人，选出以游杏南为会长的第一届董事会 25 人，另有外埠董事 26 人。当日募得经费数千元，并派副会长罗炳恒，董事游子炫、陈安泰、华亮明四人向南洋各埠同乡劝募经费。同年 7 月，会址迁大坡厦门街 109 号。10 月 10 日举行成立庆典，国民政府驻新总领事高凌百到会剪彩。

星洲南洋上杭同乡会的宗旨是：团结侨胞，互助互爱，建设当地，造福桑梓。

1947 年隆重举行成立六周年纪念大会，出版大会特刊《琴岗特

---

[1] 郭兆娴：《永应挑战，定求新变——历史挑战下的永定会馆》，黄贤强主编：《新加坡客家文化与社群》，2008 年。

[2] 《永定会馆七十年来的发展史略》，《新加坡永定会馆七十周年纪念特刊（1918—1988）》，1988 年，第 35—37 页。

刊》，分五个栏目，登载论文、报道、散文、诗词、图片、函电等。①

3.新加坡南洋客属总会

新加坡南洋客属总会于 1929 年 8 月 23 日正式成立，胡文虎参与筹建并担任首任会长。日占期间停止活动，1945 年复会，1952 年改选职员，胡文虎继续任会长。为促进社会良好风气的形成，1952 年，胡文虎会长提倡"守时运动"，由新加坡南洋客属总会开始实行，推及各地属会。1953 年，为提倡节约，新加坡南洋客属总会主办华侨集体婚礼，胡文虎会长充当主婚人。许多会员热烈响应，参加集体婚礼的会员不仅来自新加坡，还有来自马来西亚半岛柔佛州的新山、昔加末、巴株巴辖、居銮、丰盛港、大笨珍、小笨珍的，甚至有来自更远的霹雳州的。②

胡文虎在参与筹建新加坡南洋客属总会，领导新加坡南洋客属总会和团结南洋各地客属人士支持祖国抗战和慈善事业中做出了杰出贡献。

一是参与客属总会的创建和长期领导客属总会。新加坡客属总会成立后，除第二届（1932—1934）由刘登鼎出任，第五届（1941—1945）文件散失外，胡文虎担任了前十届中的八届会长，一直到 1954 年去世。③

二是推动东南亚各地建立客属组织。1937 年"七七事变"爆发后，中国掀起了全民族的抗日救亡高潮，身为会长的胡文虎充分发挥新加坡地缘上的优势，派出代表到东南亚各地去宣传发动抗日

---

① 上杭县侨务办公室、县侨联编印：《上杭华侨志》，1989 年 9 月，打印稿，第 14—15 页。
② 吴慧娟：《独立前后新加坡南洋客属总会的作用》，黄贤强主编：《新加坡客家文化与社群》，人文出版企业，2008 年，第 106 页。
③ 吴慧娟：《独立前后新加坡南洋客属总会的作用》，黄贤强主编：《新加坡客家文化与社群》，人文出版企业，2008 年，第 95、122 页。

活动，东南亚各地纷纷组建客属公会。

三是以新加坡客属总会为号召，领导南洋客属筹赈抗日救亡运动。

四是举办慈善、教育、文化、公益事业。1935 年，由胡文虎会长独资创办民众义学，将客属总会的二至四楼辟为教室，分日夜班授课，学子有 1500 余人。

4. 北马永定同乡会（槟榔屿永定同乡会）

北马永定同乡会原名槟榔屿永定同乡会。因北马各地乡人也申请参加，来者不拒，其后置会所时又向北马及星马乡人募捐，乃将"槟榔屿"改为"北马"。[①]

（五）缅甸客家会馆及社团

1. 缅甸仰光永定会馆

缅甸仰光永定会馆成立于 1918 年。当时由胡文虎、张和泰、卢芳苔、江晓春、苏群彬、胡绍清等人，以汀州会馆名义从缅妇妈娣处购得位于仰光华区市中心南勃陶街 81 号枋屋一座做会所，1919 年开始改建成四层的钢筋水泥楼房。

会所建成后，却未称汀州会馆。这是因为，当时福建各县旅缅的人数渐多，不再像早期那样称泉州人或漳州人、汀州人，改为以县为单位自称，所以永定同乡建立的会馆也不再称汀州会馆，而直接命名为永定会馆，会馆公文于是一直沿用"旅缅（汀州）永定会馆"的名称。

仰光永定会馆建成后，由于地处缅甸经济、文化、政治中心仰光，交通、联络方便，起着联络缅甸各地同乡社团的作用，虽无"总会"之称，却有"总会"之实，一般称为"旅缅永定会馆"或

---

① 溪巫启因整理：《北马乡人与经济发展关系》，《新加坡永定会馆七十周年纪念刊（1918—1988）》，第 94 页。

"永定总会"，在永定同乡中享有很高的声望。

仰光永定会馆创建后，胡文虎于1923年11月在会馆内独资创办华文报《缅甸晨报》，为会馆增添一番新气象。后来，又在会馆四楼办"立本学校"，招收永定学子就读，教师由同乡担任，用永定客家话教学。直到1941年才改用国语教学，兼收外县籍学生，以普及教育为目的，将校名改为"民众学校"。后会馆设"缅华青年国术社""永定国乐研究社"。

2. 旅缅永靖华侨互助会

旅缅永靖华侨互助会创建于1951年。中华人民共和国的成立，鼓舞了旅居缅甸的永定县和南靖县两县华侨，在卢志华、陈兰生、江尧章、苏贞华、江步升、黄文仁、张应举、卢水华、苏培养、江昆洲、李亚光、林定孚、吴建朝等乡亲的积极发动下，组织了旅缅永靖华侨互助会。1951年8月在仰光举行了隆重的理监事就职典礼，中国驻缅甸大使馆参赞李萍亲自监誓，来宾近千人，场面非常热闹。

旅缅永靖华侨互助会成立了"缅华国术醒狮队"，共有7名武师，进行各项拳击培训；组织成立"缅华汉剧团"，在缅华文艺活动中，在推动和发展中华传统文化方面发挥积极作用。

3. 客属安宁会馆

客属安宁会馆成立于1872年10月4日，距今已整整150年。当时英国人三次调查户口，仰光的华人共有8029人；1901年第四次调查户口，华人增加到11080人。

客属安宁会馆宗旨即是发扬中华文化，展望未来，光大客家团结精神。他们倡导客家人务实勤劳，到哪里就在哪里落地生根，做哪里的人。

（六）泰国客家会馆及社团

泰国的客家人是较早成立社团的方言群之一。据资料显示，最早成立的客家社团是"集贤馆"，它是同治年间（1862—1874）在曼谷三王府左面设立的，作为客家人联络情感的地方，主持人为梅县人李家仁、伍福。1910年，一些有远见的客属人士出面组织了"暹罗客属会馆"，这便是后来泰国客属总会的前身。暹罗客属会馆的最先会址，是选择在吕帝庙内的。

暹罗客属会馆于1927年得到泰国政府批准注册，成为合法社团。经过十年的发展，在1938年改名为泰国客属总会。如果从泰国客属总会的前身集贤馆算起，该会实际已有百年以上历史，会员也从最初的数十人发展至现在的1万多人，成为泰国华人最多团体之一。目前，泰国客属总会的领导机构为理事会，每届任期两年。理事会下设文教、体育、宣传、妇女、福利、工商、联区、青年8个委员会。各委员会设有正副主任、秘书、委员、顾问若干人。①

（七）越南客家会馆及社团

越南的华人会馆通常修建在华侨华人密集的地区，如越南的中部和南部等地，大多数会馆以神庙、同乡会或商业行会的名义及形式建立起来。以胡志明市为例，华族会馆当前主要集中分布在堤岸第五郡第11坊及周边区域，如穗城会馆、义安会馆、霞漳会馆、温陵会馆、三山会馆、琼府会馆等，这些会馆历史悠久、知名度高，对当地华族而言是十分重要的历史记忆与信仰寄托，是具有标志性意义的华族历史建筑。

根据记载，19世纪20年代的堤岸，已有福州会馆、广东会馆、潮州会馆、温陵会馆、漳州会馆等"扎根"当地，仅仅从数量上便可窥见当时堤岸华侨华人会馆之兴盛，更可想今日依然得存的华族会馆历史之悠久。文献记载中的五间华人会馆，也从一个侧面

---

① 陈思慧、郑一省：《泰国的客家人与客属总会》，《八桂侨刊》，2014年第1期，第31—35页。

反映出越南华侨华人在堤岸当地蓬勃壮大的态势。义安会馆是潮州人与客家人合建的，还存有碑刻：

义安会馆部分碑刻：

……我义安会馆商贾辐辏必恭敬止，联义同德取善辅仁，经营顺遂，地利相安，宏图大展，海晏河清，前辈远志择地南邦，山环水绕毓秀钟灵，风景醇醇名区胜地，我粤人创建义安会馆崇祀。尊神聪明正直，护国荫民，神灵默佑，物阜人康……

会馆之建设久矣！其初为潮客两帮诸商董协力同心创成基址。凡吾两帮人等来南者皆得赖以联络乡情，会议商务……取其名为义安云者：盖以潮客自唐以来，人色非其亲朋即其故友。古人有言，"朋友之道以义合，苟能以义合故无不可以相安者"。而是地人适以安南名，于是义安二字遂因之而成立。故当日潮客两帮诸同人所斟酌，尽善而创为今名，并非有所沿袭而成也明甚……据兹胜地佐以神灵，必使坐贾行商蒸蒸日上，致富如陶朱者有人，输财如卜式者有人……①

（八）大洋洲客家社团

1. 澳大利亚客家社团

澳大利亚的华侨华人，大部分是 20 世纪八九十年代以后从中国大陆、港澳台地区和东南亚国家迁移而去的新移民，澳大利亚是岩籍新移民较多的国家之一。随着澳大利亚移民政策的放宽，新华侨华人通过技术、留学、投资、婚姻等方式移居到了澳大利亚。1997 年，岩籍的澳大利亚华侨华人有 1814 人，2006 年增加到 5334 人。原籍长汀县的饶国辉，在悉尼发起成立澳大利亚华人协会，并担任会长。后来，饶国辉又担任澳洲福建商会执行会长。

---

① 谢林轩、麻国庆：《越南华族会馆的生存机制——以胡志明市堤岸区华族会馆的田野调查为例》，《文化遗产》，2018 年第 3 期，第 72—82 页。

2. 新西兰客家社团

1986 年，新西兰颁布新移民法，鼓励具有技术和经验的外国人入境，并允许投资移民长期居住。旅新的龙岩市华侨华人绝大多数都是 20 世纪 90 年代以后从中国大陆和东南亚国家迁移的新移民。闽西新移民大都具有较高的文化水平，通过技术、投资、婚姻等方式移入，从事的行业较广，有种植、经商、医疗等行业。1997年，龙岩市新西兰华侨华人 463 人，2006 年增加到 2085 人。[①]

新西兰闽西同乡会由闽西新移民于 1998 年在奥克兰成立，会员由龙岩市下辖七个县（市、区）的新移民组成。该会以"联络乡谊，热爱家乡，团结互助，共创未来"为宗旨，每年举行 2—3 次同乡联谊活动。会务活动有：一是积极为旅新乡亲寻找立足之地；二是确实帮助闽西同乡解决实际困难和问题；三是开展互助活动；四是共促发展；五是积极引导乡亲为当地社会的发展和家乡各项事业的发展做贡献。2005 年 6 月，龙岩遭遇洪灾，同乡会积极发动乡亲捐款，为家乡的灾后重建尽一份心。第一任会长为永定籍卢绍基，第二任会长为武平籍李始民。

（九）北美洲（美国、加拿大）客家社团

1. 世界客属总会美东分会

世界客属总会美东分会于 1989 年在美国纽约成立，创会会长钟侨征先生是广东梅县人。纽约的客属侨团共有 12 个，以 1918年成立的拥有会员近万人的崇正会影响最大，该会机构庞大，人多财厚，成为客属侨团的龙头老大。美东分会主要由龙岩、粤东、台湾等地的客家人组成，会员 300 多人。

在纽约，岩籍华侨华人参与并担任会长的社团有纽约的世界客属总会美东分会、纽约缅甸华侨联谊会等。武平籍人李志潜担任

---

① 2006 年龙岩市侨情普查数据。

第五届（1995—1997 年）、第六届（1998—2001 年）会长，第七届（2001—2003 年）以后由永定籍苏焕光担任会长。苏焕光祖籍永定县古竹乡，缅甸出生，后迁移到美国发展。他担任会长后，积极联络乡亲，促进乡谊，团结奋斗，参与侨社各项活动，为华社的安定繁荣竭尽力量。[①]

2. 北加州永靖同乡会

北加州永靖同乡会成立于 1996 年 11 月 3 日，由永定华侨江立三等人发起，在洛杉矶三藩市成立。该会以"遵守当地法律，参加当地政治活动，争取华人利益，联络旅美永定、南靖和福建客属同乡，增进乡情，团结互助，发挥力量，共谋福祉"为宗旨，有会员 100 多户 300 多人。该会每年组织"新春联欢会"和"夏季野餐郊游"二次大型活动，旧友新知共叙乡情，交流资讯。江立三、陈贵寿先后担任会长。[②]

3. 北美上杭同乡会暨上杭一中北美校友会

北美上杭同乡会暨上杭一中北美校友会，于 2016 年 6 月 25—26 日在美国华盛顿马里兰大学隆重举行成立大会。来自美国和加拿大的 110 多名上杭同乡参加了会议。美国西弗吉尼亚大学教授梁瑞凤博士任北美上杭同乡会首届会长，美国俄亥俄州州立大学医学院生物统计中心研究员莫晓葵任上杭一中北美校友会会长。中国驻美大使馆领事庄元元、大华府客家同乡会会长张亦玮、大华府福建同乡会会长陈铭华、巴尔的摩华人协会主席刘孟经、美国力学院院士、美洲郑和学会董事张建平、北美上杭商会会长丁立隆等到场祝贺。到场祝贺的还有新加坡龙岩同乡联谊会代表黄春祥，新加坡永定会馆代表廖人庆，以及中国北京、上海、深圳、广州等地的上杭代表 20 多人。

---

① 张佑周主编：《龙岩华侨史》，华南理工大学出版社，2020 年，第 307 页。
② 据龙岩市外事侨务办公室资料。

北美上杭同乡会于 2016 年 1 月 26 日在西弗吉尼亚州正式注册，并于 4 月 28 日经美国国家税务局批准成为一个具有执行能力的公众慈善组织，共有会员 262 人，在美国建立了纽约、波士顿、费城、华盛顿、旧金山、洛杉矶、德州 7 个分会，在加拿大建立了多伦多、温哥华 2 个分会，并在美国波特兰、凤凰城、圣地亚哥、芝加哥、底特律、亚特兰大、哥伦布、匹茨堡等 8 个城市建立了联络点。

4. 加拿大龙岩同乡联谊会

加拿大龙岩同乡联谊会是龙岩全市性的社团，会员由龙岩市下辖七个县（市、区）的新移民组成。2012 年 10 月 26 日获得加拿大卑诗省官方的批准在温哥华正式成立。同月底举行第一届理事会，选举产生以朱红星为荣誉会长、卢文贵为会长的第一届龙岩同乡联谊会领导班子。2013 年 5 月 11 日，加拿大龙岩同乡联谊会在温哥华隆重举行成立庆典。加拿大联邦总理斯蒂夫·哈珀，加拿大联邦长者事务国务部长、国会议员黄陈小萍，加拿大联邦遗产与官方语言兼卑诗省事务部长、国会议员莫尔，国会议员杨萧慧仪，卑诗省列治文市市长马保定，卑诗省省长简慧芝，省议员、亚太事务议会秘书李灿明，省议员关慧贞，省议员哈里·部鲁伊，温哥华市市长罗品信，中国驻温哥华总领事刘菲等发来贺信。2015 年 8 月，加拿大龙岩同乡联谊会举行第二届理事会，林淑如当选会长。

5. 加拿大上杭同乡会

海外成立的众多客家联谊会、同乡会，不忘根本，联络感情，相互交流。他们制作自己的旗帜、徽章、会标，表明思想。

（十）南美洲苏里南广义堂

一百六十多年前，以广东惠阳、东莞、宝安一带客家人为主的中国劳工，远渡重洋到苏里南谋生。苏里南地处距深圳约 1.7 万公里的南美洲大陆北部。1835 年 7 月 20 日，18 名华工应苏里南殖民政府之聘，坐轮船前往从事甘蔗种植工作，成为远涉苏里南华人的先行者。往后数十年，陆续有多批次（每趟逾四百名）华人从中国本土或南洋诸国远赴苏里南做工，以广东客家人和福建闽南人为主。深圳龙岗历史上就有不少人去了苏里南，并且凭借客家人刻苦敢拼的精神艰苦创业，迅速在苏里南打开局面，特别是零售业，时人描绘道："就连郊区和乡镇，都能看到中国人开的超市、五金店和餐厅。"

在苏里南今日的首都帕拉马里博，有一座高大雄伟的牌坊式建筑，正门对联书："广联声气，义冠华洋。"这八个大字颇具气势，这就是华人组建的有一百四十多年历史的华人侨团广义堂。作为百年侨团，广义堂历史上一直活跃着诸多深圳龙岗人的身影，其中历任堂长均为龙岗籍人。用前任堂长池玉基的话来说："广义堂一向都是惠东宝客家人的侨团，其中最多的是我们龙岗人。"

据广义堂现任堂长、龙岗籍华人何振雄介绍，广义堂创办以来一直服务华人群体，曾扮演过宿舍、敬老院、电影院等诸多角色，现已成为华人社交和文化中心。1986 年，广义堂创办苏里南中文学校，成为当地华人子女学习中华文化的知识殿堂。广义堂已故堂长、龙岗籍华人丘鸿是中文学校创办者之一。1972 年，广义堂创办了《洵南日报》，2008 年创办了苏里南中文电视台，同样以弘扬中华文化为宗旨。

自 1975 年苏里南独立以来，步入政界的华人不断涌现。其中，祖籍龙岗的医学博士陈亚先曾于 1980 年被推举为苏里南总统兼总理。更值得一提的是，自 2015 年起中国春节被苏里南定为永久性国家法定节日，客家话也在当地被视为法定语言。[1]

---

① 杨宏海：《深圳（龙岗）：滨海客家图文志》，深圳出版社，2022 年，第 97 页。

第十章 客家文化研究与交流平台

为弘扬民族精神、传播中华文化、联络客属乡谊，客家人建设了许多交流的平台，如世界客属恳亲大会、石壁祭祖大典与公祭客家母亲河等。他们重视客家民系渊源历史、民俗文化等的研究，探寻"我是谁，从哪里来"。他们崇尚中原文化，通过各种渠道、媒介传播弘扬中华文明。

一、世界客属恳亲大会

中华人民共和国成立后至改革开放以前，没有客家研究机构和客家联谊组织，没有与世界客属恳亲大会联系。原因是政治运动多，特别是因"文化大革命"，人们害怕"海外关系"，"特别是台湾关系"。罗香林 1933 年著的《客家研究导论》直到 1992 年才在上海文艺出版社出版。从此才掀起客家研究热。

在 1994 年梅州主办第十二届世界客属恳亲大会以前，中国只有台湾和香港主办过客属恳亲大会，其中第一至十一届中有四届都是在台湾举办的。

1994 年梅州举办第十二届世界客属恳亲大会，来自世界各地 40 多个国家和地区的客属团体 2300 多位代表（其中海外代表 1700 人）参加。[1]

（一）世界客属恳亲大会之缘起

世界客属恳亲大会是国际上具有广泛影响力的华人盛会之一，是海内外客属乡亲联络乡谊和进行跨国跨地区交往的重要载体，也是各国各地区客家人开展经济合作和文化交流的重要舞台。

---

[1] 林开钦：《客家通史》，福建人民出版社，2018 年，第 304—305 页。

1971 年 9 月 28 日，香港乃至亚太最具影响的客属组织——香港崇正总会——为庆祝其成立五十周年暨"崇正大厦"落成典礼，特邀请世界各地 47 个客属社团共 250 多位乡亲代表，于香港九龙弥敦道"国际大酒楼"及设在跑马地的"香港崇正总会"大礼堂举行庆祝活动。其间与会代表决议：将这次活动定为"世界客属第一届恳亲大会"，会议还决定以后每一至两年轮流在世界各地有关城市召开一届。

创会的宗旨为：宣扬客家精神，加强属人团结，凝聚属人力量。推动并传达全球客属人士的工商业和文化活动，使各地客属人士能进一步了解和团结，使客家人的优良传统，果敢、刚毅、刻苦耐劳的精神，在全世界形成一股受人尊重的组织力量。

香港崇正总会举行了第一届世界客属恳亲大会，20 世纪基本上每两年举行一届，21 世纪以来每年举办一届。已在亚、美、非三大洲 12 个国家和地区举办，规模逐渐扩大，已由单纯的恳亲联谊，发展为融经济合作、文化交流和学术研讨于一体的活动载体。

之后，世界客属恳亲大会的宗旨不断提升，达成以"弘扬客家精神，增进海内外客家人的团结，促进经济合作与文化交流，推进祖国和平统一"为最基本的指导思想。

以盛会为纽带，凝聚广大海内外客属乡亲秉承优良传统，始终心系桑梓、情注故里、敦亲睦族、团结奋进，关心支持中国的建设和发展，为中国和平统一大业和中华民族伟大复兴做出新的更大贡献。

（二）历次世界客属恳亲大会概况

第一届香港

由香港崇正总会主办。香港崇正总会庆祝成立 50 周年暨"崇正大厦"落成邀请世界各地 47 个客属团体的 250 名代表，于 1971年 9 月 28 日在香港九龙弥敦道的"国际大酒楼"及设在跑马地的

"香港崇正总会"大礼堂，举行庆祝活动。该次大会与会代表决议：把这次大会定为"世界客属第一次恳亲大会"，并决定第二次恳亲大会由台湾省台北市的"中原客家联谊会"负责筹办。从此，世界客属恳亲大会成了世界客家人的盛大聚会，引起世人的注目。

第二届台北

由"中原客家联谊会"主办。1973 年 10 月 5—8 日在台湾省台北市延平南路的中山堂举行，世界各地有 67 个客属团体 2400 名代表参加。这次大会决议在台北市筹设"世界客属总会"，以便推动客属团结工作，并通过"世界客属总会"的会徽图案，还决定第三次恳亲大会请泰国客属总会筹办。

第三届台北

由台湾世界客属总会主办。因 1975 年泰国政局有变化，延至 1976 年改由台湾世界客属总会接办，于 1976 年 10 月 7—9 日在台北市延平南路中山堂举行，有世界各地 61 个客属团体 1352 名代表参加。

第四届美国旧金山

由美国三藩市崇正总会主办。于 1978 年 9 月 29 日至 10 月 2 日在旧金山"皇后大酒店"举行，世界各地有 25 个客属团体 820 名代表参加。大会决议：为保持客属传统固有语言口音，凡客属人士集会，均采用客家话发言，以延续客属传统精神。

第五届日本东京大阪

由日本崇正总会主办。本次大会于 1980 年 10 月 3—7 日在日本东京的"太平洋饭店"与大阪"宝冢大饭店"举行，全世界各地有 33 个客属团体 1100 名代表参加。

第六届泰国曼谷

由泰国客属总会主办。本次大会于 1982 年 9 月 25—26 日在曼谷市"那菜大饭店"举行，有世界各地 70 个客属团体共 1352 名代表参加。

第七届台北

由台湾世界客属总会主办。本次大会于 1984 年 10 月 7—9 日在台湾省台北市敦化路的"环亚大饭店"举行，有世界各地 48 个客属团体 974 名代表参加。这次大会决议：（1）世界客属恳亲大会，应以客家自由正义精神和勤劳俭朴美德为准则，不必过于铺张，竞求华丽。（2）各地客属社团暨各界殷富，对主办大会单位所需人力财力，应给予大力支持，以发扬团结合作精神。（3）规定今后不论团体或个人出席大会，均应缴纳出席费，凡热诚赞助者，也应订出办法加以表扬。（4）大会"会刊"须由主办单位负责编印好，分发各客属团体，以资纪念。

第八届毛里求斯波累

由毛里求斯与留尼旺的客属团体联合主办。本次大会于 1986 年 5 月 19—22 日在毛里求斯首都波累市的"甘地学院"大会堂举行，有世界各地 15 个客属团体 210 名代表参加。

第九届美国旧金山

由美国三藩市 5 大客属团体主办。本次大会于 1988 年 10 月 21—22 日在旧金山"教堂峰大饭店"举行，有世界各地 31 个客属团体 458 名代表参加，本次大会邀请大陆组团参加。广东梅州客属组织组团出席，这是中国大陆客属团体首次参加世界客属恳亲大会。会上，梅州客家山歌剧团进行文艺表演。

第十届马来西亚庇

由马来西亚沙巴客联会主办。本次大会于 1990 年 6 月 8—10 日在马来西亚沙巴州首府亚庇市举行，世界各地 20 个国家和地区的代表 1500 人出席这次会议。新加坡总理李光耀发表《乡团要能满足需要》献词，各地客属代表发表感言。

第十一届高雄

由台湾世界客属总会主办高雄分会承办。第十一次大会本来决定在香港举行，因故改在台湾省高雄市举行。本次大会于1992年10月6—8日，在国宾饭店及高雄市文化中心举行，有世界各地56个客属团体2500名代表参加。

第十二届梅州

由广东梅州客家联谊会主办。本次大会于1994年12月6—8日在广东省梅州市隆重召开。有来自五大洲40多个国家和地区的客属乡亲代表团以及国际文化、政治、工商界知名人士，中外记者，各省、市客联组织代表，共计2300多人（其中海外代表1700多人）参加盛会。这是第一次在中国大陆举办世界客属恳亲大会。大会于12月6日隆重开幕，主会场设在百花洲影剧院，分会场及盛大宴会和开幕式分别在市政府迎宾馆、望江楼大酒店及体育场举行，规模之大、代表之广、水准之高为历届罕见，深受海内外来宾之赞许。

第十三届新加坡

由新加坡南洋客属总会主办。本次大会于1996年11月9—12日在新加坡国际会议及展览中心（新达城）举行，来自世界各国和地区的150个客属社团近3000人参加。新加坡副总理李显龙到会。第三届客家学国际研讨会与大会同步进行。在本次盛会期间，来自中国福建闽西、陕西、台湾和美国、马来西亚的客属社团均向大会提出举办下届世界恳亲大会的申请，竞争十分激烈。最后采取特殊处理办法，改两年举办一届为四年举办三届，第十四届于1998年5月在台湾省举行，第十五届于1999年9月在马来西亚举行，第六届于2000年10月在福建省闽西举行。

第十四届台北

由台湾世界客属总会主办。本次大会于1998年10月6—8日在台北市阳明山中山楼举行，来自世界各地 33 个客属团体共 578 位代表和台湾 30 个客属团体共 948 位代表出席了此次大会。广东省梅州市和福建省龙岩市共同组团参会。大会议决下届恳亲会在马来西亚吉隆坡举行，并再次确认了上届主席团会议作出的第十五届和第十六届分别在马来西亚和中国闽西龙岩举办的决议。大会期间主办了"艺文展览""专题研讨""客家之夜"等活动。

第十五届马来西亚吉隆坡

由马来西亚客家公会联合会主办。本次大会于 1999 年 11 月 4—7 日在马来西亚首都吉隆坡双威大酒店举行，来自世界各地的 42 个客属团体 2000 人出席了此次大会。马来西亚首相拿督马哈蒂尔受邀出席开幕式并致辞。中国福建"闽西客家联谊会"在大会上正式接过了主办下届大会的会旗。

第十六届龙岩

由闽西客家联谊会主办。本次大会于 2000 年 11 月 20—23 日在客家祖地中国福建龙岩市体育场举行，来自世界各地 22 个国家和地区的 124 个客属团体 3600 多人出席了此次大会。时任党和国家领导人王兆国、罗豪才、张克辉，时任福建省委书记、省长出席。全国政协副主席张克辉致辞。大会议决下届恳亲大会在印尼雅加达举行。大会期间主办了"第六届国际客家学研讨会""客属风情书画摄影展""族谱展""参观永定土楼""宁化石壁客家公祠公祭""闽西风味小食品尝""福建省第二届客家文化旅游节"以及经贸展销和项目洽谈等 10 多项活动。世纪之交在客家祖地举行客属盛会，其意义自然不同寻常且令人瞩目。

第十七届印尼雅加达

由印尼客属联谊总会和印尼客属总公会联合主办。本次大会于 2002 年 11 月 2—6 日在印尼雅加达举行。来自中国、美国、日本、澳大利亚、马来西亚等十几个国家和地区的 50 多个客家社团的 1000 多位代表出席。大会主席台两侧高挂的中国结与雅加达土著雕塑互相映衬，洋溢着喜庆的气氛。

第十八届郑州

由郑州市主办。本次大会于 2003 年 10 月 26—28 日在全世界客家人的中原祖根地——河南省郑州市——隆重举行，来自世界各地的 138 个客属社团近 2800 位代表齐聚河南省体育中心。本届大会以联谊、寻根、合作、发展为主题。

第十九届赣州

由赣州客家联谊会主办。本次大会于 2004 年 11 月 18—20 日在江西省赣州市体育场举行，来自世界 22 个国家和地区客属社团的近 3000 多名客属嘉宾汇集赣州。此次大会以"客家亲·摇篮情"为主题，并建立了客家先民南迁纪念坛，铸造了客家先民南迁纪念鼎。梅州、闽西、赣州三地客家联谊会代表为纪念坛剪彩并献土献花。审议通过了《世界客属恳亲大会赣州宣言》。大会还组织参观了客家文化城、龙南关西围屋和信丰"客乡橙园"。

第二十届成都

由四川客家海外联谊会主办。本次大会于 2005 年 10 月 12—14 日在成都国际会展中心举行，客家人聚居的成都市龙泉驿区为大会的分会场。来自世界各地 20 多个国家和地区的 3500 多名客属代表汇聚成都。此次大会的主题是"天下客家西部情缘"，宗旨是"恳亲联谊、合作发展"。大会举办了开幕式大型歌舞表演晚会、第七届国际客家学术研讨会、客家乡情报告会、"世界华商峰会"经贸洽谈会、"龙种客家，龙行天下"祭龙仪式"在西部客家第一镇"成都洛带举办等一系列联谊活动。大会决定 2006 年在中国台北举办第二十一次世界客属恳亲大会。

第二十一届台北

由台北市主办。2006 年 10 月 28—30 日，来自 38 个国家和地区的代表和当地的客家乡亲共 15000 多人参加了开幕式，大会的主题是"发扬客家文化，促进和平繁荣"。台湾世界客属总会会长吴伯雄、理事长刘盛良，台北市市长马英九，以及福建闽西客家联谊会、香港崇正总会的代表在开幕式上发言。主要活动有：客家风情报告会、客家文化研讨会、经济合作发展研讨会、农业发展与观光研讨会、客家精英论坛等。

第二十二届西安

由西安市主办。2008 年 10 月 16—18 日，来自 19 个国家和地区的 189 个社团的 3582 位嘉宾出席。大会以"炎黄根，客家情，谋发展，促和谐"为主题，西安市市长陈宝根主持开幕式，陕西省省长袁纯清致辞，中国侨联副主席董中原，全国人大原常务委员、世界客属第二十二届恳亲大会荣誉主席曾宪梓，台湾世界客属总会理事长刘盛良先后致辞。

第二十三届河源

由河源市主办。2010 年 11 月 28—30 日，来自 20 多个国家和地区的近 6000 人出席大会。时任中共中央政治局委员、广东省委书记汪洋，广东省省长黄华华，全国政协副主席罗豪才等有关领导出席。大会主要活动有：国际客家学术研讨会、孙中山塑像安奉仪式、"世客林"植树、客家美食嘉年华，以及"古邑情，客家亲"歌舞晚会、"客娘颂"交响乐晚会。

第二十四届北海

由北海市主办。2011 年 11 月 30 日—12 月 2 日，来自全球各地的 156 个社团约 6500 人参加。大会举办了国际客家文化研讨会、客家书画摄影名家作品展、佛教文化园开园仪式、乡情报告会、产业发展投资推介暨签约仪式。与会者参观考察了北海产业园区、景区景点和市容市貌，欣赏了"南珠故郡客家情缘"主题文艺晚会和"碧海丝路"文艺演出。

第二十五届三明

由三明市主办。2012 年 11 月 20 至 22 日，来自 28 个国家和地区的 215 个社团的代表 5000 余人出席。这次大会以"根系祖地，客聚三明"为主题。与会人员通过参加宁化世界客属石壁祖地客家祭祖大典、参观清流灵台山客家文化园等活动，加深了三明是客家祖地的认识。

第二十六届印度尼西亚雅加达

由印度尼西亚客属联谊总会主办。2013 年 9 月 10—12 日，在印度尼西亚首都雅加达开幕，逾 8000 名来自世界各地的客家人出席开幕晚会。印度尼西亚副总统布迪奥诺、中国驻印度尼西亚大使刘建超等参加。会议举办的传统舞蹈兰拜萨满舞、印尼民歌《星星索》、巴厘岛传统舞蹈格扎巴龙舞等表演，充满民族风情，博得现场观众的喝彩。

第二十七届开封

由河南省开封市人民政府、开封市客家联谊会主办。2014 年 10 月 18—21 日，来自海内外的 2000 余名嘉宾参加。会议共安排 15 项活动，在清明上河园举办"圆梦"开幕式；在古色古香的守望阁、珠玑巷举行"根在中原·开封"祭拜活动，祭拜仪式内容包括吟唱客家主题歌、敬献花篮、客家代表上香、献祭文等；最后 6 只大香炉薪火升腾，象征着客家兴旺、薪火相传、盛世同歌、国泰民安的美好寄望。为举办世客会，开封市在宋代珠玑巷原址附近修整棂星门，塑立孔子像，重建珠玑巷，新建守望阁，并郑重命名为客家源文化广场。

第二十八届新竹

由台湾新竹主办。2015 年 10 月 16—18 日，来自全球各地的逾 5000 名客家乡亲参加。中国国民党荣誉主席、台湾世界客属总会总会长吴伯雄，台湾中华海峡两岸客家文经交流协会理事长饶颖奇，新竹县县长、世界客属总会理事长邱镜淳，亲民党荣誉副主席、中华建筑经理公司董事长钟荣吉等出席会议。大会举办了全球客家文化经济论坛、国际花鼓艺术节、世界客属团圆之夜、客家产业博览会、国际书画文创特展等活动。"天下第一龙"——福建连城姑田大龙也通过恳亲会入台巡游。

第二十九届香港

由香港梅州联会主办。2017 年 10 月 13—15 日，来自 24 个国家和地区的约 3000 位客家乡亲齐聚香江，共话乡情。本次大会以"世客齐心 扬帆同行"为主题。大会期间举办的活动还包括"千帆并举迎世客"多媒体表演、"客家杯"赛马、"客家文化论坛"及"世界客属青年高峰会"。

第三十届马来西亚吉隆坡

由马来西亚客家公会联合会主办。2019 年 10 月 18—19 日，第三十届恳亲大会在马来西亚首都吉隆坡双威度假城隆重举行。大会以"天下客家、永续共荣"为主题，来自世界 20 多个国家和地区的 100 多个客属社团共 3500 人欢聚一堂，同传客音，共叙乡谊。马哈蒂尔总理因重要国事临时出访印尼而无法出席第三十届世客会开幕礼，但他仍通过视频在大会上发表献词，并对客家人给予高度赞扬。马来西亚首位女性副总理旺阿兹莎亲临现场发言，中国驻马大使馆经济商务参赞石资明现场致辞，马来西亚客家公会联合会总会长、第三十届世客会主席拿督张润安动情讲话，印尼著名侨领、全球客家事业杰出贡献奖获得者之一的熊德龙全程用客家话演说。本次世客会首次设置颁奖活动共为 21 名在各自领域有杰出表现的客属人士颁发"马来西亚杰出客家人奖"，为 5 位客属人士颁发"全球客家事业杰出贡献奖"，以表彰他们做出的特殊贡献。会议举办了世界客属领袖论坛、客家文化学术论坛、客家青年高峰论坛及客家楷模奖颁奖典礼等活动。因场地等原因，客家文化学术论坛举办时间不同。

中国客家研究学者参加第三十届世客会学术研讨

作者接受马来西亚客联总会会长张润安拿督赠送的参会纪念品

第三十一届加拿大万锦

由加拿大客家联谊会主办。原计划于 2021 年 10 月举行的第三十一届世客会于 2022 年 6 月 24—26 日在加拿大安大略省万锦市召开，来自全球各地约 1500 名客家乡亲齐聚一堂，共话桑梓，同叙乡情，积极弘扬客家精神，传播中华文化，促进经贸交流。

第三十二届赣州

由赣州市龙南市主办。2023 年 11 月 7—10 日，世界客属第三十二届恳亲大会在赣州市龙南市举办，全球数千客属代表齐聚龙南，共襄盛会，共叙情谊，共创伟业。龙南被誉为"世界围屋之都"，这是中国大陆第一个以县级市主办世界客属恳亲大会的城市。

本次大会主会场设在世界客家民俗文化城。大会举办招商推介会、客家文化学术交流会、首届客家民俗文化艺术节晚会等

加拿大万锦市举办第三十一届世客会（梁瑞凤提供）

第三十二届主办方江西龙南向第三十三届主办方河南洛阳交接会旗

活动。

　　第三十三届洛阳

　　由河南省洛阳市主办。世界客属第三十三届恳亲大会2024年在客家祖根地洛阳举办。客家人祖在中原、根在河洛、源在洛阳，在洛阳举办世客会意义重大。

二、世界客属石壁祭祖大典与公祭汀江客家母亲河

（一）世界客属（宁化）石壁祖地祭祖大典

福建宁化，古汀州八县之一，位于福建西部、武夷山东麓。宁化石壁因其特殊地理位置，成了客家先民的避风港和世外桃源，这奠定了宁化石壁作为客家人南迁的中转站之一的地位。

1995 年，由马来西亚太平绅士姚美良、姚森良兄弟创导发起的客家公祠落成后，天下五大洲的客家乡亲把宁化石壁当作自己的"根"，这里聚 120 多个姓氏客家祖先的英灵于一堂。姚美良、姚森良兄弟倡导发起的宁化石壁客家祭祖习俗，2011 年被列入国家级非物质文化遗产名录。

2013 年 6 月，在厦门举行的第五届海峡论坛上，中共中央台湾工作办公室、国务院台湾事务办公室宣布在宁化石壁设立海峡两岸交流基地。自 1995 年至 2023 年，客家祖地石壁已经成功举办了 29 届祭祖大典，吸引了来自 80 多个国家和地区的 100 余万客属宗亲前来寻根谒祖，为全球客家人搭建了一座追根溯源、回归血脉原乡的桥梁，一个表达子子孙孙无尽孝思的载体。

第一届世界客属石壁祖地祭祖大典，由宁化县人民政府主办，于 1995 年 11 月 28—29 日，在新落成的宁化石壁客家公祠隆重举行。新加坡、马来西亚、泰国，中国香港、台湾等 8 个国家与地区的客家社团成员 142 人，以及广东、河南、陕西、福建等地代表和当地乡亲共 6 万多人参加了首次祭祖大典。

祭祖大典之后每年举办一次，每一届都有主题和特色。例如，第二届世界客属石壁祖地祭祖大典举行了碑林、客家姓氏碑廊揭牌仪式；第八届表彰了第一批"石壁功勋"10 名：姚森良、萧光腾、丘权政、何华英、黄水养、黄清林、黎国威、姚美良、蒿畹香、张让生，团体三个：香港崇正总会、胡文虎基金会、马来西亚

居銮客家公会。宁化县人民政府在客家公祠为已故姚美良先生挂了功德匾。第十六届正式启动全球首个"客家人基因族谱"项目，通过解读人体 DNA 遗传基因，追溯家世渊源，帮助海内外客家人寻根问祖。

世界客属石壁祖地祭祖大典为全球客家人提供了一个很好的交流平台，共同纪念客家先祖的丰功伟绩，感怀客家始祖的深厚恩德，传承弘扬客家文化。

（二）世界客属公祭汀江客家母亲河大典（长汀）

汀江是福建省唯一流经闽粤两省的省际河流。汀江孕育了客家人，繁衍了客家民系，饮水思源、慎终追远，汀江被称为"客家母亲河"。

南宋时，随着汀江航运的开通，汀江成为海上丝绸之路的重要延伸和组成部分，汀州城成为连接赣州、梅州的中心枢纽和商贸重镇，成为客家人的主要聚居地和祖籍地。

为了弘扬客家精神，1995 年，全国政协原委员、马来西亚太平绅士、南源永芳集团有限公司董事长姚美良捐资 15 万元人民币，长汀县政府投资 80 万元人民币，在长汀县城南五通桥边修建客家母亲园，整个园占地 1500 平方米，状如一艘巨轮劈波斩浪驶向海洋，园中客家母亲塑像为一端庄、秀丽的年轻劳动妇女形象。

由姚美良、姚森良倡导发起的"世界客属公祭客家母亲河"活动，每年举行一次，从 1995 年至 2023 年已举行了 29 次，共有海内外近 30 个国家和地区的近 50 万多人次客家乡亲回来寻根谒祖，加强了世界客家乡亲之间的联络，增进了海峡两岸的乡情、亲情和友情。

公祭客家母亲河活动得到海内外客家乡亲热烈响应，使该活动成为海内外客家乡亲共聚一堂的祭祖盛典，成为传承中华文明、弘扬客家文化的重大活动。

第一届世界客属公祭客家母亲河大典，由长汀县人民政府主办，于1995年11月29—31日，在汀州古城汀江河畔举行。日本、菲律宾、法国、澳大利亚、加拿大、美国、南非、巴西、荷兰、毛里求斯、新加坡、马来西亚、泰国、越南等国家和中国香港、台湾等地区客属社团、个人发来贺电、贺信326件，广东、江西、河南、上海、北京、四川、陕西和福建各地客联社团发来贺电。全国政协副主席杨成武、香港客属著名实业家田家炳等发来贺电，对首次世界客属公祭客家母亲河活动表示祝贺。日本、法国、加拿大、美国、南非、巴西、荷兰、毛里求斯、文莱、印尼、新加坡、马来西亚、泰国、缅甸、斯里兰卡、越南等国家和中国香港、台湾等地区祭祖团，广东、江西、河南、上海、北京、陕西和福建各地客家乡亲等，共162个国家和地区208个客属社团5000多人参加首届世界客属公祭客家母亲河活动。

公祭客家母亲河汀江

之后每年举办一次公祭汀江客家母亲河大典，每一届都有主题和特色。例如，第三届，长汀县人民政府授予姚美良、姚森良"长汀县荣誉市民"称号并颁发证书；第十届授予姚美良"客家之光"纪念牌、授予吴德芳"客家楷模"纪念牌；第十五届举办世界客家首府博物馆奠基仪式；第十九届由闽西客联会、台湾世界客属总会、马来西亚居銮客家公会、香港客属社团首长联谊会、新加坡茶阳（大埔）会馆、南源永芳集团主办，来自全球各地的客属乡亲 1000 多人，向客家母亲雕塑敬献花篮、上香、诵读祭文、行鞠躬礼。

世界客属公祭客家母亲河大典为全球客家人提供了一个很好的交流平台，共同纪念滋养诞生客家民系的汀江母亲河，感怀客家始祖开基创业的艰难历程，传承弘扬客家文化。

三、世界客商大会

（一）世界客商大会之缘起

世界客商大会是全球客商的盛会。举办世界客商大会，旨在大力弘扬客商艰苦创业、自强不息的精神，与世界文化融会贯通。在传承"崇文重教"传统的基础上确立"崇商重企"新理念，通过客商大会之平台，崇商论道，彰显卓越，联心联谊，推进各地客商、商会之间的合作，加强经济文化互动、人文商道共荣，实现客家地区和客商新崛起。

客家是世界上著名的大迁徙民系之一。千百年来，勤劳勇敢的客家人，在世界各地勤奋拼搏，锐意进取，涌现了一大批"商贾巨子"，涌现了一批又一批事业有成的新一代客商。有"世界客都"之称的梅州，是世界上客家人的主要聚集地和客商的主要发源地。为进一步加强海内外客商及商会之间的联系、交流和合作，梅州市委、市政府发起举办世界客商大会的倡议，联合其他客属地区和部分海内外知名客商团体共同举办。

2009年1月22日，梅州市成立了由市委、市人大、市政府、市政协主要领导挂帅的"梅州·世界客商首届大会"筹备工作领导小组，推进各项筹备工作。2009年2月17日，筹备办公室利用参加厦门客家经济促进会新春团拜会的机会，与福建省客联会和赣州、闽西、三明、南平、漳州、南靖以及台湾金门等地客联会的客家乡亲进行了交流，介绍了梅州即将举办世界客商首届大会的有关情况，热情邀请广大客属商界精英届时聚首梅州，研讨客商文化，开展经贸合作。举办世界客商大会的倡议得到了广大客属团体和客家乡亲的热烈响应。

世界客商大会由梅州市委市政府联合74个全球最知名的客属团体商会和84名最具影响力的客商，于2009年共同发起，大会每两年在梅州举办一次。至2017年已举办五届，第六届世界客商大会于2023年11月2—4日在广东省梅州市举行。

世界客商大会是由广东省政府主办，梅州市委、市政府承办，国务院港澳事务办公室、国务院台湾事务办公室、中华全国归国华侨联合会、中华全国工商业联合会、中国海外交流协会共同作为支持单位的大会，旨在大力弘扬客商艰苦创业、自强不息的精神，与世界文化融会贯通。

（二）历届世界客商大会概况

1. 第一届世界客商大会

2009年10月13日，在广东梅州举行。海内外1000多名客商第一次团聚，正式向世人宣告，客家商人将以一个群体名词"客商"打天下。时任中国国民党主席、台湾世界客属总会会长吴伯雄发来贺电。全国人大常委会原常委、金利来集团有限公司董事局主席曾宪梓，全国政协常委、香港侨界社团联会总会长、裕华国货有限公司董事长总经理余国春，全国政协委员、香港立法会议员、香港行政会议成员刘皇发，香港田家炳基金会董事局主席、田氏化工厂有限公司董事长田家炳等出席大会。与会人员参观了 2009 年世界客商名优产品展销会。

2. 第二届世界客商大会

2011 年 12 月 4—6 日，在广东梅州（梅城）举办，主题为"彰显客商精神，共谋合作发展"。来自 13 个国家和地区、中国 11 个省及 10 个地级市的 1000 多名客商精英出席本届大会。大会期间举行了"广东省客家商会"授牌、重点项目签约和庆典、经贸交流合作、"客商研究院"挂牌、客商互动交流、"客家文化之夜"主题晚会、参观考察等多项活动。同时，为庆祝客商杰出代表张弼士诞辰 170 年，大会还举办"张弼士为商之道"客商论坛。

3. 第三届世界客商大会

2013 年 9 月 22 日，在广东省梅州（梅城）举行，以"融汇世界的客家，展示客家的世界；天下客商是一家，携手共筑中国梦"为主题。来自美国、法国、澳大利亚、南非等 14 个国家和地，中国 14 个省区市的 900 多名嘉宾出席本次大会，梅州等 5 个客属地区与客商共达成签约合同项目 70 个。2013 世界客商大会特别倡议设立广东省雁洋公益基金会，创设"叶剑英奖"，杰出乡贤曾宪梓、田家炳，以及饶芳权、古德生、江欢成等 14 位梅州籍的两院院士获颁首届"叶剑英奖"。

4. 第四届世界客商大会

2015 年 10 月 12 日，在广东省梅州市举行，以"汇聚客商力量、共创海丝未来"为主题。大会提出，充分发挥客属地区华侨众多的优势，努力把世界客商大会打造成为广东落实国家"一带一路"倡议、积极参与 21 世纪海上丝绸之路建设、进一步扩大对外开放的重要平台。大会期间，梅州首条中远程国际航线——雅加达至梅州国际航线——正式通航；根据著名爱国侨领熊德龙传奇故事改编而成的 32 集华侨亲情大剧《亲亲中国爹娘》举行首发式；33 个联动客属地区和"一带一路"的海外经贸文化联络处获颁牌匾；经省政府批准的广东梅兴华丰产业集聚带挂牌；韶关、河源、梅州、惠州、清远等广东客属地区与海内外客商现场签约项目 90 个，计划投资总额逾 400 亿元，项目涉及新能源、新医药、新材料、电子信息、机械装备、文化旅游等领域。

5. 第五届世界客商大会

2017 年 11 月 14 日，在广东省梅州市举行，以"开放促发展·创新赢未来"为主题。大会为获得第二届"叶剑英奖"的 8 位客籍两院院士及代表颁奖。中国国民党荣誉主席吴伯雄、台湾世界客属总会理事长范成连为大会发来贺信贺电和题词。全国政协委员、香港广东社团总会主席梁亮胜，国民党荣誉副主席蒋孝严，印尼工商会馆中国委员会执行主席熊德龙，中国科学院院士蒲慕明在会上发言。会议期间签订赣闽粤原中央苏区"共建绿色家园·共享绿色发展"合作框架协议，设立广东原苏区绿色发展投资基金，设立世界客属青年创新创业中心和世界客属青年创新创业产业基地，举办投资环境及项目推介会，举行经贸合作重点项目签约仪式，表彰客籍院士，举办广东构建开放型经济新体制成果展，举办梅州市第五届客家文化创意产品博览交易会，举行梅州市客家非物质文化遗产展演。

（三）世界闽籍华侨华人社团联谊大会

世界闽籍华侨华人社团联谊大会成立于 2015 年，是全球华侨华人主要社团及其负责人联谊交流的重要平台，是"凝侨心、汇侨智、聚侨力"的重要平台，是凝聚海内外中华儿女的重要桥梁纽带。

福建是著名侨乡，一代代敢闯敢试的八闽儿女在异国他乡开辟新天地，创造了让家乡人民引以为豪的成就。不管走多远、走到哪里，大家始终心系家乡、情牵故里。实践充分证明，广大闽籍乡亲的根、魂、梦，始终同中华大地、同家乡故土紧密相连，不愧为推动福建经济社会发展的宝贵资源、独特优势、重要力量。

1. 第一届世界闽籍华侨华人社团联谊大会

2015 年 1 月 25 日，第一届世界闽籍华侨华人社团联谊大会在福州召开，来自 50 多个国家和地区 155 个社团的逾 200 名社团侨领、闽籍华商齐聚一堂共话乡情。大会举办了"牵手家乡、共谋发展"的活动。这是我省首次举办的世界性侨务社团大会。

2. 第二届世界闽籍华侨华人社团联谊大会

2018 年 2 月 2 日，第二届世界闽籍华侨华人社团联谊大会与福建省海外交流协会第六次会员代表大会、世界福建青年联会第四次会员代表大会在福州联合召开，简称"三会"。

"三会"由福建省侨办、福建省海外交流协会、世界福建青年联会共同举办，来自菲律宾、印尼、马来西亚、美国、英国、澳大利亚、南非、日本、阿根廷等 66 个国家和地区的 450 名闽籍华侨华人齐聚一堂，共襄盛举。"三会"举办期间，海外社团代表发表了题为《凝聚侨心侨力同圆共享中国梦》的海外社团助力新福建发展倡议书，呼吁五湖四海的闽籍华侨华人团结起来，鼓侨心、汇侨力、聚侨智、传侨情、展侨采，继承传统，勠力同心，助力新福建，共圆中国梦。

3. 第三届世界闽籍华侨华人社团联谊大会

2023 年 11 月 3 日，第三届世界闽籍华侨华人社团联谊大会暨福建省海外联谊会第六届理事大会在福州召开。本次大会主题是"共话闽乡情，同心向未来"，来自海内外 99 个国家和地区的 1100 多位嘉宾参加。

大会向 10 家海外闽籍社团颁发"侨社之星"，分别是：印尼中华总商会、旅意福建华侨华人同乡总会、菲律宾菲华各界联合会、欧洲福建侨团联合总会、马来西亚福建社团联合会、南部非洲中华福建同乡总会、加拿大福建社团联合总会、尼日利亚福建同乡总会、巴西闽商联合会、新西兰福建商会。

大会倡议，闽籍华侨华人社团在传承弘扬中华优秀传统文化上要展现更大作为，传承好中华文化的精神基因，大力开展丰富多彩的中外人文交流活动，推动中华文化、福建文化更好走向世界。

大会期间套开海内外新生代闽商创新创业精英对话会。大家一致认为广大华侨华人新生代是侨务事业的希望和未来，要增进年轻一代华人华侨对家乡的情感和认同，让浓浓的乡情绵延不断、代代相传。

四、客家学研究与传播媒介

（一）客家研究促进客家文化传播

1.客家文化研究之缘起

客家学研究源于对客家人种族的质疑，从 1851 年至 1933 年间，有关客家问题的四场风波，引发了学术界四个回合的大论战。对客家的研究，最热的是近代。客家人骨子中的崇正思想、汉族意识，在遭遇别的民系置疑时，产生了强烈的反弹，故掀起了一波又一波的客家研究热潮。

徐旭曾的《丰湖杂记》撰于清朝嘉庆乙亥二十年（1815），实为系统论述客家问题的开山之作。从客家人的来历、耕读之风、语言、妇女、武术、风俗等进行了全面的论述，且以自身所历来印证客家"中原衣冠"说。他在惠州这个多种民系文化冲突的地方，敏锐地从社会矛盾中把握了客家文化寻求生存空间的契机，为客家文化作了提纲挈领的诠释。如果说每种文化都有其独特的标准解说版本的话，客家文化的标准版本就是由徐旭曾破题，由罗香林基本完成的。故后人称之为"客家宣言"。

20世纪80年代初，中国大陆改革开放以后宽松的社会环境，使得海内外的经济文化交流越来越频繁。中国大陆掀起了新一轮的客家研究热，而海外华人也兴起了新一轮的寻根热。海外客家人寻根觅祖的归属欲望，中国大陆客家人谋求发展的经济诉求，两相结合，使得世界客家人的联谊活动达到了前所未有的高潮。"文化搭台，经济唱戏"是中国大陆客家人的联谊模式；"密切亲情，发展学术"是海外客家人的联谊模式。这一时期探讨更多的是客家人的人文特征与客家精神的问题。同时也更为理性思考客家人的优缺点，以及客家研究中的一些不足。

2. 西方社会对客家民系的关注

太平天国运动和广东西部客土械斗，也引起外国人士特别是社会文化学者和久居中国的欧美传教士关注客家民系并撰文评介。其中产生了几部有影响的作品，出了几大名家。在这一时期发表的主要论著如下：

英国学者爱德尔著《客家人种志略》《客家历史纲要》《中日访问纪录》（1867年出版）；

皮顿著《客家源流与历史》（载1873年《中国评论报》）；

在嘉应州传教20余年的法国天主教神父赖尔查斯著《客法辞典》（1901年出版）；

英国麦基威尔编《客家词典》（1905年出版）；

在客家地区居住多年的美国传教士罗伯史密斯著《中国的客家》（载1905年《美国人》杂志）；

在梅县传教数十年的英国传教士肯贝尔著《客家源流与迁移》（1912年口头报告，后印成小册子）；

主持《美国地理学会杂志》刊物多年的美国现代文化地理学权威教授韩廷敦著《种族的品性》，专门论述中华民族的有四章（包括论述客家特性）；

　　在嘉应州传教多年的美国天主教神父拜尔德耳著《客话易通》《客话浅说》(《客语浅句》);

　　布克斯顿著《亚西亚人》;

　　戴尔保著《客家人评语》;

　　英国著名人种学家史禄国著《中国东部和广东的人种》;

　　米尔细尔著《汉文客语》(1930年出版);

　　……

　　这些西方学者关于客家问题的论述,对中国的客家研究产生重大的影响,促进了客家学研究的发展与客家文化的西方传播,客观地说,这些著作的历史作用不容置疑。

　　3. 祖地客家学研究的兴起

　　随着客家研究的深入,客家研究的资料和观点越来越丰富,这为客家学作为独立的学科研究奠定了基础。真正将客家研究作为一门独立的社会人文学科并冠以"客家学"之学科名称进行科学研究的,是在中国大陆改革开放以后的20世纪80年代初。当时,号称客家祖地的闽西龙岩师专、号称客家大本营的梅州嘉应师专以及赣南师范学院的学者,掀起了新一轮客家研究的热潮。这受到著名的史学家,华东师范大学教授吴泽先生的关注。他首先提出了"客家学"这一学科概念,建议把客家学作为一门独立的学科来研究,呼吁构建系统的学科理论和研究方法。他在《建立客家学刍议》①一文中,对客家学的学科定义及其内涵和外延作了明确的表述:"所谓客家学,就是一门运用科学的观点和方法去研究客家民系的历史、现状和未来并揭示其发生、发展规律的学问。依循这一界说,客家学的内涵应该是:全面而又系统地研究客家民系的源流、社会、经济、语言、文学、民俗、文化、心理情感、民系意识等

---

① 《客家学研究》第二辑,上海人民出版社,1990。

发生、发展及其演变过程，揭示这一民系的发展规律并科学地预测其未来趋势。客家学的外延是：从历史学、社会学、人种学、民族学、语言学和民俗学等众多学科的视角出发，全面地、多方位地研究客家民系与汉民族共同体及中华民族大家庭、大文化的关系，分析客家人的民系个性和特征，揭示这些个性和特征在文化人类学上的意义，进而科学地论证客家民系对汉民族、对中华民族乃至对整个人类所作出的重大贡献及其原因。"并且指出："从客家学的学科定义及其内涵和外延来看，客家学不是客家史，也不是客家地区政治、经济、文化等内容的汇编或整合，它是一门以民族学基础理论为基础，但比民族学具有更多独特特征、丰富内容的学科，它是一门融汇了众多社会人文学科的综合性学科，它的研究涉及的领域十分宽广，是一个庞大而又复杂的系统工程。"

吴泽先生的论述，为客家学研究指明了方向，奠定了理论基础。随之而来的是大陆高校新一轮的客家研究热潮。

客家学研究热潮推动了世界客家联谊活动的进一步发展，也让客家文化得到进一步的传播，让世界瞩目。

4. 客家研究与教育机构的发展

随着客家研究的升温，越来越多的学者参与到客家研究中来，特别是多了许多不同身份和学术背景的研究学者的参与，改变了过去只有单一客家人研究的局面。研究内容也在不断拓展。除客家渊源、客家方言、客家妇女等方面外，有关客家传统墟市经济与现代化、客家乡村社会变迁、客家民间宗教、客家海外移民与原乡社会等也成为学者们研究的重点。此外，还特别注重客家内部的差别以及客家与其他族群的比较分析，例如，粤东、闽西、赣南客家文化差异与原因；客家人与广府人、客家人与闽南语系之龙岩人、潮汕人的比较。研究方法也更为多样化。在传统的历史学方法以外，目前客家研究愈加重视多学科知识的运用与整合。如人类学、

作者拜会马来西
亚华人研究中心主任

文化学、社会学、经济学等学科理论与方法成为客家研究越来越重
要的工具。

客家研究机构与队伍不断扩大。

海外有新加坡东南亚华人研究、新加坡南洋理工大学中华语
言文化中心、马来亚大学马来西亚研究中心、马来西亚拉曼大学中
华研究院、马来西亚新纪元学院、马来西亚南方大学、马来西亚道
理书院等等，以华人研究切入客家文化研究，硕果累累。

从中国大陆角度看，从 20 世纪 80 年代开始，客家研究机构
已经遍布于客家祖地、大本营粤闽赣三省以及北京、上海、四川等
地，其中又以大专院校和科研机构为主，比较有代表性的是华东师
范大学客家研究中心、龙岩学院闽台客家研究院、广东嘉应学院客
家研究院、赣南师范大学客家研究所、三明学院客家研究院、江西
师范大学客家研究所、福建省社会科学院客家研究中心等。后来又
逐渐扩大，先后成立的有四川社会科学院客家研究中心、北京大学
历史系客家研究所、厦门大学客家研究中心、华南理工大学客家研
究所、广东外语外贸大学客家研究所、深圳大学客家研究院等。研
究人员与队伍也相应地增多。

各种类型的客家文化论坛、研讨会相继召开，延续时间最长、规模最大的是和世界客属恳亲大会同时召开的国际客家学术研讨会，其他还有不少专题系列会议。中国高校研究机构与国际客家文化研究机构的交流越来越密切。中国客家学者让学术走向国际，拓展了学术交流圈，开阔了学术视野，加深了国际学者之间的友谊，加强了学术国际化以及与东南亚国家学术机构的深度合作，提升了客家研究学术水平，扩大了高校客家研究在国际上的影响。

（二）客家报刊与传媒的发展促进客家文化的海内外传播

1. 报刊

为研究客家，传播客家文化，客家人及客家研究的热心者与时俱进，创办报刊杂志，或在报刊杂志（含大学学报）开辟专栏。如中国本土的《大客家》《客家纵横》《环球客家》《客家研究辑刊》《客家人》《客家大观园》等理论和普及相结合的杂志和专刊，以及《龙岩学院学报》《嘉应学院学报》《赣南师范大学学报》等学报开辟的客家研究专栏。它们成为客家文化交流的重要基地。

在中国大陆的中央及有客家人聚居的地方，开辟了客家语电视、广播栏目。在台湾，客家电视频道、广播也有所增加，更难得

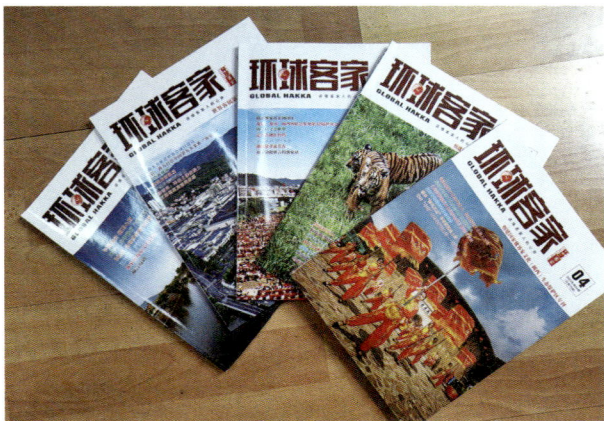

《环球客家》杂志

的是，还专门成立了客家电视台。

实际上，海外华人很早就意识到报刊对客家文化传播的意义。永定籍客家人、"万金油大王"、"报业大王"胡文虎，投资传播星系报业，从 1925 年至 1952 年，他先后在南洋各地和中国南方创办了 16 家中、英文报纸，形成侨界独一无二的报业王国。例如：

1928 年创办新加坡《星报》（小报）；

1929 年创办新加坡《星洲日报》；

1931 年创办汕头《星华日报》；

1935 年创办厦门《星光日报》；

1935 年创办新加坡《星中日报》（午报）；

1935 年创办新加坡《星中晚报》；

1937 年创办广州《星粤日报》；

1938 年创办香港《星岛日报》；

1938 年创办香港《星岛晚报》；

1938 年创办香港《星岛晨报》；

1939 年创办槟榔屿《星槟日报》；

1940 年接办新加坡《星洲总汇报》。

他虽以商业立场办报，却主张为民众作喉舌。他将报纸办成直接服务于社会的重要事业之一。胡文虎创办报纸，除为自己的成药做广告外，很大原因在于"振兴海内外之文化事业"。比如《星洲日报》的创办宣言中，胡文虎阐述"求民族、政治、经济的平等地位；力倡华侨投资祖国，藉定国基；提供各种教育，沟通中西文化，以增进华侨地位"的办报使命。

到抗战时，他再次说："不以营利为目的，专心服务为前提，宣传抗日救国，竖民众之信念。"他确实是这样做的，他的报纸对促进抗日救国事业，激励人们团结一致，推动桑梓建设，振奋民族精神和维护华侨权益，服务侨居地各项事业诸方面都起了重大的作用。①

海外的闽粤客家华人纷纷创办报刊，客家社团所办会刊如新加坡永定会馆的《永定会刊》以及各种纪念专刊，进一步推动客家文化传播弘扬。

2. 网络

随着信息时代的到来，互联网技术的普及，客家网站也如雨后春笋般冒了出来。以 2005 年网络搜索统计，各种客家网站已达 420 多个。它们在推介客家人、客家文化、客家地区风情胜景方面起了巨大的作用。这些网站有按地域建立的，有按专业建立的；有政府及团体创建的，有个人创建的。如：

http://www.mzmap.net 世界客家资讯网

http://www.minxi.com.cn 闽西客家乡情网

http://www.ocac.net/event1.htm 世界客属总会

http://betelnut.org/Hak—fa/hok—hak—fa.html 大家都来学习客家话

http://www.meizhou.gd.cn 梅州之窗

http://www.longyan.gov.cn 龙岩之窗

http://www.smhakka.com 三明客家网

http://pingwill.51.net/index65.htm 世界客家文化网

http://edir.yam.com/cult/ethnic/hakka 番薯藤上的客家

http://www.meizhouchina.com 中国梅州网

http://ydtl.3322.net 永定土楼

http://www.xh028.com/xhs_ld/index.htm 永远的洛带

http://www1.xlkejiaren.com/ 新老客家人网

---

① 张佑周主编：《龙岩华侨史》，华南理工大学出版社，2020 年，第 156—157、174 页。

http://www.guttha.com 崇正网

http://home.kimo.com.tw/mavis857 客家李氏网

http://www.gndaily.com/kjgn/kjgn.htm 赣州客家网

http://www.hakkanese.com/ 客家人网站

http://mail.nknush.kh.edu.tw/~h88053/new_page_11.htm 客家人网

http://www.south.nsysu.edu.tw/group/NTUHakka/food/menu.htm 客家美食网

http://www.coa.gov.tw/about/ha/index.htm 客家美食中心

http://www.ntch.edu.tw/twsong/haka_folder/haka.html 客家歌谣

http://home.kimo.com.tw/2into/index.html 客家擂茶网

（三）兴建博物馆传承弘扬客家文化

1. 海外博物馆

2013 年，印尼客联总会在雅加达主办了"世界客属第 26 届恳亲大会"，并且决定在雅加达印尼华人文化公园内兴建"印尼客家博物馆"。印尼客家博物馆是海外第一个，也是唯一一个客家博物馆，占地 4000 平方米，外观模仿了中国永定客家侨乡的圆土楼这一客家文化符号。该馆收藏了大量关于客家文化和印尼客家人的文物、文献史料、民俗实物、图片和书画，旨在为印尼客家人解答"我是谁，我从哪里来？"的疑惑，增强了印尼客家社会的内聚力。博物馆内设三个展厅，即印尼华人历史展厅、印尼客家人文展厅和印尼永定客家人文展厅，重点突出华人移民印尼的悠久历史及其对印尼国家独立和发展的贡献这两大主题。可见，博物馆实际上是想勉励印尼客家人乃至所有印尼华人：既要铭记族群历史、传承族群文化，更要积极融入印尼主流社会。

2014 年 8 月 30 日，时任印尼总统苏西洛主持了印尼客家博物馆的落成典礼，他指出，博物馆的成立对推动社会多元化和民族融合有重要作用。2018 年 11 月 9 日，印尼总统佐科维参观了博物馆，他鼓励华人要对印尼的未来有信心，为国家的统一与完整、民族的团结与融合、经济社会的发展贡献力量。总之，印尼客家博物馆成为宣传印尼客家文化和印尼华人社会的一张重要名片，受到了印尼主流社会、祖籍国家乡以及海外华人社会的广泛关注。①

2. 国内博物馆

博物馆存在的意义和价值就是证明历史，那种跨越时间长河所带来的感触是任何其他的作品所不能带来的。博物馆象征着一个国家的文化底蕴，就像一个人起码得知道自己是从哪来的，自己的过去是如何的。

首先，博物馆能很好传承人类发展的历史。它能很好传承一个国家或一个民族（民系）的发展历史。其次，博物馆能广泛传播人类优秀文化、艺术。博物馆是聚集人类财富、聚集文化的宝地。最后，博物馆能集中展现人类智慧和财富。

国内许多客家地区如梅州、赣州、洛阳、成都、龙岩等地都建设了各种类型的博物馆，以传承弘扬客家文化。

（1）龙岩闽西客家祖地博物馆

龙岩闽西客家祖地博物馆坐落在福建龙岩中心城区。闽西是客家祖地的核心区。

客家是中华民族中汉族的一个民系，客家民系具有四个特征，即：有脉络清楚的客家先民，有特定的地域条件，在特殊的历史年代，有独特的客家文化。客家的形成、发展、播迁是在赣闽粤边发生的，闽西是重要的核心区，闽西客家祖地博物馆旨在全面展示客家的源流，展示四个特征。

客家人分布在全球100多个国家和地区，但不论身居何地，也不论从事何种职业，"五洲客家音，四海桑梓情"，客家人听到客

① 叶丽萍：《再华化与印尼华人的身份重构——以印尼客家人为中心的考察》，《华侨华人历史研究》，第4期，第63页。

家话都倍感亲切，都对中原有深深的感情。这是因为在客家人的心中，中原是故土。客家民系根在中原的意识深植于客家人的心中。

（2）三明客家祖地博物馆

三明是南迁汉人的重要中转站和客家早期重要聚散地之一。

南迁汉人进入赣闽粤边的四条路线中，除了经赣江进入赣南各县以及闽西、粤东通道以外，宁化石壁通道，沿武夷山东麓南下经建宁、将乐进入闽西，以及沿闽江上游至沙溪、金溪、富屯溪流域进入闽西等3条路线均在今三明辖地。

三明与海内外客家人血脉相连。中原汉人迁入宁化石壁，个别姓氏始于东晋末，唐代46姓，五代14姓，北宋58姓，南宋是高峰，有63姓；自南宋后外迁108姓。

从中原到赣闽粤边地区，奔腾咆哮的汀江、赣江、闽江哺育了客家儿女，地理位置特殊的三明地域成了重要的客家祖地之一与中转站；南宋末年，三明祖地又把客家后裔送出山门，使之走向江南数省与五洲四海。

（3）世界客家族谱之最——客家族谱博物馆

上杭客家族谱博物馆已藏有153个姓氏2900多部20000多册客家族谱。此外，还有大量的祖先画像、契约文书、民间账册、民俗文物，是海内外收藏客家族谱最多，藏品最丰富的专题博物馆。

客家人总是以炎黄子孙为荣，他们恪守中原传统文化，积极弘扬中原传统文化。族谱，是我国传统文化的一朵奇葩，有人称之为"地方史书""文史宝库""无形的祖宗言"等。客家族谱记录了很多客家源流资料，客家族谱记录了汉族融合畲族的情况，客家族谱记载以祖宗的优良品德熏陶后人，客家族谱以先贤的爱国精神教育后人，客家族谱以族规祖训规范后人。

上杭客家族谱馆的建设与研究，意义重大。建成后不少海内外客家人来馆寻根，找到了祖先的出处。

伍

新时代客家文化海外交流与客家人物

中华文明具有突出的包容性，从根本上决定了中华民族交往交流交融的历史取向，决定了中国各宗教信仰多元并存的和谐格局，决定了中华文化对世界文明兼收并蓄的开放胸怀。改革开放，"一带一路"建设，中国又兴起出国的热潮。

每个时期，总有不畏艰险、勇于开拓的客家人走出国门，成为华人开拓海外、传播中华文明的一颗颗闪亮的明星。他们的身上无不闪耀出客家文化的光辉，无不展现伟大的客家精神。

第十一章　新时代客家文化海外交流

改革开放，中国向世界敞开了国门，与世界各国的政治、经济、文化交流越来越密切。习近平总书记 2014 年 5 月 21 日在亚信峰会上作主旨发言时指出：加快推进"丝绸之路经济带"和"21世纪海上丝绸之路"建设，建议尽早启动亚洲基础设施投资银行，希望各国更加深入参与区域合作进程。"一带一路"的提出，旨在借用古代"丝绸之路"的历史符号，高举和平发展的旗帜，主动发展与沿线国家的经济合作伙伴关系，共同打造政治互信、经济融合、文化包容的利益共同体和责任共同体。这个伟大战略构想的提出，迅速成为世界各国和中国社会各界热烈讨论的热门话题。对于海内外客家文化的传承与弘扬来说，既是机遇又是挑战。

一、新时代客家海外移民

1978 年以来，由于中国政府对外开放政策的全面实施和对外交流的全方位展开，出入境限制逐步放宽，中国大陆出现了新一轮的出国热。这一时期，出国并旅居、定居海外的人数逐年递增，其中主要是通过正常渠道的出国探亲、留学、经商者，但也有一定数量的非法移民。根据海外华侨华人所在国政府正式公布的统计资料进行的综合分析显示，20世纪80年代，海外华侨华人的数量是3000万—3500万左右；在21世纪初，海外华侨华人的数量是3500万—4000万左右。海外华侨华人所在国的分布，也由以东南亚国家为主（一度占海外华侨华人总量的80%以上），拓展到全世界150多个国家和地区。尤其是海外华侨华人中所谓"新移民"增长速度最快的国家，其重心已经逐步由发展中国家转移到发达国家。1978年以来，中国大陆被正式批准出境的几百万人中尤其赴海外留学的几十万人中，至少有一半以上选择在美国、加拿大、澳大利亚等发达国家旅居或定居。①

这一时期，中国大陆新一代客家人，继承客家先辈勇于开拓的传统，许多人背起了行囊，追逐着出国移民的浪潮，流向世界各地。广东、福建、江西等地客家人尤其多。

这一时期的移民主要有以下几类：一是投亲靠友。国门开放，往外海投靠亲友变得更为简便。二是留学出国。这是改革开放后国人最简单、最主要的出国模式。人们可以靠自己的努力出国留学，然后定居国外。这在崇尚读书出头的客家区特别明显。三是技术移民、商业移民。由于一段时间，澳大利亚、新西兰等国出台政策吸引海外技术人才与资金，沿海地区的许多高学历、高职称的知识分子，以及一些企业家移民澳大利亚、新西兰、南非等地，或者移民到美国、加拿大等地。商业移民项目（Business Migration Program）是20世纪七八十年代在澳大利亚、加拿大、新西兰、美国等主要西方移民国家兴起的一种旨在吸引高净值人群的移民项目，其基本目的是吸收资金、创造就业、提高经济活力，并且更好

---

① 张佑周主编：《龙岩华侨史》，华南理工大学出版社，2020年，第229页。

地创造移民国与其他国家之间的国际联系。通过这一项目移民海外的群体需要在移居国开办生意或者开展投资等，"商业移民"亦被称为"富豪移民"或"资本移民"。自 2000 年以来，中国大陆开始逐渐取代香港和台湾，成为商业移民的主要来源地。自 1992 年邓小平南方谈话之后，中国迅速实现经济腾飞。经过不同的发展阶段，以私营企业家为主体的高净值人群如雨后春笋般在短短 30 年内开始涌现。①

新移民因学历高或资金雄厚，从事的职业广泛、种类多。

以南非为例：1998 年中南建交后，随着双边关系的迅速发展，前往南非的客家人也快速增长。客家人主要居住在南非三个首都比勒陀利亚、开普敦、布隆方丹和商业中心约翰内斯堡、德班、伊丽莎白港等地，其中以商业中心约翰内斯堡为最多。2005 年底，在约翰内斯堡的唐人街，华人居民已达 6 万人之多，唐人街的门楼由南非客家联谊会副会长陈焕全捐建。

现在南非的客家人有如下几个类型：一是中国大陆，以及港澳台各大公司派驻南非的商务代表；二是中国大陆，以及港澳台前来寻找商机的个体或私营者；三是定居下来的客家人经营者；四是中国大陆，以及港澳台到南非（约堡地区的金山大学、约堡大学，开普敦的开普敦大学等高校）的客家留学生。

现在南非的客家人所从事职业包括：老一辈客家人勤奋工作，主要经营杂货店、洗衣店、蔬菜店、茶馆和餐馆。新客家移民的经济活动超出了原来华侨华人的经济范围，在南非主要以经商为主，同时也从事电子、电脑、电器、金融、饮食、商贸、旅游、建筑、渔业、纺织等行业，受过良好教育的新一代客家人不断崛起，从业范围不

---

① 石超、谭燕：《宏观背景因素对海外移民企业家创业的影响——以澳大利亚的中国商业移民为例》，《华侨华人历史研究》，2022 年第 1 期，第 1—3 页。

断扩大。尤其是 1998 年中南建交后，客商把握商机，凭借"中国制造"的优势，为南非提供了种类丰富的轻工、家电与电子产品。①

二、新时代客家海外创业与商贸发展

（一）国内经贸、企业向海外拓展步伐加快

伴随着改革开放的步伐，中国企业越来越遍及世界各地。从国有企业到民营企业，从基建、外贸项目到制造业、服务业、高端科技企业，从东南亚延伸至"一带一路"沿线国家和地区、亚太地区及欧盟、美洲、葡语系国家，近年来，中国企业"走出去"步伐逐渐加快。

40 多年来中国实现了前所未有的历史性变革，取得了举世瞩目的历史性成就，对外经济发展更是成绩斐然，全方位开放新格局逐步形成。共建"一带一路"，共享发展红利。经济全球化暖风劲吹，带动着我们进入到一个"全球价值链时代"。

2002 年中国企业"走出去"战略提出以来，中国海外投资增长迅速，尤其是 2013 年"一带一路"倡议提出后，中国资本的海外扩张步伐加快，2016 年中国 OFDI 流量首次超过 FDI，正式成为对外投资净流出国，1831 亿美元的对外投资总额使中国跻身全球第二大对外投资国行列。②

1. 新时代闽西客家人"网络军团"走向世界

自古以来，世居山区的客家人在施展其"向外而生"的生存智慧时，就注重收集和获取外部的相关信息。"对客家人而言，相对封闭的环境特征，固然给他们的生计带来严重的限制，但是却激发了他们对外部世界信息的敏感和渴求；向周边人群聚居区不断移

---

① 邓锐：《南非的客家人》，《客家文博》，2016 年第 1 期，第 108—115 页。
② 张原：《中国对外投资的特征、挑战与"双循环"发展战略应对》，《当代经济管理》，2021 年第 7 期，第 44 页。

居的经验以及外向型的生计特点，又进一步提升了客家人了解、掌握外界信息的重要性和急迫性。正是在这种人与环境的长期交互过程中，一代又一代的客家人，与生俱来地便拥有对外部世界新鲜事物好奇的禀赋。可以说，在客家人的精神世界里，对外部信息的渴望、搜求、获取，已然成为一种'集体潜意识'。尽一切可能获取外界的种种信息，时刻把握向外发展的每一次机会，也因此而成为客家人自觉的社会文化行为。"[1]

在过去，客家人重视办报刊杂志，收集信息，传播文化。

值得一提的是胡文虎先生，他除了开药店外，还办有 16 种星系报纸，发行全世界，影响巨大，被称为"报业大王"。胡文虎祖籍福建省永定县下洋中川村。他从缅甸创业在新加坡发迹，迈向"报业巨子"。他不仅平素热心于文化教育与医药慈善事业，而且自 1929 年独资在新加坡创办《星洲日报》后，于 1931—1941 年陆续在福建、广东、香港以及东南亚各地创办《星华日报》《星光日报》《星中晚报》《星岛日报》等，形成星系报业集团。他办报的指导思想，在 1929 年 1 月 15 日的《星洲日报》创刊宣言中提出"舆论界是社会喉舌，负指导天职，地位多么庄严，责任多么重大"；"环顾星洲，物质文明一方面虽稍有发展，而精神文明则实多缺陷，故应增进社会教育的职能为之补救。如对于宗法社会之陋习，封建时代的思想，应根本改革。而于现时代的文化、政治、经济、教育、美术，更应沟通传播。此其所负者一；精神团结，则力量膨胀，故要求精神的团结，必使言论之集中，此其所负者二。建设伊始，实业交通，种种计划，断非少数当局精神才力所能筹划无遗，我们的言论界应居于督促地位，伴其认真建设，此其所负者三。总观此三点，可明

---

① 王东：《"故乡"与"他乡"之间的信息链接：传统时代客家民间社会的信息收集》，中共龙岩市宣传部等主编：《新时代客家文化传承创新理论研讨会论文集》（未刊本），2023 年，第 22 页。

白创办本报之动机，完全是适应现代与时代社会的需要"。①星字报纸在海内外弘扬中华文化的贡献是不可估量的。

无独有偶，客家人对外部信息的渴望、搜求、获取的"集体潜意识"，在新时代再次展现，闽西客家地区出现了一个以"字节跳动"张一鸣、"美团"王兴、"雪球"方三文为领军人物的"网络军团"，被称为互联网圈的"龙岩三杰"。

提到张一鸣，不得不说他打造的在国内网站上第一阶梯队伍的流量分发平台——今日头条。张一鸣，男，1983年出生于福建省龙岩市永定区，客家人，2005年毕业于南开大学软件工程专业，字节跳动创始人、原CEO，今日头条创始人、原CEO。曾参与创建酷讯、九九房等多家互联网公司，2012年创办字节跳动。2013年，先后入选《福布斯》"中国30位30岁以下的创业者"和《财富》"中国40位40岁以下的商业精英"，是中国国内互联网行业最受关注的青年领袖之一。2021年4月，以356亿美元财富位列《2021福布斯全球富豪榜》第39名。

说到创业史，不能不提到张一鸣身上的客家人对外部信息的渴望、搜求、获取的"集体潜意识"。2012年12月底，张一鸣也察觉到了移动互联网的发展趋势，"在这个前提下帮用户发现感兴趣、有价值的信息，机会和意义都变得非常大"。为此，他辞去了九九房CEO的职务，开始了自己的第五次创业。他成立的这家公司有个很有趣的名字——字节跳动（bytedance），顾名思义，公司产品和数据相关。之后，其公司发展迅猛，已是家喻户晓。

方三文，雪球创始人及董事长，福建省武平县客家人。1997年毕业于北京大学中文系。2012年5月3日，《财富》（中文版）

----

① 罗英祥：《略论客家在东南亚的地位与作用》，《嘉应大学学报》，1996年第5期，第90—95页。

公布 2012 年"中国 40 位 40 岁以下的商界精英"榜单，37 岁的雪球 CEO 方三文榜上有名，排名第 30。

闽西的"网络军团"已走向世界。

2. 新时代闽西客家人"黄金军团"拓展海外

历史上客家人走向海外，不少是以开矿起步，成为"矿冶大王"。新时代，闽西客家又出现一位矿冶大王陈景河。古汀州是矿冶发达的州府，上杭紫金山金铜采矿已经很发达。宋代时，郭福安开采紫金山金矿，成就了上杭县城。现代，陈景河依托紫金山成就了紫金集团，走向世界。故有民间称："古有郭福安，今有陈景河。"

紫金矿业集团股份有限公司（简称：紫金矿业）是以黄金及基本金属矿产资源勘查和开发为主的矿业集团。公司位居 2018 年《福布斯》全球有色金属企业第 14 位、全球黄金企业第 2 位，是中国企业中拥有金、铜、锌资源储量最多的企业之一。2020 年 7 月，2020 年《财富》发布的中国 500 强企业中，紫金矿业集团股份有限公司排名第 77 位。《福布斯》发布的 2020 年全球上市公司 2000 强榜单中，紫金矿业连续三年排名上升，位列第 778 位，在中国上榜企业中排名第 123 位。

紫金矿业非常重视国际化，一直强力推动海外扩张，不断在境外并购矿产项目。截至 2019 年年末，紫金矿业共有 12 座海外矿山，这 12 座矿山的并购奠定了其发展的基础。具体为：图瓦锌多金属矿（俄罗斯）、ZGC 金矿（塔吉克）、左岸金矿（吉尔吉斯）、诺顿金田公司（澳大利亚）、加拉陶铂族金属矿（南非）、科卢韦齐铜矿［刚果（金）］、卡莫阿铜矿［刚果（金）］、波格拉金矿（巴布亚新几内亚）、白河铜业公司（秘鲁）、RTB Bor 铜矿（塞尔维亚）、Timok 铜金矿（塞尔维亚）、武里蒂卡金矿（哥伦比亚）。

陈景河，福建省龙岩市永定区客家人，教授级高级工程师，国务院特殊津贴专家。中国黄金协会副会长，现任紫金矿业集团股份有限公司董事长、党委书记。被誉为"有色金属的李四光"。2020年12月,被评为"2019—2020年度全国优秀企业家"。

3. 新时代客家企业明星璀璨

福建龙工集团有限公司创建于1993年,是全球客家祖地闽西发展起来的一个大型民营工程机械企业。2000年,龙工首开先河,在上海市松江工业园区创办了中国装载机行业第一个在沪生产基地——上海龙工机械有限公司,成为行业内一颗璀璨的明星。其生产基地获得上海市中外工业企业的最高荣誉——"上海市优秀工业企业"。龙工集团董事局主席李新炎,是上杭县客家人,还担任全球有重大影响的世界客属恳亲大会永久名誉会长、全国工商联执委、福建省政协常委、福建省工商业联合会副会长等职务。

还有新兴的福建德尔科技有限公司、福龙马、福建永强岩土股份有限公司等公司,正向国际进发。

4. 中国政府开放力度越来越大

1978年以来的改革开放新时期,是中国历史上对外开放的力度最大、成就最显著的一个时期。中国对外的经济联系和文化交流(包括与海外华侨华人所在国之间的经济联系和文化交流)空前加强。至21世纪最初十年,中国大陆的进出口贸易额突破2万亿美元,出入境人员总数突破3亿人次。海外华侨华人群体在发挥自身的经济优势积极地为所在国的经济建设服务的同时,也充分利用20世纪80年代以来世界经济"一体化"和中国经济"国际化"的大好时机,积极地为中国的对外开放和现代化建设事业贡献力量。1978年开始的最初20年,中国大陆吸收的逾6000亿美元外资中,有60%以上是中国台港澳资本和海外华侨华人资本,是自己同胞的"输血"。海外华侨华人资本不仅是其所在国经济发展的一支重要建设力量,而且是中国经济发展的一支重要建设力量,是世界经济发展的一支重要建设力量。[1]

5. 海内外华人商会越来越多

客家人崇文，但不轻商。古时客家商帮就是明清时期广东四大商帮（潮商帮、广府商帮、客家商帮、海南商帮）之一。

进入21世纪，客家人以崭新的姿态在各个领域搏击，成就斐然。在商贸领域，客家人也再显峥嵘，海内外客家商会蓬勃发展。

就国内商会而言，以深圳为例，客商们在深圳打拼的过程中，逐渐自发组织形成了同乡会、联谊会等乡情联络社团，并逐步细化、演变为商会组织和现代化合作企业。据有关统计，截至2023年6月，深圳的社会团体数量达4900多家。其中不乏省级商会组织，如广东省客家商会、广东省福建龙岩商会、广东省福建上杭商会、广东省兴宁商会等许多客属地区的异地商会。在市一级的商会组织中，也包括了赣州、龙岩、三明、韶关、清远、河源等客属地区的异地商会。

从海外来说，进入21世纪以后，无论是老侨商会还是新侨商会，其经济功能越来越突出，与中国的联系和合作也越来越密切。

福建、浙江、云南、广东是输出新移民最多的省份，新移民所创立的社团，以同乡会最多。福建籍华侨华人近1600万，分布在188个国家和地区。除东南亚以外，非洲、拉丁美洲、欧洲、中西亚、大洋洲的福建籍新移民所创立的社团，基本上都是同乡会和商会，以同乡会最多。浙江、广东、云南的新移民也基本如此。

首先，随着21世纪初以来中国成为"世界工厂"，近10年中国经济对世界经济增长的贡献率达到30%以上，发展与中国的经贸及投资关系，已然成为华商财富增长的重要渠道。尤其是那些新移民中的中小华商，其资本、商品和技术对中国大陆有较强的依

---

① 张佑周主编：《龙岩华侨史》，华南理工大学出版社，2020年，第229页。

赖程度。其次，中国崛起增强了海外侨团对中国的向心力。一个强盛的中国不但在某种程度上提升了海外同胞在当地的社会地位，与中国的密切关系，也成为他们在住在国生存发展的有利条件。当地国政府和商人，也需要借助他们发展与中国的商贸关系。第三，中国各级政府越来越重视华侨华人社团，尤其重视华侨华人社团与祖籍地的关系。随着中国经济和社会国际化程度越来越高，国内各级政府不同程度上都鼓励企业"走出去"，华侨华人社团就成为地方政府越来越重视的海外资源。①

历史上"客商"领袖担任东南亚国家领导人的有很多，目前正在东南亚主要国家担任国家领导人的"客商"及其后裔也有多人，如泰国的他信兄妹、新加坡的李光耀父子、菲律宾的阿基诺母子等。历来的海外中华商会，尤其是以新加坡为代表的东南亚各国的中华商会中，"客商"有重大的影响。海外中华商会是目前华商网络的核心组织，是发展我国对外贸易的重要桥梁，要加强华商网络的联系，促进中国的对外贸易，发挥客籍商会领袖的力量，增强海外华商的爱国精神，为"一带一路"建设做贡献。

三、新时代客家文化海外传播的基础

据统计，海外华侨华人共计六千多万，三分之二祖籍广东。广东海外华侨华人由广府籍、客家籍、潮汕籍三大群体组成，其中客家华侨华人为数较多，散居于世界80多个国家，主要聚居在印度尼西亚、马来西亚、新加坡等国家和地区。② 有数据显示，仅东南亚各国的华侨华人总数就已达到4264万（2015年），占世界华

---

① 庄国土：《21世纪前期海外华侨华人社团发展的特点评析》，《南洋问题研究》，2020年第1期，第55—64页。

② 杨宏海等：《深圳（龙岗）：滨海客家图文志》，深圳出版社，2022年，第91页。

侨华人总数的 73.5%。

1. 海外华侨华人群体的经济实力和社会地位大幅度提升

20 世纪 80 年代以来，海外华侨华人群体的经济实力和社会地位有了大幅度的提升。一方面是由于海外华侨华人所在国政府逐步放宽或取消了对华侨华人发展经济和积累社会财富的限制，逐步放宽或取消了对华侨华人融入当地主流社会并争取基本人权尤其是政治权利的限制；另一方面是由于海外华侨华人群体经过一代代的艰苦奋斗，勤劳致富，经济实力逐步提升，为所在国的经济发展和经济繁荣做出了越来越大的贡献。根据比较保守的估计，在 20 世纪 80 年代，海外华侨华人群体所掌握的流动资金是 2000 亿美元左右；21 世纪初，海外华侨华人群体所掌握的流动资金是 20000 亿美元左右。海外华侨华人群体在侨居国拥有了一定的经济实力并享有了一定的经济地位以后，也开始逐步关注自身作为侨居国一个平等的"少数民族"——"华族"——的基本人权尤其是政治权利的争取和维护问题，争取社会地位的提升。①

2. 海外华人对中华文化传承与弘扬有新的认识

以印尼华侨为例，印尼华人从惨痛的历史中得出的教训是：第一，必须坚决反对专制，拥护民主；第二，必须彻底消除土著族群对华人社会的偏见；第三，不能彻底抛弃自身的文化，因为一味地向统治者和土著族群妥协让步并不能根除他们对华人的偏见；第四，必须保持华人社会的团结，因为统治者与其他族群在实践中倾向于将华人族群视为一个整体。因此，民主化时期的再华化绝不等同于原教旨式地回归传统的中华文化，更不等同于拿来主义式地从中国与其他华人社会那里移植文化，而是要构建一种独一无二的印尼华人文化。这种文化应当一方面能够促进华人忠于印尼国家，主动融入印尼主流社会

---

① 张佑周主编：《龙岩华侨史》，华南理工大学出版社，2020 年，第 218 页。

与土著族群共生共荣，并且又不至于迷失自我；另一方面，则能够在包容华人社会内部多样性的基础上增进其凝聚力。①

3.社团组织更加完善，传播阵地更多

海外华人华侨的努力，中国政府的支持，国际形势的影响，促使海外各种社团组织越来越多，管理越来越规范。

2015年3月28日，中国发改委、商务部、外交部联合发布《推动共建丝绸之路经济带和21世纪海上丝绸之路的愿景与行动》（简称《一带一路的愿景与行动》）。《一带一路的愿景与行动》是实施"一带一路"倡议的具体纲领，明确指出了"一带一路"的文化内涵和人文建设目标。文件明确强调传承和弘扬丝绸之路友好合作精神，广泛开展文化交流、学术往来、人才交流合作、媒体合作、青年和妇女交往、志愿者服务等。

客家海外社团是加强客家文化的海外传播，增强海外客家华族文化认同感的重要渠道。

四、文化自信下中华民族的复兴伟大

1.文化自信的意义

"文化是一个国家、一个民族的灵魂，文化兴国运兴，文化强国运强。没有高度的文化自信，没有文化的繁荣兴盛，就没有中华民族伟大复兴。"②中国人的自信、民族的自豪感来源于文化的自信，来源于中华优秀传统文化对文化自信的给养。

党的十八大报告提出了文化自信，在道路自信、理论自信、制度自信基础上，形成了"四个自信"。之后，文化自信逐渐地作

---

① 叶丽萍：《再华化与印尼华人的身份重构——以印尼客家人为中心的考察》，《华侨华人历史研究》，第4期，第59页。

② 《习近平谈治国理政·第三卷》，外文出版社，2020年6月，第32页。

为"四个自信"中的基础，是"根"和"魂"。文化自信内蕴着两个根基，一是确立立党立国的根基——马克思主义理论，尤其是历史唯物主义和马克思主义中国化的成果；二是中国人文化生命体的根基——中华优秀传统文化。

作为"四个自信"中的基础，文化自信体现了一个国家和民族深厚历史力量的现实迸发。时处世界多元文化融突和合之际，为了提高国家文化软实力，推动中华文化走出去是历史的必然选择，也是中华文化复兴的标志。文化自信是涵盖民族文化、生活方式、意识形态、国民凝聚力的一种精神上的向心力，是增强文化软实力的源泉与动力，是实现中华民族伟大复兴的精神支撑。

曾经有观点认为，中华文明的主体是农耕文明。在许多西方学者眼中，中国文明被定义为"黄色的内陆文明"，是落后的文明，许多中国学者也自卑附和。更有甚者认为中国是"没有海洋文明的大陆国家"，此说似乎有相当大的影响。即使启航时间远早于哥伦布、麦哲伦，郑和、王景弘下西洋之举，也只被视为中国航海史上的一场突发的活动，难以改变许多西方学者的主观视点。

世界上公认的人类文化有三大种：农耕文化、游牧文化、渔猎文化。有人在此基础上提出第四种文化，即"海盗文化"。然后有人把渔猎文化、海盗文化合称"海洋文化"。笔者比较认可这个概念，即人类文化有三大种：农耕文化、游牧文化、海洋文化（包含渔猎文化、海盗文化）。

我们要意识到的是，农耕文化不是落后文化，而是人类最早的先进文化，是最早的定居文化，讲究制作农具、精耕细作、兴修水利、建设交通、营造屋宇，涉及的技术是方方面面的。同时，因有大江大海，中国古代的船舶技术、航行技术都是非常先进的。

习近平总书记将中华优秀传统文化提升为"中华民族的基因""民族文化血脉"和"中华民族的精神命脉"，有力增强民族自信心、民族自豪感和民族凝聚力。中华民族文明是融合农耕文化、游牧文化、海洋文化的伟大文明，是世界上唯一没有中断且以国家形态发展至今的伟大文明。

2. 弘扬与传播中华优秀传统文化是时代的要求

文化自信，就是要弘扬与传承中华优秀传统文化，并且向外传播。习近平总书记指出："展形象，就是要推进国际传播能力建设，讲好中国故事，传播好中国声音，向世界展现真实、立体、全面的中国，提高国家文化软实力和中华文化影响力。"①

2018年初，中办、国办印发《关于加强和改进中外人文交流工作的若干意见》，要求"重点支持汉语、中医药、武术、美食、节日民俗以及其他非物质文化遗产等代表性项目走出去"。 2019年3月，中央办公厅、国务院办公厅印发了《关于实施中华优秀传统文化传承发展工程的意见》(以下简称《意见》)。《意见》指出，实施中华优秀传统文化传承发展工程，是建设社会主义文化强国的重大战略任务，对于传承中华文脉、全面提升人民群众文化素养、维护国家文化安全、增强国家文化软实力、推进国家治理体系和治理能力现代化，具有重要意义。

文件要求，推动中外文化交流互鉴。加强对外文化交流合作，创新人文交流方式，丰富文化交流内容，不断提高文化交流水平。充分运用海外中国文化中心、孔子学院、文化节展、文物展览、博览会、书展、电影节、体育活动、旅游推介和各类品牌活动，助推中华优秀传统文化的国际传播。支持中华医药、中华烹饪、中华武术、中华典籍、中国文物、中国园林、中国节日等中华传统文化代表性项目走出去。

这些项目集中了中华文明的特点，承载了中国文化的精神，是

---

① 《习近平谈治国理政·第三卷》，外文出版社，2020年6月，第312页。

我们与全世界对话交流、沟通情感、融合文明的合适介质。这也是增强国家文化软实力，实现中华民族伟大复兴中国梦应有的行动。

3. 传承弘扬客家文化，推进客家文化海外交流

文化是民族的血脉，是人民的精神家园。文化自信是更基本、更深层、更持久的力量。中华文化独一无二的理念、智慧、气度、神韵，增添了中国人民和中华民族内心深处的自信和自豪。

闽粤赣是客家民系形成的核心区域。闽西是客家祖地，是客家文化的重要发祥地，是客家文化发展传播的原乡故土。闽西具有独特的客家祖地特色文化，在海内外客家区域具有重要影响。

客家文化根自中原，是中华优秀传统文化的重要组成部分。客家文化经过长期的积累、沉淀、改造和创新，逐渐形成了"刻苦耐劳、刚健弘毅、创业勤勉、团结奋斗"的客家精神及"爱国爱乡、报本寻根、自强不息、崇文重教"的客家文化，成为支撑客家人发展的内在精神力量。在新时代传承弘扬优秀客家文化是文化自信的具体体现，有利于赓续中华优秀传统文化"根"和"魂"，有助于联络海内外客家人凝心聚力为中华民族伟大复兴贡献力量。

客家文化丰富多彩，可供挖掘传播的内容相对多。我们要探索新时代闽西客家文化弘扬与传播途径，在日新月异的新时代背景下，更好地对闽西客家文化进行全方位、多层次、宽领域的弘扬和传播。

第十二章 海外华人华侨名人录

中华文明遍及世界，"海上丝绸之路"沿线国家里中华文化之花到处盛开，离不开历史上不畏艰难、勇于开拓、敢为人先的一代又一代华人华侨的努力。

从海外客家人的开拓发展史看，许多海外客侨从做苦力开始，从事开矿、种植、修路等最艰苦的工作，在异国他乡安家立命。他们有了一定积蓄后，多经营商铺，勤劳节俭、创建基业，扎根异国他乡。他们将侨居地视为第二家园，无论做何种职业，不畏艰难、勇于开拓、敢为人先，传承了中华民族重伦理、敦亲族、敬祖先、好学问、尚教育、隆师道、讲礼节、重和谐的传统精神，弘扬了"刻苦耐劳、刚强弘毅、刻苦创业、团结奋斗、崇文重教"的客家精神，成为早期海上丝路沿线国家华埠的开埠先驱。

在华人开拓海外、传播中华文明的过程中，闪耀着一颗颗闪亮的明星：最负盛名的有罗芳伯、叶亚来、胡子春、张弼士、张榕轩及张耀轩兄弟、姚德胜等，以及后来的伍佐南、梁密庵、胡文虎等来自闽粤山区的客家人。他们既勇于开拓创新，又以"和"为贵，亲和包容，深谙商道。"以诚待人""让人共赢""利者义之和""取诸社会，用诸社会"等理念的背后都有着一部感人的创业史。每当社会、国家发生巨变，同胞有难的时候，总会有一批又一批的客家人物，勇敢地挺身而出，力挽狂澜，稳住大局，定国安邦，他们的身上无不闪耀着客家文化的光辉，无不展现伟大的客家精神。

在此，我们辑录一部分著名客家华人华侨，以了解客家人开拓海外、传播中华文明的贡献。

一、兰芳共和国——罗芳伯

罗芳伯（1738—1795），原名芳柏，于乾隆三年（1738）出生于广东省梅县石扇堡。"罗大哥"及"罗芳伯"是人们对他的尊称。1770年，罗芳伯在东南亚西婆罗洲（今加里曼丹西部）成立了"兰芳公司"，1777年罗芳伯将"公司"改为"共和国"，成为"兰芳共和国"。兰芳共和国（1777—1884），全名"兰芳大总制共和国"，是华人所创立的第一个共和国。兰芳共和国最初并非政治组织，而是一家贸易公司。

是时不少广东人前往南洋谋生，由于广东人擅长经商，因此不少从事贸易的人都很受当地酋长的敬重。当时由于不少欧洲人前往当地骚扰，所以当地有华人社团从广东省招请团练，来到南洋担当类似保镖的角色，当中势力最大的是兰芳公司。后来不少酋长都要求兰芳公司保护他们，所以兰芳公司当时的老板罗芳伯就在当地成立共和国，并担任国家的元首，总揽国家的保全及各部族之间的协调工作。而各部族的内部事务，仍然由酋长负责。在最高峰时，兰芳共和国的势力范围占有整个婆罗洲岛。

兰芳共和国以东万律为首都，并将 1777 年建国当年定为兰芳元年。国家元首称"大唐总长"或是"大唐客长"，意思是华人做客海外的首长，且"国之大事皆众咨议而行"，以类似于民主选举和禅让的形式传承，前后历经十三任，十二位总长。后来由于清朝在外交上多次失利，荷兰开始重新部署占领行动。公元 1884 年，荷兰入侵兰芳共和国，兰芳共和国虽进行了抵抗，但终因寡不敌众而失败，其残余势力逃至苏门答腊。兰芳共和国自立国至灭亡，共经历 107 年。而逃往苏门答腊的华人一直往西迁徙，并于马来半岛定居。当中的一位后人后来更成了东南亚的显赫人物，他就是被誉为新加坡国父的李光耀。

罗芳伯少时，"负奇气，性豪爽，尤喜结纳"，"自幼文学习武为群儿冠"，"尝于学书习剑之余佐治耕牧，遇事勤奋，乡里称之"。清乾隆三十七年（1772），35 岁的罗芳伯乡试不第，于是"乃怀壮游之志"，与百余名亲戚朋友结伴而行，从虎门"觅出海之路，一帆高挂，飘入万里长空"来到被当时华侨称为"金山"的世界第三大岛——婆罗洲岛。

在当时，婆罗洲的坤甸、东万律、色拉满、山口洋各地，尚未开发，到处荆棘丛生，仅有少数广东潮州、嘉应、惠州各属的华侨在这里采矿和垦荒。罗芳伯最早以教书为业，他有文化、有才能、有胆识、懂武艺、长技艺，既能团结侨胞，又能与当地土人合作，故深受华侨和当地人民的拥戴。其时东万律有大小采矿公司七个，内部互相争斗，外部又有强邻入侵，面临着内忧外患。罗芳伯因为有较高的文化素质和出众的组织才能，在坤甸一带华人中享有很高的威信，所以被各地同乡会推举为领袖。

1777 年，罗芳伯根据当地人民的意见，以东万律为首府，着手建立兰芳公司，并组织兰芳大总制共和国，罗芳伯被称"大唐总长"。罗芳伯在任期间，领导人民改进农耕技术，并且扩大矿产的开采，发展交通事业，同时创办学校，实施全民皆兵，组织青壮年参加军事训练，平时务工、务农、经商，战时集结打仗，并设有兵工厂，制造枪炮，建立巩固的防务，并且与中国有贸易上的往来。

兰芳大总制成立 18 年（1795）后，罗芳伯因病在坤甸逝世，享年 58 岁，罗芳伯等人所造就的政绩，一直为后人所敬仰，东万律有纪念他的"芳伯公学"，坤甸有"罗芳伯纪念厅和墓园"。其家乡梅县石扇梅北中学内有"罗芳伯纪念堂"。在印度尼西亚坤甸卡浦亚斯河之东的一所中国式的庙宇，是侨民为纪念开辟坤甸的大唐客长罗芳伯而建立。大唐客长即海外王。庙里挂着一副对联：

百战据山河，揭地掀天，想见当年气概。
三章遵约法，经文纬武，犹存故国冠仪。

罗芳伯创立的"兰芳大总制共和国"，他创立共和体制，比 1787 年华盛顿当选为首任总统并实现联邦的美利坚合众国，还早了十年。兰芳共和国的成就与贡献至今仍为当地人称颂。

二、吉隆坡开埠功臣——叶亚来

叶亚来（1837—1885），原名茂兰，字德来，生于清道光十七年丁酉年二月初八日，即 1837 年 3 月 14 日，祖籍广东省惠州惠阳县淡水镇周田乡，是客家人，为家中的长子，有一妹三弟，曾读了两年私塾，因家贫而停学。

马来西亚的华人主要来自中国大陆的广东、福建及海南三省，华人迁居来此开垦已有六百多年的历史。客家人在 18 至 19 世纪就陆续到马来西亚从事锡矿开采工作。客家人是马来西亚华人中的第二大族群。至目前为止，还没有人能够超越马来西亚首都吉隆坡的开埠功臣叶亚来（Yap Ah Loy）。

清朝咸丰四年（1854），叶亚来跟随同乡，离开贫困的家乡，来到马来西亚开矿，是被卖到南洋淘金的典型"猪仔"。首先抵达马六甲，族叔叶国驷安排他到锡矿厂工作，后转到另一族叔叶五之什货店当伙计。1859 年，在族叔叶福资助下，在芦骨经营生猪及收买锡米之生意，不久离开芦骨到双溪乌绒（Sungai Ujong）找寻新生活。

他于途中巧遇双溪乌绒华人甲必丹盛明利之总巡（保安队队长）刘壬光同乡，刘乃推荐他为副总巡。

1862 年初，叶亚来放弃甲必丹之职，到吉隆坡协助管理锡矿厂。此后叶亚来开始发迹，自己也经营两家矿场。1864 年创设惠州公司。1868 年，吉隆坡第二任甲必丹刘壬光不幸逝世后，叶亚来代执行甲必丹任务，时年 31 岁。叶亚来推行英明政策，严惩盗窃，组织一支精锐队伍维持治安，使得吉隆坡成了夜不闭户之太平市镇，远近闻名。1869 年，叶亚来在隆重仪式中正式受雪州苏丹册封为第三任吉隆坡华人甲必丹。册封仪式由苏丹代表拉惹玛赫蒂主持。他也被称为"吉隆坡王"。

1879 年，叶亚来一跃成为吉隆坡首富。

叶亚来深知教育的重要性，1884 年创设私塾于惠州公司内，供同乡就读，并亲到中国聘请举人叶树网前来教学，该私塾成为吉隆坡第一间华人学堂。后来将私塾改为"唐文义学"，并增聘徐绍苏为教师，教授《三字经》《增广贤文》《千家诗》《千字文》之类的中国传统国学。也因为叶亚来的积极推动，当地成立了马来西亚第一所华文学校。

叶亚来原想于 1886 年返回中国，却于 1885 年一病不起，4 月 15 日清晨，不幸病逝，年方四十八岁。出殡之日，吉隆坡政府机关停止办公，许多高官显要都出席葬礼，全吉隆坡停工，下半旗哀悼。

20 世纪初，叶亚来的名字出现在梁启超发表在《新民丛报》的一篇文章上，并被列为九个著名的中国海外开拓殖民者之一。前任英国殖民地总督瑞天咸（Frank Swetteham）对叶亚来的赞赏，直接间接地增进了他的威望，之后 1951 年所出版由另一位英国殖民地总督米德布洛克（S.M.Middlebrook）执笔的叶亚来英文传记，又明显地确立了叶亚来建设吉隆坡所扮演的重要角色。

在 2008 年 11 月 21—23 日召开的世界客属城市领袖暨纪念先贤会议上，马来西亚丹斯里拿督吴德芳作了题为《吉隆坡开埠功臣甲必丹——马来西亚客家先贤叶亚来伟大生平事迹》的报告。

1999 年，世界客属第十五届恳亲大会在吉隆坡举行，当时马来西亚首相马哈迪开幕致辞时说，如果没有把客家人的事迹写入历史，没有把华人甲必丹的贡献记录在案，吉隆坡的历史将是不完整的。他说，吉隆坡三位客家领袖，甲必丹叶亚来、叶亚石及刘壬光，为吉隆坡的现代化发展建设奠下基础。可见叶亚来对吉隆坡的贡献已经获得马来西亚官方的认可与赞扬。

三、"实业兴邦"的先驱——张弼士

张弼士（1841—1916），著名的客属华侨实业家、爱国侨领、近代中国"实业兴邦"的先驱。

张弼士原名肇燮，字弼士，清道光二十一年（1841）生于广东省梅州市大埔县西河镇黄堂东轮坪村光禄第，只念过三年私塾。现在的梅州市大埔县，古时为潮州府大埔县，1988 年才归属梅州市。大埔县自古到今一直是纯客家地区，潮州有谚语称"潮州九县，大埔无福，澄海无客"。大埔县是广东省著名的"华侨之乡、文化之乡、陶瓷之乡、名茶之乡"。

张弼士 16 岁渡海到印尼的雅加达（原称荷属东印度巴达维亚），曾当过帮工，开过商行，采过锡矿，后成为当时海外华侨中首屈一指的巨富。他亦商亦官，走上仕途，先后任清廷驻槟榔屿领事、新加坡总领事等职。为了振兴祖国工业，他先后投资兴办粤汉铁路、广三铁路等，并创办山东烟台张裕酿酒公司。1898 年间，他集资在巴城、亚齐办了两家远洋航运公司。

张弼士属于广义上的"潮州客家商人"，他在山东烟台、青岛等地修建了潮州会馆。

1892 年，张弼士斥资 300 万两白银在烟台创办张裕，开创了中国葡萄酒产业化的先河。从这一年开始，张裕酿酒公司引领中国葡萄酒产业迈出了从 0 到 1 的第一步。

张弼士一生在国内创办了许多"第一"，包括中国第一家机器制砖厂、第一家玻璃制造厂、第一家机器织布厂、第一家拖拉机厂。他也是中国第一家股份制银行——中国通商银行——的创始股东和总经理。

心怀实业兴邦梦想的张弼士，一生创办了 40 多家企业。而花费心血最多、影响最为深远，至今仍在健康运营的企业，就是中国第一家葡萄酒企业——张裕。

经过 20 余载的努力，1915 年，张裕酒在巴拿马万国博览会上一举获得四项金奖，这是中国的葡萄酒第一次饮誉海内外，海外的华人骄傲地称张裕酒为"国魂酒"。张裕成为当时中国民族工业的一面旗帜。

时至今日，张裕酒成为国内市场上占有率最高的酒，张裕商标成为中国葡萄酒业唯一的驰名商标。

1912 年，孙中山先生为张裕葡萄酿酒公司题词"品重醴泉"，以示嘉勉。

康有为下榻张裕酒厂亦曾赠诗一首："浅倾张裕葡萄酒，移植丰台芍药花。更读法华写新句，欣于所遇即为家。"

张弼士一生孜孜以求的是"实业兴邦"，无论何时何地他都表现出强烈的"生为中华民族，当效力于中华民众"的家国情怀。

张弼士邀张榕轩、张耀轩昆仲创办了"裕昌远洋航运公司"和"广福远洋轮船公司"，起因是一次购德国班轮船票前往新加坡办理商务，被告知"德国轮船规定华人不准购买官舱票"，他愤然言："简直欺人太甚！中华民族不可侮，中国人不可欺！"公司成立后，专门与德国轮船同走一条航线，票价比德国班轮的同等官舱船票低一半，且规定不卖票给德国人，迫使德轮取消了歧视华人的规定，大长了中华民族的威风。

辛亥革命初兴，张弼士即鼓励儿子张秩捃加入同盟会，并向孙中山捐赠多笔巨款，后来还给福建民军捐赠白银 7 万两。

1900 年，黄河决口成灾，张弼士目睹灾区惨状，深为同胞遭难而忧虑，急回南洋募捐百万两银款赈灾，清政府为此赐其"急公好义"牌匾，竖其故乡大埔。

张弼士秉承了客家人耕读传家的精神，在海外大力倡导教育，在新加坡等地创办了中华学校和应新华文学校，又专门设置福利基金为外出学子辅助学费。在他的带动下，新加坡、马来西亚两地相继兴办了 8 所华文学校。

张弼士的拳拳赤子之心、殷殷报国之志可见一斑。

1916 年 9 月，张弼士病逝，民众到处设牲祭奠，孙中山先生特派代表送挽联："美酒荣获金奖，飘香万国；怪杰赢得人心，流芳千古。"

张弼士以他酿造的中国"金奖白兰地"等饮誉中外的葡萄美酒以及一生创业中表现的家国情怀，把伟大的客家精神传递给了全世界，让客家人的辉煌誉满全球。

四、客籍实业家——张榕轩、张耀轩兄弟

张榕轩（1850—1911），名煜南，家名爵干。张耀轩（1860—1921），名鸿南，家名爵辉。兄弟两个是中国近代华侨史上闻名遐迩的华侨实业家、慈善家和爱国侨领。

张榕轩、张耀轩出生在广东梅县松口溪南一个贫苦农民家庭，是地道的客家人。兄弟俩年轻时，前往荷属苏门答腊岛谋生。他们披荆斩棘，悉心经营种植业，领导华侨开设商店、建设屋舍，使一片荒凉的日里变为商贸发达、百业兴旺的苏门答腊岛省会棉兰。兄弟俩也因此成为"棉兰开埠之功臣"，并因此被荷印殖民当局委任为华侨领袖。

张榕轩小时候读过几年私塾，读私塾期间，张榕轩品学兼优，后因家境贫寒而辍学。随后，张榕轩帮助其父亲张熙亮在梅县松口墟镇经营米谷、杂货等小生意，开始初涉商业。胸怀大志的张榕轩对他的父亲慷慨激昂地说道："大丈夫既不以文学致身通显，则当乘长风破万里浪，立功名于海外，安能郁郁久居乡曲间乎！"张熙亮赞赏儿子的远大志向，便答应年仅17岁的儿子随水客到南洋去创业。

张榕轩从汕头港口乘坐红头船经20多天海上风浪的颠簸后最终抵达荷属巴达维亚，即今天的印度尼西亚首都雅加达。刚到巴达维亚的张榕轩举目无亲，只得去投奔大埔县籍客家人张弼士，并在其公司任职。后来创设"万永昌公司"，经营商业和垦殖业，并开

始大规模种植甘蔗、烟叶、橡胶等经济作物，很快便事业有成。

1879 年，张榕轩邀请在梅州老家的亲弟弟张耀轩来棉兰协助他发展事业。张耀轩天资聪敏，也是一个杰出的经商奇才。在哥哥张榕轩的提携下，张耀轩在商界大显身手。他除了协助兄长发展事业外，大胆在西利勿拉湾购买下一大片土地，用来种植橡胶，并以此成为当地第一个种植主。

为了方便华侨汇款，张榕轩兄弟独具慧眼，创办了棉兰第一家华侨私人银行——日里华侨银行。1897 年，应清政府邀请，张弼士回国商议筹办中国通商银行事宜。很快张榕轩、张耀轩兄弟便一跃成为东南亚实力雄厚的财团之一。在事业取得成功后，张榕轩、张耀轩兄弟秉承客家人崇文重教、回馈社会的感恩精神，捐资以支持家乡的教育事业。为挖掘、整理嘉应府的文化资源，张氏兄弟先后出资辑录了嘉应所辖五县从宋代至明清 400 多位先贤的遗诗，为遗诗取名《梅水诗传》。1898 年，还慷慨出巨资印刷了由翰林院检讨温仲和编纂的《光绪嘉应州志》，共 12 本 32 卷。

随着棉兰商业的飞速发展，20 世纪初的棉兰已有华侨 3 万多人，华侨商店已多达 1000 间，但却没有一所华文学校。1908 年，张榕轩兄弟捐资创办了敦本学校。敦本学校不仅是棉兰创办的第一所华文学校，也是整个苏门答腊岛第一所华文学校，可以说张榕轩兄弟开了棉兰地区民办华文学校的先河，而且敦本学校对入学学生实行的是免费教育。

1895 年，张榕轩凭借其创办实业的成功，由时任清朝驻新加坡总领事、梅州八贤之一的黄遵宪举荐，出任中国驻槟榔屿副领事，开始参与国事。1903 年，张榕轩奉旨赏加头品顶戴；1909 年，奉旨赏给"侍郎衔"。

1903 年，张榕轩应清政府邀请回国，向清廷呈请，正式提出了修建潮汕铁路的计划，并获批准。潮汕铁路南起汕头，北迄潮安，共 42 公里。为此，清廷还派詹天佑到潮汕地区进行实地勘测。张榕轩、张耀轩各出资 100 万元。1906 年 10 月，铁路全部干线完工，同年 11 月 16 日正式通车。潮汕铁路是"清朝末年华侨资本兴建的第一条铁路，也是我国近代第一条商办铁路"。为表彰张榕轩、张耀轩兄弟建造潮汕铁路的功绩，清政府授予张榕轩三品京堂候补，很快又提升为考察南洋商务大臣，负责南洋商务事务。张耀轩也先后被清廷授为"花翎三品卿衔江西补用知府""四品京堂候补""三品京堂""南洋商务钦差大臣"。

张榕轩、张耀轩兄弟还暗中支持孙中山领导的辛亥革命，秘密捐助巨资给孙中山创办的同盟会。1912 年，中华民国成立后，孙中山曾亲笔题赠"博爱"书法条幅赠与张耀轩。从晚清到民国，再到北洋政府时期，张榕轩、张耀轩兄弟用实际行动践行、发展了与时俱进、光耀中华的爱国精神。

五、乐善好施实业家——姚德胜

姚德胜，又名克明，字峻修，清咸丰九年（1859）出生于广东省梅州市平远县大柘乡高甸村，父亲姚日秀，母亲林氏。近代著名爱国华侨实业家、慈善家、兴学育才倡导者，梅州八贤之一。

幼年家贫，中途辍学，赴马来西亚锡场当矿工，后致力于开采锡矿等业，姚德胜总理矿务各厂场，兼办酒税、典当税，统辖几十个机构，指挥数千名员工，有条不紊，上上下下心悦诚服，充分显示了他的才干。后成为南洋巨富，人们尊称他为"姚百万"。

怡保锡业发达，前去谋生的华侨一天一天增加，工、商各业也随着繁荣。这时，当地政府为扩充市区、改进市政，规划了一片新市区，但因地处偏僻，很少人肯去投资建设。政府便请姚德胜首先建筑店铺 300 间，他慨然答应，且在预定的时间完成。此举使土人和英国人也为之敬佩。至今怡保市内还有"姚德胜街""德和园"和"姚德胜巴刹市场",并在市区为他立碑铸像,英皇授予他"和平爵士"称号。这些都是为了让后人怀念他而命名的。

黄遵宪在光绪十八年(1892)清廷驻新加坡总领事时,也仰慕他的大名前往访问,他们一见如故,成为很好的朋友。黄遵宪的声望地位、学问文章,在思想上也给了他不少的影响。因开发马来西亚怡保有功,享受殊荣。姚德胜一方面经营自己的工商业,一方面为同胞谋福利。为联络侨胞感情,发展侨胞事业,姚德胜捐出巨款,创建霹雳育才小学校、中学校,又资助应新、明德两学校。

他关心祖国革命与建设事业,清光绪年间黄河决口,他捐资赈济灾民,光绪帝封赠他为"资政大夫",赐给他"乐善好施"四个字,派御史黄遵宪送来,并建牌坊,供后人景仰。他捐巨资支持辛亥革命,孙中山为他颁发"一等嘉禾勋章"。1910年他回乡定居后,捐资创办纺织厂,开客家农村地区发展现代工业的先河。他还大力赞助教育等公益事业,独资兴建了芝兰小学,1913年又捐白银10万元,兴建平远中学。他不幸于1915年病逝,其子孙继承他的遗志,按计划于1916年建成平远中学。

六、锡矿大王——胡子春

胡子春(1860—1921),名国廉,字能忠,号子春。永定下洋富川豪树窠人。近代爱国侨领、企业家,马来西亚"锡矿大王"。

胡子春于清咸丰十年(1860)出生于豪树窠一个贫穷的客家归侨家庭。其父胡玉池,生于马来西亚半岛槟榔屿,青年时代随父母回国,结婚后未再南渡。子春出生后命运不济,祖父和父母都先后早逝,守寡祖母李梅娘含辛茹苦,抚养子春。李梅娘虽然目不识丁,但崇文重教、耕读传家的传统观念却根深蒂固。于是,将孙子送到离豪树窠约10里的中川胡氏族学入学启蒙。

清同治十二年（1873），年仅13岁的子春体谅祖母的艰辛，跟随族人背井离乡，前往马来西亚半岛槟榔屿，投靠已在槟榔屿谋生的姑母，打工谋生，挣钱赡养祖母。胡子春到达槟榔屿后，去矿山挑锡矿石。后姑母知道子春在老家曾经读过书，略通文墨，且会珠算，于是在族人们的帮助下，将其送到霹雳一家杂货铺当学徒。

进入杂货铺后，胡子春很快就表现出自己的特长，精心理货，井井有条。店主于是对子春另眼相看，将他升任为"财库"。

胡子春不甘心只做学徒工作，留心了解各行各业经营状况。他终于清楚在当时的槟榔屿和霹雳各地，最能赚钱的有两个行业，一是经营垦殖业，他的族叔胡曾育、胡泰兴父子，就是靠租种土地经营种植园，种植胡椒、丁香、豆蔻等经济价值较高的农产品，收获颇丰，已成当地"胡椒丁香大王"；其二是经营矿山。

胡子春不断进取，运用土洋结合的采矿新法并获得成功，财源滚滚，购得一座又一座的矿山之后，他并不满足于挖山不止。他要对锡矿石进行深加工，要提高矿山产出的价值。

取得成功后，他在霹雳州创办采矿、冶炼、加工等一系列新兴产业30多家，怡保、槟城等地因此而欣欣向荣。于是，胡子春的族人、乡人大量南渡马来西亚半岛槟城、怡保，都进入胡子春所创办的企业。因胡子春有功于马来西亚的繁荣，被封为"太平局绅"，英王更封他为矿务大臣。

1900年，八国联军侵略中国，清廷战败，割地赔款。胡子春痛心疾首，但只能捐献白银50万两给清廷救急，清政府封其以邮传部尚书虚衔。其后，他又先后三次捐白银300万两，资助清廷修建粤汉、沪杭、漳厦三条铁路及琼崖垦矿、扩建海军等。但胡子春捐助清廷扩建海军的80万两白银竟然被慈禧太后挪作兴建北京颐和园，让胡子春心灰意冷。

胡子春毕竟身处东西方文化激烈碰撞的西方殖民地南洋，耳闻目睹，深入思考，逐渐由忠于清廷转向拥护民主共和。胡子春思想的转变，与永定高陂乡人、维新派人士王绍经南渡马来西亚半岛与其过从甚密有很大关系。20世纪初年，永定高陂乡人、清光绪二十三年（1897）举人，被录为候选知县的王绍经无意仕途，南渡马来西亚半岛经商并从事教育。1907年，王绍经到达槟城和霹雳州等地，试图动员当地侨胞回国兴办实业和捐助公益，与热心当地公益和华社教育的乡贤胡子春结为知交，胡子春聘其为记室。后王绍经受胡子春的委托，在马来西亚半岛各埠创办华侨学校，并处理国内办学和投资实业等事务。

辛亥革命后，胡子春立即剪掉辫子，脱掉长衫，拥护共和，继续捐款支持革命政府，对革命党人在南洋华侨社会宣传拥护民主共和产生巨大影响。

早在1898年，康有为在维新运动失败后，逃亡海外，在新加坡和槟城等地劝导华人兴办学校时，胡子春就积极响应。1903年在霹雳州怡保创办了育才中学，1904年又与张弼士等人集资，创办了马来亚第一间新式华文学校——槟城中华学校。其后，胡子春又带头捐资，假槟城平章会馆，创办了槟城师范学堂。胡子春还和张弼士等人一起，冒天下之大不韪，倡办了槟城中华女学，胡子春因此而成为南洋华侨社会开创妇女教育的先驱。在马来亚和新加坡，胡子春参与创办并出资的学校就有6间。

1905年，胡子春带头捐资在故乡中川村创办了犹兴学校，该校成为下洋地区第一所新学。1912年，胡子春捐资委托已经回国的王绍经在永定创办永定师范传习所（师范学堂），1913年，胡子春捐资支持王绍经创办永定第一所县立中学，王绍经自任校长。

曾经接受传统教育的胡子春仗义疏财，急公好义，除了兴办教育，他对祖籍地及侨居地的公益事业也非常热心。对于故乡南渡的乡人、族人，胡子春总是乐于接待，有求必应。如"锡矿大王"

胡重益及胡曰皆的父亲胡根益等人，都曾得到被他们称为"子春叔"的族叔胡子春的帮助。也由于自胡子春开始的多个下洋籍"锡矿大王""锡矿中王"和中小矿主的出现，致使霹雳州各地的下洋乡侨尤其是从事锡矿业者有成千上万，有的地方下洋客话甚至成了当地方言。永定同乡中得胡子春帮助和栽培而成为各行业翘楚者也甚多，如王绍经就成了马来亚和新加坡的教育名家。

1906 年，胡子春担任槟城广东暨汀州会馆总理，对广汀会馆所管理的公冢和教育等公益事业常有捐输。槟城著名的佛教寺庙极乐寺和其他寺庙、学校的多次重修扩建的捐款碑上，也都能见到胡子春的芳名。胡子春还有一项尤为马来亚侨胞所称颂的善事是关于禁鸦片烟之事。他不顾烟贩的威胁利诱，发起戒烟运动，取得成效。

1921 年，胡子春在槟城逝世，享年仅 62 岁。

七、万金油大王与报业大王——胡文虎

胡文虎，祖籍福建永定下洋中川村人，被称"虎标万金油大王""报业大王"。

胡文虎，清光绪八年（1882）出生于缅甸仰光，童年时被送回家乡中川接受传统文化教育，1896 年重返仰光。在其父胡子钦开设的永安堂药行里一边学习经商，一边钻研医药典籍。

光绪三十四年（1908）夏，父亲去世，胡文虎和胞弟文豹共同继承父业。为了谋求药业的革新与发展，文虎赴泰国、日本等地考察学习，回仰光后，采择祖国传统医学药方及印度、缅甸古方，先后创制了万金油、八卦丹、头痛粉、清快水和止痛散等成药，畅销各地。1923 年，他到新加坡设立"虎标永安堂总行"和制药厂。此后业务蒸蒸日上，不到 10 年，曼谷、香港、上海、汕头、福州等十余城市先后建立永安堂分行。1932 年，"虎药有限公司"成立，他自任董事长，文豹为常务董事，胡氏兄弟成为华侨中的巨富。

胡文虎进而从"药业大王"向"报业巨子"发展。他热衷办报，为发展中华文化尽一分力量。胡文虎爱国观念强烈，对公益事业也非常热心，自企业发展后，即致力于救国济民、振兴文教，先后捐出巨资兴办学校、医院、体育馆、公路，协助垦荒和赈济灾民等；还向侨居地及华侨社会捐资兴办公益事业，耗资共计 3000 多万银圆。仅 1935 年他即捐献大洋 350 万银圆，宣布要在全国各地兴建 1000 所小学（其中福建 100 所）。到 1938 年已建成 300 余所，后因日本侵略影响，建校计划未能完成。因此，当时的国民政府颁给他"益在民生""仁心义举"等匾额和金质奖章。他被世人称为"大慈善家"。

胡文虎对祖国抗日做出了巨大贡献。《新华日报》还发表专文表扬他 20 年来慷慨输将千余万元救国之义举。

胡文虎重民族气节，曾在香港的"虎豹别墅"塑立林则徐巨像。他曾多次说："爱国是华侨的天职。"

胡文虎在华侨社会和国内都享有崇高声望，历任国民政府侨务委员会委员、国民参政会参政员、福建省建设委员、香港客属崇正总会会长、南洋客属总会会长、永定侨育中学董事长等职务，是世人共仰的爱国侨领。

康吉文在著作《胡文虎传》中提道："华侨的第一代胼手胝足打天下，第二代却通常是'秦二世'一类吃喝玩乐、坐享其成的人物，然而胡文虎不是这号人，而是能拳打脚踢，创江山打天下——成家立业的始祖型人物。"

1908 年，胡子钦谢世后，永安堂中药行由于受到西药的挑战和冲击，生意惨淡无光，每况愈下，遗留资本不足两千元。面对这种困境，胡文虎毅然"穷则思变"，携其胞弟胡文豹吃苦耐劳、勤俭发家，亲自到各地拜师觅药，经过两年多的时间，九百零九次的试制才研制成功"虎标""万金油"及"八卦丹""头痛粉""止痛散""清凉丸"等中医良药。后来在推销中药过程中，"亲揣虎标中药标本，只带一同乡自星洲远至荷兰东印度各埠，深入荒芜村落，冒暑绕行遍贴广告招纸，至午始息于道旁，出所携饭团蘸炒盐食之，掬溪水而饮，夜则宿于客店，同行伙伴不能忍受此苦役，先生即遣其返星，独自继续工作，其刻苦耐劳之精神，殆非常人所及"。胡文虎是一位"吃苦耐劳"禀性不改的客家创业者，即使随着虎标中药门路打开，名扬南洋，生意兴隆，手头积累资金也不少，他"仍少时每日工作达二十小时，睡眠时间甫过四小时即足矣，劳逸之别至巨"。胡文虎这种"苦心志，劳筋骨"的苦行僧精神，是客家人在长期的逆境和困难面前依靠吃苦耐劳谋求生存和发展的集中反映，是胡文虎事业成功的基础。当后来有记者采访胡文虎"为什么有这股精神"时，胡文虎自豪地说："客家人以吃苦耐劳为荣，苟非有强健体魄，刻苦精神，则不能生存发展！"

胡文虎持躬严谨，起居有节，常云："饮食之事，不可刻意求精，更不可穷口腹之欲，恣为铺张，暴殄天物。"据他周围的同事回忆，胡文虎从来不去高级餐馆，特别是外国人经营的。即使后来成了首屈一指的大富豪仍然"每日早餐桌上必备酸菜（永定名菜，闽西八大干之一），或和辣椒作汤，其值甚微"。

他在自己生活上克勤克俭，朴素节省，然而对于金钱财富的理解和分配则豁达慷慨，"取诸社会，用诸社会"。他认为为个人或子孙积钱是愚笨的事，不主张把钱放入银行生利吃息，而要用在社会公益福利事业上。正是这种优秀的客家文化传统的熏陶和启迪促使胡文虎奋力拼搏，生活朴素，谆谆告诫"由俭入奢易，由奢入俭难"。他凭着"吃得苦中苦、方为人上人"的倔性和品性，取得了事业的成功。

胡文虎认为："人生朝露，转瞬即灭，黄白之物，生不与来，逝不去，其与人相聚，正如友朋偶然结识，终有一日之离散。斤斤于私蓄，而不顾群众福利者，殊属不智。"所以才博得世人一致的推崇。

胡文虎于 1954 年 9 月 5 日，在美国檀香山病逝，终年 72 岁。

八、客家学鼻祖——罗香林

罗香林，字符一，号乙堂，1906 年 10 月 19 日出生于广东兴宁县宁新镇水楼村石陂窝，著名历史学家、客家学开创者、中国族谱学肇基人。

罗香林在全家，排行最小，上有兄长四人，两位姊姊。

其父罗师扬先从教，后从政，曾担任邓仲元的幕僚，历任兴宁中学、龙州师范学校校长，兴宁县县长，以及广东省议员等职务。他思想开明，富于革命情和爱国心，成当时兴宁县德高望重的士绅。

罗香林从小学到中学，都是在家乡接受教育，成绩出色。1924 年毕业于兴民中学后离乡赴上海读书，主修英文和数理化学。1926 年，考入北京清华大学经济系，由于性喜史学不久转入历史系学习，先后从师朱希祖、陈寅恪、王国维、顾颉刚、冯友兰、许地山和梁启超等多位名师大家。1930 年从清华大学毕业后，他升入该校研究所继续深造，专门从事唐史与百越源流等问题的研究。

罗香林亦潜心于考古研究，并取得重大成就。他先后在桂林西山观音峰上发现唐代摩崖佛像，在广东东江的紫金忠坝发现孙中山先生前世家谱的原本。他亦因此成为研究国父孙中山的权威学者之一。1940 年，编撰《国父家世源流考》一书。1941 年，发起"中国史学会"。

他长年笔耕不辍，出版专著四十余种，论文两百余篇，其在教学和研究领域所取得的成就，确立了他在学术界的重要地位。

1937 年，罗先生在广州发现花县官禄士洪族所藏的洪秀全家谱《花县洪氏宗谱》，根据研究分析证明太平天国领袖洪秀全是出自客家系统，写成论文《太平天国洪秀全家世考》。

1941 年，罗先生根据在广东紫金忠坝孙桂香家索阅的《孙氏家谱》旧抄本，研究得出这是与孙中山上代有关的唯一族谱。随后又查阅有关资料，得出孙中山上代原居广东紫金，第十二世建昌公（孙中山祖先）于康熙年间，因抗清失败而迁居增城，后再迁香山涌口门村，稍后移居翠亨村，提出孙中山是客家人的论断，开孙中山研究之先河。

罗香林学术成就卓越，出版著作有：《粤东之风》、《客家研究导论》、《藩镇制度沿革考》、《高级中学本国史》（修订本即《中国通史》）、《倒永福历史草》、《先考幼山府君年谱》、《罗芳伯所建婆罗洲坤甸兰芳大总制考》、《唐代桂林西域人摩崖题刻考》、《国父家世源流考》（1972 年与《国父之大学时代》合而为《国父之家世与学养》）、《中夏系统中之百越》、《唐代文化史研究》、《中国宪政之进程》、《乙堂文存》、《中国民族史》、《客家史料汇编》、《国父的高明光大》、《国父在香港之历史遗迹》、《客家源流考》（世界客属第二次恳亲大会筹备委员会，1973）、《中国族谱研究》、《唐元二代之景教》、《香港与中西文化之交流》等。曾经主编过《香港崇正总会三十周年纪念特刊》等刊物。

九、毛里求斯建国功臣——朱梅麟

有太阳的地方就有客家人，可见客家人的足迹早已遍布全球各个角落。在遥远的非洲东部岛屿国家毛里求斯有不少客家人。

朱梅麟，来自广东梅县的客家人，在英国殖民时期，他参与参议会积极建立民主机制，被英国接纳，协助毛里求斯民主建国，又协助政府发展经济，1991 年去世，享年 82 岁。毛里求斯国人感念其生前对国家的卓著贡献，特别将他的肖像印在钞票上，于 1998

年与 1999 年发行二十五卢比钞票纪念，成为继中华民国国父孙中山先生之后，第二个肖像被印在钞票上的客家先贤。另外，还有一条街以朱梅麟的名字命名，堪称"客家之光"与"华人之光"。

毛里求斯是非洲客家人最多、最重视保留中华传统文化习俗的地方，教育部要求公立中、小学（较多华人学生就读的学校）每天以国语教授一个小时的中文课程。国家广播电台每天下午分别以客、粤语播放华语节目。每周三晚间播映华语电视影片。毛里求斯有三家华文报刊。

1941 年，客家人在首都路易港开设一所中华中学暨附小，各山区亦开设华文小学，每天上课六小时，以客家话授课，因此在华侨社会中多以客家话沟通，遗憾的是，由于时空环境的转变，年轻一代渐渐改读西方的学校，致使华文学校相继关闭。

十、圭亚那首任总统——钟阿瑟

圭亚那合作共和国前总统雷蒙德·阿瑟·钟（Raymond Arthur Chung），出生于 1918 年 1 月 10 日，是圭亚那独立后的首任共和国总统，也是首位亚洲国家以外的华裔总统。圭亚那是河多、人口稀少的小国，原是英国的殖民地，亦是南美洲唯一讲英语的国家。圭亚那合作共和国位于南美洲东北部。西北与委内瑞拉交界，南与巴西毗邻，东与苏里南接壤，东北濒大西洋。面积 21.5 万平方公里，人口约为 77.2 万（2000 年）。

钟阿瑟为广东大埔县客家人后裔，他的父亲在中国大陆出生。

1853 年 1 月的一个大雨之夜，一群黄皮肤黑眼睛的中国人乘坐高桅帆船本想从大西洋直接冲滩登陆，但被汹涌的大潮卷进了内河，后触礁搁浅，这群远离祖国的异乡人爬上岸来，睁大眼睛，忐忑不安地打量着这块完全陌生的土地。登陆点在圭国首都乔治敦

（Georgetown）城郊 20 多公里外德梅拉拉河畔（现在已建碑留作纪念）。领头的英国白人说，这是日不落帝国统治的圭亚那，你们是第一批抵达的华人。但谁也没料到，圭亚那独立后民选的首位总统就是客家人后裔钟阿瑟。

钟阿瑟生于当时英属圭亚那西岸德梅拉拉的温莎森林，他是Joseph 及 Lucy Chung 八个子女中的小儿子。钟阿瑟在温莎森林的Blankenburg and Modern High School 就读，毕业后最初担任见习测量员，其后成为注册测量师。1940 年代初期，前往英国深造，加入了伦敦四大律师公会之一——中院（Middle Temple），并于1947 年取得大律师的资格。之后他返回圭亚那，其后被任命，为暂委裁判官。

1954 年，获委任为裁判官，并于 1960 年升任资深裁判官。他亦曾担任契约注册局及最高法院的司法常务官。后来他成为副按察司（Puisnejudge），最终于 1963 年成为上诉庭法官。

圭亚那在非裔的伯纳姆领导下于 1966 年 5 月 26 日宣布独立，1970 年成为共和国，经当时的圭亚那国会票选，钟阿瑟为首任总统，并于 1970 年 3 月 17 日就任。任满后获得连任。钟阿瑟任总统期间，圭亚那于 1974 年转向社会主义，加强与中国大陆、朝鲜和地区内奉行共产主义的国家的关系。十年后，圭亚那修改宪法，使总统成为具有行政权力的位置，伯纳姆于 1980 年 10 月 6日接替钟阿瑟担任总统职位。

2008 年 6 月 23 日，这位协助南美洲国家圭亚那步入社会主义的首位共和国总统钟阿瑟在医院病逝，享年 90 岁。

十一、回馈社会——田家炳

田家炳，1919 年出生于广东省梅州市大埔县右林乡银滩村。父亲翁玉瑚系客家后裔，以经商为业，平生急公好义，济贫恤孤；

母亲田房氏则具备客家妇女传统美德，为人纯朴务实、克勤克俭，田家炳幼承庭训，在耳濡目染之下，自然而然养成了洁身自爱、刻苦自励的性情，以及慈悲为怀、乐善好施的品格。

1935年，父亲去世，当时年仅15岁而刚念完初中二年级的田家炳，乃不得不忍痛辍学，继承父业，毅然挑起家庭经济的重担。1937年，田家炳离家前往越南创业。1939年秋，抵达印度尼西亚万隆市，投靠经营土产洋杂生意的兄长。1945年日本宣布无条件投降，田先生把握商机，大展鸿图，致力于橡胶加工业，并手创"超伦""南洋"两橡胶厂，锐意经营，业务鼎盛。

1958年，印度尼西亚境内排华，田家炳先生当机立断，举家北迁香港，在屯门填海造地，建立田氏基业，专事生产塑料薄膜和人造革，被誉为"人造皮革大王"。后投资国内，事业发达。田家炳是香港田氏化工有限公司董事长，田家炳基金会创办人、董事会主席。还先后担任京华银行董事，新安企业公司及华安置业建筑公司董事长，大埔县旅港同乡会永远会长及其他数十商业团体、慈善机构的会长、理监事、顾问等职。

田家炳重视师范教育发展，资助北京师范大学等38所师范教育学校。田家炳的善举遍及香港、大陆、澳门、台湾，英国、新加坡、美国等地。他卖掉名下的田氏企业广场，将所得全部捐给数十所中学和大学。

田家炳先生是一位在海外艰苦创业成功的典型客家人，也是香港著名的爱国爱乡、热心公益的企业家和慈善家。本着"取诸社会、用于社会""留财予子孙不如积德予后代"的中华传统美德，田先生于1982年捐资10余亿元财产成立"田家炳基金会"，专事捐办公益事业，以"安老扶幼、兴学育才、推广文教、造福人群、回馈社会、贡献国家"为创会宗旨。自此竭力奉献，德泽四方，以"田家炳"命名的单位和建筑物数百个。据了解，田家炳已在海内外捐建大学 53 所、中学 88 所、小学 37 所、师范专业学校 7 所、幼儿园 9 所、乡村图书室 950 所。

田先生履仁崇义、不求闻达，深得海内外政府各级机构及社会各界人士的嘉许。1982 年英女皇为其授勋，颁赠英女皇荣誉奖章；1994 年南京紫金山天文台将 2886 号小行星命名为"田家炳星"。

田家炳认为生为中国人，必须先学好中国文化，继承祖先优秀的文化传统。所以他让儿女进中文学校。而为了适应今天世界形势的需要，又必须让后一代掌握外文和先进的科学技术，所以待儿女们中学毕业后，又把他们送到美、加去读大学。

十二、新加坡华人鞋王——曾启东

曾启东（1919—1989），1919 年农历十一月十三日出生于永定下洋太平村庆荣楼。海内外乡亲皆誉曾启东为"一代永定华侨的典范"。

曾启东自幼个性倔强，聪明顽皮，9 岁时父亲送他进学堂，念了两年书后跟人学打铁、拉风箱。从明清时代起，永定下洋人外出赚钱，就把过番当作一条谋生之路，有些村庄几乎每家每户都有人过番往洋。在这种社会环境的影响下，1932 年，曾启东年仅 13 岁，他父亲花了 50 大洋，托本村的水客曾思鑫把他带往南洋，到马来西亚半岛的槟城谋取生计。曾启东初到槟城时，经乡亲介绍，到本村梓叔曾思招开的裁缝店当学徒，使他有了立足之地。这一干就是 3 年，学到缝纫的车工技术。接着，他又到大埔人开的洋服店里学做洋服，希望有更大的发展。

1937 年，槟城市经济萧条，于是他果断离开槟城，南下新加坡，先到实龙岗的林汉美洋服店做工。日本侵略军于 1937 年全面发动侵华战争时，又把魔掌伸向东南亚。英国为了保护自己的利益，于 1939 年在马来亚建筑军用铁道，以运输军需品。20 岁的曾启东，便到马来亚的昔加末参加建筑铁道的工作。1941 年 12 月 7 日，日本发动太平洋战争，接着日军进攻香港、菲律宾、缅甸、马来西亚半岛、新加坡及荷属东印度群岛。除泰国外，整个南洋地区，都惨遭日军蹂躏。

铁道工程停工，曾启东失业了，只好重返新加坡找生活。先在东陵一家台湾人经营的豆腐店干起磨豆腐的活，同时他每天到罗敏申路《星洲日报》的办事处领报纸，走街串户，用尽量多的汗水换取尽量多的卖报工钱。后当小贩，数年克勤克俭储蓄了一点钱，1951 年，曾启东首次在柔佛路开了一间启东服装公司，生意渐渐扩展起来。1965 年的新春佳节，曾启东萌发了改行涉足鞋业的念头，以"京士"（Kings）作为招牌，向商业注册官申请京士鞋厂，不久，京士鞋厂获准注册。

1965 年 8 月 9 日，新加坡脱离马来西亚联邦成为一个独立国家。独立后的新加坡共和国政府，大力发展本国工业生产，给曾启东带来了机会。京士鞋厂扩产，不断拓展国内外市场，产品源源销往东南亚、中国香港、日本、中东、美国等国家和地区。曾启东终于成为新加坡 20 世纪 70 年代以后从事新兴工业而获得成功的企业家。曾启东除了担任京士鞋厂的董事主席外，同时还是曾启东父子私人有限公司、保丰国际私人有限公司、保利顿机械私人有限公司以及新南行药物私人有限公司的董事主席。

曾启东致力于发展自己事业的同时，还积极参加各种社会活动，热心为社会群众谋福利，排难解困。他从 1974 年起担任新加坡永定会馆会长，为社团买屋出钱出力。由于曾启东多年热心为社会服务，功绩卓著，1980 年荣膺新加坡共和国总统颁赐的公共服务奖章 PBM；1985 年再度荣获新加坡共和国公共服务星章 BBM；1988 年他又荣获新加坡"长期服务奖章"。

曾启东对自己出生和长大的祖籍地故乡——永定下洋——也

有着特别深厚的感情。1983 年，他与曾良材、曾道杏、曾仕呈、曾昭仓等侨胞一起，在新加坡发起组织"太平村教育福利委员会"，为太平村筹集教育基金。他对太平村的公益事业，从学校到道路、桥梁、路灯、汤边亭、祠堂、庙宇等设施，无不出钱出力。

1991 年 11 月 28 日，"曾启东铜像揭幕仪式"在曾启东家乡友义别墅的大院内隆重举行，以纪念他对家乡的贡献。

十三、世界客属恳亲会创办人——黄石华

黄石华，1919 年 2 月 16 日生于广东省龙川县金鱼乡马江村井头，字行奋，笔名磊、茅舍。母曾氏。九岁失怙，后过继给叔父，由叔母钟氏教养成人。

黄石华幼年失怙，家道中落，以投稿《中学生杂志》《东方杂志》《生活周刊》卖文完成中学学业。时抗战爆发，19 岁的他追随邑人张克明领导东江青年救亡运动，并与友人创办《龙川日报》《东江日报》，宣传抗日救亡。

黄石华在国内曾任国立西北农业技术专门学校、兰州大学、广州省立法商学院、广州国民大学等院校讲师、副教授、教授。

黄石华平日热心社会公益，忠爱国家民族。曾先后任《星岛日报》编辑、《商业日报》副总经理兼采访主任、《自由报督》印人、安生堂药厂暨置业公司主人、香港华侨总会会长、香港社团首长合议总会会长等职。

后担任崇正总会永远会长兼理事长。1971 年，举行崇正总会金禧庆典，召开全球首次客属恳亲代表大会，参加国家、地区达四十九个。

黄石华生平致力于文化、教育、出版事业，自强不息，推广道德伦理，弘扬中华文化，不遗余力。尤其是担任香港崇正总会理事长，先后二十余年，出钱出力，多有建树。2016 年 2 月 5 日病

逝于香港，享年 98 岁。

黄石华曾说："国家统一是全球客家人的责任，忘记过去，将个人、派别恩怨得失放在一边。两岸的统一，应该当作中华民族实现现代化的组成部分。如果称两岸不是一个中国，海外华人都会感到心凉。"

黄石华先生是由客家人组成的香港崇正总会的理事长，亦是全球客家崇正会联合总会的执行长，多年来为加强全球客家人的团结和弘扬客家族群历史文化、推动客家学的建立、倡导族群与华人经济研究可谓不遗余力；同时对两岸关系研究、大中国和平统一，亦锲而不舍地努力，因此黄石华先生在全球客家人之中享有很高的威望。

香港崇正总会具有悠久的历史，是由赖际熙翰林、胡文虎先生等人在八十年前所创建，一直都致力于团结海内外客家族群，继承和弘扬中华民族客家族群历史文化。

十四、世界著名量子化学家——潘毓刚

潘毓刚，1936 年出生于广州，梅县南口寺前村（今名侨乡村）人，世界著名量子化学家、教育家、社会活动家，美国波士顿学院化学系终身教授。

他从 1986 年起连续担任了两届全美华人协会总会主席，1994 年跟袁家骝和吴健雄共同获得全美华人杰出成就奖。

潘毓刚诞生、成长于富贵之家。祖父潘祥初出洋创业发家后，深感自己是商人之家，于是积极联姻文化大家，以引进"书种"，当时富有名望的丘逢甲、梁诗五都成了他的亲家。潘毓刚的父亲是潘祥初的第七子潘枢润，与母亲梁莅庄是指腹为婚。潘枢润通晓荷兰语、日语和英语。梁莅庄是晚清驻日、德、比三国外交官梁诗五（黄遵宪之太舅）之女，曾就读于日本女子医学院。黄遵宪的祖母

梁太夫人是梁诗五的堂姐。

潘毓刚在南口的八年时间，正是抗战最艰苦的八年。童年的他没少品尝饥馑之苦，日本人炸掉了当时的梅县机场，炸死十多名百姓，炸毁多栋民房。日军的罪行让潘毓刚印象深刻。童年的经历使潘毓刚教授有了两大改变，第一是对日本人的印象，第二是非常了解贫寒子弟读书之难。这导致他放弃去日本留学，并且致力于帮助贫寒子弟。

1961年，潘毓刚在台大毕业并服完预备军官役后赶赴美国耶鲁大学深造，在密歇根州大学获得了博士学位，在哈佛大学从事博士后研究。

1967年进入波士顿学院化学系工作，他在当时全美排名第39位的波士顿学院，仅用了很多人需要花费时间的三分之一就完成了从助教到化学系终身教授的晋升。潘毓刚主要从事量子化学等方面的研究，创立了先进的计算夫兰克—康登因子的渐近方法和微观化学动力学的理论，并把量子力学和统计力学应用于化学反应研究。潘毓刚教授在量子化学研究方面的成就奠定了他的学术地位，被列入《美国科学家名人录》《世界教育家名人录》，并荣获前联邦德国高级化学家特别奖。全美华人协会成立于中美建交前的1977年，首任会长是著名物理学家杨振宁。潘教授在任期间是该会全盛时期。华协在为增进华人团结、争取和维护在美华人地位和权益，促进中美科技、文化交流，推动中美建交方面做出了突出贡献。担任此职位期间，潘毓刚夫妇长期无私地为中国留学生提供帮助。20世纪80年代，他在波士顿的家被数千名留学生誉为"留学生之家"，其影响力不亚于20世纪三四十年代赵元任家。1994年潘教授荣获全美华人接触贡献奖，获此殊荣者只有他和著名的物理学家袁家骝和吴健雄三人。潘毓刚教授在美国出版的《科技导报》担任顾问编委（杨振宁、李政道都曾任此职），为中国提供了许多世界经济建设和科技发展的最新信息。由于潘毓刚在全球科学界的影响及其对中国"四化"建设所做的突出贡献，先后多次受到邓小平、江泽民等国家领导人的亲切接见。他是中国中科院聘请的首批 10 名顶级科学家之一。

在功成名就的耳顺之年，2001 年，潘教授从波士顿学院荣休之后，选择到中国大学任教量子化学，教本科生，设立了潘毓刚奖学金，用于资助品学兼优的贫寒学子。学术上功成名就后，他又扬客家名士爱国爱乡之善举，传承了南口潘氏乐善好施、爱国爱乡的家风。这种兼具超高智商和高古君子心境的国士级人物，来自一个传统美好、山水联通的客家山村。

十五、加拿大前总督——伍冰枝

伍冰枝，1939 年 2 月 10 日出生于香港，祖籍广东台山，母亲是客家人，父亲伍英才有英国国籍。加拿大总督代表国家元首，是英女皇在加拿大的代表。伍冰枝（Adrienne Louise Carkson，又译阿德利安·克拉克森）是加拿大第一位移民总督，也是第一位华人总督，第一位非白人总督。

1944 年，伍冰枝开始上学，渥太华市肯特街区小学是伍冰枝的启蒙学校。聪颖的天资和客家人勤奋的本质在伍冰枝身上开始显现出来，到小学毕业时，她不仅各门功课都有优异的成绩，而且还表现出语言方面的天赋，英语、法语都很娴熟。1956 年，年方 17 岁的伍冰枝获得了多伦多大学的奖学金，并进入该校专攻英语文学。她的才华和社交能力得到了同学们和老师的认可，伍冰枝很快当选为校学生会副主席。在大学期间她获颁总督"英文文学奖"。

1965 年，伍冰枝从法国完成学业归来便立即进入加拿大电视业中最具影响力的 CBC 电视台。伍冰枝孜孜不倦连续干了 35 年，采访、撰稿、策划和主持，伍冰枝可以说是无所不能。写小说、拍电影和文化评论影片是她的另外特长。早在 1968 年，她就出版处女作《更伤心的情人》。两年后，她又出版了她的第二本小说《饥饿的足迹》。两部小说出版后，好评如潮。1994 年，伍冰枝拍摄了电影《我和伯塔斯》，这部电影使人们看到了伍冰枝在电影艺术方面的才华。1995 年，她拍摄的另一部电影《他眼里的诱惑》，被当年戛纳艺术电影节选为开幕式播放的电影之一。在短短的 10年间，她有 10 部以上的电视艺术片获得国际或国内大奖。

事业上的成功，使伍冰枝开始受到政府和社会各界的注目，她自己也愿意把生命融进更有社会意义的工作中去。她开始接受一些国内和国际上的社会职务。1982 年，她担任安大略省首任驻法国总代办。1989 年到 1995 年，她在母校多伦多大学麦西学院担任高级研究员。1992 年因其对加拿大广播事业做出的杰出贡献获"加拿大勋章"。之后她又担任了总部设在维也纳的国际音乐、舞蹈、文化节目视听中心董事会执行主席。这一职位多年来一直为欧洲人担任，伍冰枝是打破这一惯例的第一位华人。最让人羡慕的是，她不久还担任了加拿大国家文明博物馆财产管理委员会主席。在这一任职期间，伍冰枝向人们展示了她的领导艺术，尤其是1995 至 1996 年间，她在妥善解决建造纪念犹太人大屠杀博物馆争论上的表现，更是令人称道。

1999 年 9 月中旬，加拿大总理克雷蒂安（JeanChrtien）宣布，向英国女皇伊丽莎白二世推荐伍冰枝为第 26 任加拿大总督，接替当时担任总督的罗米欧·勒布兰科。1952 年以前，加拿大总督均为英国人，此后一直由加拿大人担任。没有人会想到，就在20 世纪末期，这个惯例终于被打破。而唯一打破这个惯例的，竟然是血管中流淌着中华民族血液的华人女性伍冰枝！她是第二位女性、第一位非白人和第一位没有政治或军方背景的总督。

伍冰枝则如此总结自己成功的秘诀："在这个世界上，要想站在别人前面，就要变成别人眼里不可缺少的人。"

十六、大马丹斯里拿督——吴德芳

吴德芳，1948 年 8 月 27 日在马来西亚马六甲州巴樟出生，祖籍广东梅县，属于大马第二代华人。他先后被封"拿督"和"丹斯里"，这是马来西亚对商界或政界要人的特别封赐。在 2008 年 6 月 7 日大马最高元首诞辰那天，吴德芳荣获元首颁赐"丹斯里"勋衔，此勋衔属民间人士对国家具有最大贡献者。吴德芳是马来西亚社团德高望重的领导人，他荣获勋衔，成为华人社会的美谈。

吴德芳是多美金钻珠宝机构的创办人兼董事主席，从事金饰生意三十几年。吴德芳母亲生前常提到的一句话让他铭记在心："牺牲我这一代不要紧，希望造就下一代，你们要好好读书，将来才能出人头地。"吴德芳没有忘记母亲的叮嘱，不但自己勤奋读书，还在事业有成时，于 2006 年慨捐马币百万令吉（约 30 万 6 千美元）成立"吴德芳基金"，成为企业界典范。他重视教育，在马来西亚中华大会堂（简称华总）和马来西亚客家公会联合会（简称客联会）都设立清寒子弟大专奖贷学金。

吴德芳秉持华人的优良传统，在事业有成和行有余力后回馈社会，积极参与和领导华人社会活动。他担任马来西亚雪兰莪中华大会堂会长、华总会长、客联会会长、七大乡团协调委员会主席等社团职位。他领导社团的最大特点，是促进华人文化活动的开展。例如，在华总会长任内通过《全国华团文化总纲领》并推动华人思想兴革运动，重视举办文化节、国际性学术研讨会，出版与文化有关的书本与刊物等，对传承和发扬中华传统文化做出重大贡献。

由他担任会长的华总是全马各种性质的华人社团总机构。客联会是全马所有客家社团总会。七大乡团是全马七种方言群的社团总会（福建联会、广东会馆、客联会、潮州联会、海南联会、广西总会及三江总会）。

吴德芳是位成功而出色的儒商，他积极推广儒家思想，以阐扬中华文化为己任。吴德芳是客家人，他不讳言自己是一个家庭观念很重的人，很注重子女的教育。孩子虽都留美，但他注重华文教育，把子女都送去华文小学就读，家庭中的共同语言是华语。

十七、客家楷模——姚美良

姚美良，1955 年出生在马来西亚的华商家庭。父亲姚永芳，原籍广东省大埔县银江乡。其始祖姚景清，宋代从福建莆田迁宁化开基，后任梅州驿，迁居梅州平远，为客家姚氏始祖。姚美良系姚景清的第二十五世孙。

从小生活在马来西亚的姚美良，11 岁时（1966 年）遵父命回到中国接受中华传统文化教育，曾在广州华侨补校和汕头华侨中学就读。1974 年移居香港，继承父业。

姚美良创办南源永芳公司，经营永芳系列化妆品、布匹业和进出口贸易。中国改革开放给他的事业带来了发展机遇，他独具胆识，大举向中国大陆投资，在广东、上海、北京、吉林、武汉、沈阳、扬州、山西、哈尔滨等地投资数十项，投资额超过十亿人民币。经过十数年的艰苦创业、苦心经营，南源永芳集团已成为一个获得巨大成功的实力雄厚的大型跨国公司，公司下辖的企业和机构除设在中国大陆各地之外，还分布于马来西亚、新加坡、泰国、美国、加拿大、香港及欧洲等国家与地区。"永芳"化妆品享誉东南亚，风行中国，且跻身美国、加拿大等地，与欧美、日本等名牌产品相媲美。他堪称企业经营的奇才。

姚美良凭着强烈的客家精神，为振兴中国民族工业竭心尽力。

姚美良特别重视捐资家乡兴建学校、大礼堂，修桥筑路，还资助国内工厂企业发展，并致力于弘扬中华文化。姚美良多次主办文化发展会议，捐资创办中山大学"近代中国研究中心"等项目。

　　1990 年，他为弘扬中国文化办了几件大事：在广州举办"纪念中国近代史开端 150 周年国际学术研讨会"，举办"林则徐与鸦片战争史迹展览"，主办"纪念黄遵宪先生当代书画艺术国际展览"，赞助出版《孙中山年谱长编》和《孙中山与亚洲国际学术研讨会论文集》，协同海内外各方倡办"林则徐基金会"等。

　　1990 年，英国和美国出版的《世界名人录》称他是"在发展实业与弘扬中华文化方面作出卓越贡献的杰出青年实业家"。1993 年被选为第八届全国政协委员。他在经营工商实业方面的巨大成就及在致力于发展中国的文化教育事业方面的杰出贡献，使之受到中国政府的高度重视，被视为第三代爱国华人中的杰出代表。

　　他担任多个华商及华人社团的领袖，包括环球客家人团体"香港崇正总会"会长、"新加坡茶阳会馆"荣誉会长、"新加坡南洋客属总会"荣誉会长，以及香港华侨华人总会副理事长等。入选 1990 年《世界有成就的领先人物名》《国际名人》《国际有成就的男士》等名人传。1992 年，作为一名杰出的实业家与热心的社会活动家与其兄姚森良同时被马来西亚雪兰莪州苏丹赐封"太平局绅"（太平绅士）（J.P）勋衔。1993 年至 1998 年任第八届中国人民政治协商会议全国委员会委员。

　　由于姚美良日夜忙碌于孙中山与华侨大型画展和政务，不幸得病，最后终因医治无效于 1999 年 7 月 22 日逝世，享年 45 岁，令全球客属乡亲无限怅然与惋惜。

　　1995 年姚美良首次来到宁化县石壁，开创了海外客家后裔石壁祖地寻根祭祖的先河，在他的大力推动下，首届"世界客属石壁祖地祭祖大典"成功举行。从 1995 年到 1998 年，他先后 9 次来到石壁，组团参加祭祖大典并连续 4 年担任主祭，亲自策划、指导一年一度祭祖大典的筹备工作。他和兄长姚森良捐助人民币 100 多万元，用于修建、完善"客家之路"、文博阁、陈列厅、碑林、碑亭等客家公祠相关设施。

为褒扬和缅怀姚美良先生，宁化县政府于 2000 年 11 月在石壁 "客家公祠" 的殿堂上，悬挂一块金光闪闪的牌匾，上书 "客家楷模"。2009 年，姚美良先生逝世 10 周年，宁化县政府特为姚美良先生立 "流芳千古石壁功勋，垂范万代客家楷模" 功德碑，以表达祖地人民和世界客属对姚美良先生永久的颂扬与纪念，激励世界客属学习发扬姚美良先生优秀品格和高尚精神，共同推进客家事业更加繁荣昌盛。

十八、当今爱因斯坦式的人物——郭申元

郭申元（1970—2000），祖籍福建省永定培丰镇田地人，生于上海，郭志坤之子。美国哈佛大学医学院分子生物化学系博士后研究员。中国当代杰出的留美青年科学家。

初中、高中分别就读于著名的南洋模范中学和上海中学。17 岁时发表论文《上海的蟑螂数量将和纽约不相上下》，引起著名生物学家谈家桢院士关注。18 岁时，被《世界科学》杂志聘为特约翻译，翻译发表了 20 余篇最新学术论文；20 岁时，在高三学年编译的《美国人养生五百忌》正式出版，在海内外产生不小影响。1988 年高中毕业，他以优异的成绩被保送至复旦大学生命科学院就读。1990 年，为实现 16 岁时立下的 "攻克癌症" 的誓言赴美留学。1998 年 3 月，以论文《蛋白质结构以及 dAK 与 dGK 组合差异及其结构基础》获得生物化学博士学位。他刻苦钻研，惜时如金，大胆想象，严谨实验，先后在国际权威生物学刊物上发表了 6 篇被誉为 "郭氏理论" 的学术论文，并首次揭示了生命体中 DNA 解旋酶的结构和作用机制，为开发新一类从基因层面根治癌症的药物提供了理论依据和技术方向。令人惋惜的是，29 岁时，他被恶性肿瘤夺去了年轻的生命。156 位院士题词赞其科学精神和人文精神，称其

为"当今爱因斯坦式的人物"。上海共济集团创建"郭申元生命科学（上海）有限公司"研发治癌药物，以纪念郭申元的科学成就。

《生物化学年评》（*Annual Review of Biochemistry*）是国际顶级的生命科学杂志，是全球浩如烟海的科技期刊中影响因子超过30的仅仅10余种期刊之一。《生物化学年评》的文章，都是邀请各个研究领域的一流权威，对自己相关的小领域的研究进展进行的综述，一篇文章动辄数十页，涉及文献数百篇。可以说，一篇论文能在《生物化学年评》综述文章中被引用，即使"年评"文章中只提到一句话，也足以证明该项工作是得到该领域中的同行认可的，是真实和有价值的工作。

郭申元作为第一作者和第二作者的3篇论文，在2009年Samir M. Hamdan和Charles C. Richardson撰写的《生物化学年评》文章《DNA复制体中的分子马达、分子开关及其关联》（*Motors, Switches, and Contacts in the Replisome*）一文中被数次引用，说明了郭申元工作的重要性。另外，据中国科技信息研究所最近发布的资料，2000—2010年我国科技人员共发表国际论文72万篇，论文共被引用423万次，平均每篇论文被引用5.87次（世界平均值是10.57次）。郭申元的研究工作，经受住了十余年来相关领域研究进展的检验，3篇论文近10年来合计已被同行专家引用了280余次，平均每篇论文被引用93.3次，九倍于世界平均值。

（以上客家人物根据《硬颈精神》《龙岩市华侨史》《客家通史》《环球客家》等书刊资料整理）

参考文献

1. 王世懋：《闽部疏》，丛书集成初编本。

2. 王应山：《闽大纪》卷 11，福建省图书馆藏抄本。

3. 民国《龙游县志》《氏族志》。

4. 熊人霖：《南荣集文选》卷 12《防菁议上》。据日本内阁文库藏崇祯十六年（1643）刊本影印，台湾"中央研究院"傅斯年图书馆藏。

5.〔明〕朱召修：嘉靖《漳平县志》卷 9《武备》，《天一阁明代方志选刊续编》第 38 册，上海：上海书店出版社，1990 年影印本。

6.《明孝宗实录》卷 129，台北：历史语言研究所校勘，1962 年。

7. 胡太初修，赵与沐纂：《临汀志》。

8. 杨澜：《临汀汇考》。

9. 光绪《嘉应州志》。

10. 方履筏修，巫宜福纂：道光《永定县志》。

11.《明史》。

12. 张佑周主编：《龙岩华侨史》，华南理工大学出版社，2020 年。

13. 彭孟辑：《泰国华侨志》，南华出版社，1969 年。

14. 广东省地方史志编纂委员会：《广东省志》，广东人民出版社，1996 年。

15.〔宋〕祝穆撰：《方舆胜览》，中华书局，北京，2003 年。

16.〔汉〕司马迁：《史记》，京华出版社，2002 年。

17. 徐松：《宋会要辑稿》，刘琳等点校，上海古籍出版社，2014 年。

18. 谢江飞：《四堡遗珍》，厦门大学出版社，2014 年。

19. 葛剑雄、曹树基、吴松弟：《简明中国移民史》，福建人民出版社，1993 年。

20. 李长傅：《中国殖民史》，商务印书馆，1939 年。

21. 福建省莆田市地方志编纂委员会：《莆田市志》，方志出版社，2000 年。

22. 洪迈《夷坚三志己》。

23. 谢重光：《福建客家》，广西师范大学出版社，2005 年。

24. 〔明〕宋濂等：《元史》（第 1 册），中华书局，1976 年。

25. 汪大渊：《岛屿志略》，中华书局，2009 年。

26. 康熙《连城县志》。

27. 《明太祖实录》（卷七十），台湾历史语言研究所，1962 年。

28. 福建省莆田市地方志编纂委员会：《莆田市志》，方志出版社，2000 年。

29. 朱杰勤：《东南亚华侨史》，高等教育出版社，1990 年。

30. 马欢：《瀛涯胜览》，海洋出版社，2005 年。

31. 温雄飞：《南洋华侨通史》，东方印书馆，1929 年。

32. 泰国客家总会庆祝 80 周年会庆特刊《泰国客家人》，泰国客属总会出版，2007 年再版。

33. 王琛发：《入闽开漳圣王佑南邦：清代以来南洋各国开漳圣王信俗》，马来西亚道理书院出版，2020 年。

34. 胡以按：《中川史志》，厦门大学出版社，1988 年。

35. 徐继畬：《瀛寰志略》卷 2《南洋各岛》，道光年间刊本。

36. 张佑周主编：《客家与海上丝绸之路研讨会论文集》，光明日报出版社，2016 年。

37. 李国泰、陈瑞玲：《百年兴废论梅州——梁伯聪〈梅县风土二百咏〉述评》，广东人民出版社，2014 年。

38. 杨宏海等：《深圳（龙岗）：滨海客家图文志》，深圳出版社，2022 年。

39. 王赓武：《天下华人》，广东人民出版社，2016 年。

40. 冯尔康：《18 世纪以来中国家族的现代转向》，上海人民出版社，2005 年。

41. 钟德彪、苏钟生：《闽西近代客家研究》，北京燕山出版社，2000 年。

42. 刘琳：《福建华侨抗日名杰列传》（上）"胡文虎"，海峡书局，2015 年。

43. 陈嘉庚：《南侨回忆录》，岳麓书社，1998 年。

44. 陈弦章：《民间信仰与客家社会》，九州出版社，2018 年。

45. 黄顺炘、黄马金、邹子彬：《客家风情》，中国社会科学出版社，1993 年。

46. 张佑周、陈弦章、徐维群：《客家文化概论》，中国文联出版社，2002 年。

47. 王琛发：《英属以前彭亨华人史记：海洋经贸视域下的中外文献解读》，杨金川主编：《韩江传媒大学学院·学术丛刊》，2022 年。

49. [英] W. J. 凯特：《荷属东印度华人的经济地位》，王云翔译，厦门大学出版社，1988 年。

50. 王琛发：《功德振勋焕南邦》，马来西亚道理书院，2016 年。

51. 〔明〕马端临：《文献通考》卷十八，中华书局，1986 年。

52. 陈弦章编著：《中国传统文化导论》，九州出版社，2020 年。

53. 包乐史：《中荷交往史》，庄国土译，荷兰：路口店出版社，1989 年。

54. 陈弦章：《客家之福》，福建人民出版社，2023 年。

55. 郭志坤、张志星：《东方古城堡：福建永定客家土楼》，上海人民出版社，2008 年。

56. 宋哲美：《马来西亚华人史》，香港中华文化事业公司，1996 年。

57. 谢重光：《闽台客家社会与文化》，福建人民出版社，2003 年。

58. 吴裕成：《十二生肖与中华文化》，天津人民出版社，1992 年。

59. 陈达：《南洋华侨与闽粤社会》，商务印书馆，2011 年。

60. 庄国土：《华侨华人与中国的关系》，广东高等教育出版社，2001 年。

61. 曹云华：《变异与保持：东南亚华人的文化适应》，中国华侨出版社，2001 年。

62. 〔宋〕朱彧撰，李伟国点校：《萍州可谈》，中华书局，2007 年。

63. 〔清〕王士禛著，文益人点校：《池北偶谈》，齐鲁书社，2007 年。

64. 〔明〕巩珍著，向达校注：《西洋番国志》，中华书局，2000 年。

65. 郭启熹：《闽西教育史谈》，鹭江出版社，2012 年。

66. 陈弦章：《歌唱：生命的律动》，厦门大学出版社，2015 年。

67. 谭元亨：《客家圣典》，海天出版社，1997 年。

68. 黄启臣：《黄启臣文集》（二），中国评论学术出版社，2007 年。

69. 林开钦：《客家通史》，福建人民出版社，2018 年。

70. 《习近平谈治国理政》（第三卷），外文出版社，2020 年。

71. 江彦震：《硬颈精神》，2016 年。

72. 宋哲美：《马来西亚华人史》，香港中华文化事业公司，1996 年。

后 记

文明因交流而多彩，文明因互鉴而丰富。

国际文化交流是一个国家发展进步的动力，自古至今，国家文化、民族文化、区域文化经过长期相互学习、借鉴、融合不断发展提高，才有了我们人类的文明史。我国的文化必须走出去，融合吸收外来的先进文化，才能走在世界前面。

中华文明突出的包容性，从根本上决定了中华民族交往交流交融的历史取向，决定了中国各宗教信仰多元并存的和谐格局，决定了中华文化对世界文明兼收并蓄的开放胸怀。

"丝绸之路"和"海上丝绸之路"，"一带一路"，一陆一洋，是装点中华文明的两道靓丽风景线，是照亮并连接人类文明的两道绚丽的彩虹。

在文化自信的理念下，将中国先进文化推向世界，有利于丰富世界文化；反过来又有利于吸收、借鉴他人文化，取长补短，提高中华文化竞争力，增强中华民族的综合实力，促进世界文化的繁荣与发展。

客家民系是汉民族的优秀分支，来自中原。他们将中原带来的先进农耕文化与南方土著文化相融合，诞生了优秀的客家文化。随着时代的发展，客家人凭着敢于开拓、敢闯敢干的精神，走向世界，将优秀的农耕文化与海洋文化相结合，让迁出地和入住地都诞生了更有特色的新客家文化。

有太阳的地方就有中国人，有中国人的地方就有客家人！客家人以自己的聪明才智传播中华文明，密切与侨居地人民之间的友谊，扩大中华文化在国际上的吸引力和影响力，维护世界文化的多样性，凸显了客家人的生存智慧。

有感于此，福建省中华文化学院相约撰写《客家文化在海外》一书时，便欣然应诺。这是非常有意义的创举。尤其今年正值"一带一路"倡议提出十周年。十年实践证明，共建"一带一路"倡议连接历史、现实和未来，源自中国、面向世界、惠及全人类。

是故，特别感谢福建省中华文化学院同仁的厚意。无奈本人才疏学浅，无法深刻阐发，有待方家指正。

陈弦章

2023 年初秋于奇迈山下